<개정판>

교육공학 관련 이론

나 일 주

교육과학사

개정판 머리말

이론은 인간지성의 결정판이다. 지식의 가장 경제적인 형태가 이론이기 때문이다. 이론에는 상식, 시대정신, 창조성, 그리고 역사가 담겨 있다. 이론에 창조적이고 독특한 측면이 있는가 하면 누구나 들으면 이해할 수 있는 상식인 구석도 있는 것은 이 때문이다. 인간이 주변의 여러 사물들과 자연현상과 자신을 포함한 여러 인간들에 대해 생각하기 시작한 이래로 세상에는 수많은 설과 이론들이 탄생하였다. 이론은 그것 자체가 하나의 지적 결과물이기도 하지만 동시에 재미있는 이야기이기도 하다. 즉, 이론은 '사실'이나 '현상'과는 달리 앞으로 바뀔 수도 있는 '생각'이며 '스토리'이다. 단순화하여 말하자면, 이론은 그 자체가 진리는 아니며 진리에 가까워지고자 하는 가장 이성적인 노력의 결과물이라 할 수 있다. 교육공학의 분야도 교육공학의 '스토리'가 있고 교육공학의 이론이 있다. 교육공학의 이론은 교육공학이라는 학문분야에서 일어나는 다양한 현상들을 보다 함축적으로 이해할 수 있도록 하여준다. 그러나 이 책은 교육공학의 이론을 다루지는 않는다. 대신 교육공학과 '관련된' 이론들을 다룬다.

이 책 『교육공학 관련 이론』은 교육공학을 공부하는 학생들을 위해 '교육공학에 직접 간접적으로 영향을 미치거나 영향을 미치게 될 가능성이 있는 생각들'을 다양하게 접함으로써 학문적 시야를 넓히도록 할 목적으로 집필되었다. 교육공학은 주변의 여러 학문분야와 관련되어 있으며 따라서 교육공학도들은 적극적으로 여러 학문분야로부터 직접 간접적으로 배워들이지 않으면 안된다는 생각에서였다. 또한 이론에는 인간이 경험하는 여러 사실과 현상에 대한 생각의 방법과 그 생각의 절차를 포함하는, 지적인 탐험의 길들이 제시되어 있기도 하기 때문에 여러 이론에 대한 친숙함을 통해 교육공학도들이 자신들의 새로운 이론들을 만들어 내는 데에 흥미를 가지도록 하자는 바램도 있었다. 그 결과 이 책은 다양한 분야의 재미있는 이론들을 포함하게 되었다.

학자마다 여기에 소개되고 있는 각 이론들이 교육공학과 관련을 맺는 정도에 대한 느낌이 다를 수 있기 때문에 이론의 여지는 있겠으나 이 책에 소개되고 있는 24개의 이론들을 교육공학과 관련지어 볼 때 보통은 크게 다음의 셋으로 분류할 수 있겠다. 첫째 부류는 교육공학과 거의 관련이 없어 보이는, 희미한 관련을 맺는 이론들이다. 이들 이론들은 교육공학뿐만 아니라 모든 학문들의 먼 배경이 되는 이론들로 보아도 좋을 것이다. 카오스 이론, 프로이드의 정신분석 이론, 맥루한의 미디어 이론, 스키너의 조작적 조건화 이론, 삐아제의 인지발달 이론, 귀인 이론, 인지부조화 이론, 매슬로우의 욕구단계 이론 등이 그것이다. 둘째 부류는 교육공학과 간접적으로 관련된 이론들이다. 이들 이론들은 교육공학의 연구에 지대한 영향을 미치는 기초 이론들이다. 경성체제 이론, 연성체제 이론, 커뮤니케이션 이론, 자기조절학습 이론, 콜브와 자비스의 경험학습 이론, 나일주의 인간 시각지능 이론, 비고츠키의 근접발달영역 이론, 정보처리 이론, 칙센미하이의 플로우 이론 등이 그것이다. 셋째 부류는 교육공학과 직접적으로 관련된 이론들이다. 매체속성 이론, 수행공학 이론, 교수설계 이론, 원격교육 이론, 구성주의 이론, 수용 및 확산 이론, 앵커드 수업 이론 등이 그것으로 교육공학도라면 누구나 익숙하게 알아야 하는 이론들이다.

이 책의 초판이 출간 된 것은 약 3년 전의 일이다. 당시 필자와 대학원생들이 정기적으로 함께 이론들을 발표, 정리하고 토론한 결과로 이 책이 출간되게 되었었다. 그 때 박사과정에 재학 중이던 홍영일, 박소화, 문정춘, 진성희, 이지현, 성은모, 홍성연, 김인수, 박경선, 변현정 제군들은 이 책이 출간되기까지 헌신적으로 수고하였었다. 지금은 이들 중 네 명이 박사학위를 마치고 대학에서 봉직하고 있다. 세월은 지났으나 다시 한 번 이들의 수고에 감사드린다.

개정판은 초판과 비교하여 '관련연구' 부분이 보다 최신의 자료들로 업데이트 되었고 또 각 이론들이 보다 논리적이고 짜임새 있는 구성이 되도록 하였다. 내용 중에서 이해가 어려운 부분들은 보다 상세한 설명을 첨가하였다. 아마도 독자들이 보기에는 표지가 보다 세련되게 변한 점이 크게 눈에 띌 것이다. 개정판은 긴 세월을 두고 조금씩 고쳐진 부분도 있지만 결국은 출간에 임박하여 집중적인 노력이 경주됨으로써 출간되게 되었다. 이 과정에서 홍영일, 김태현, 이지현, 변현정, 이진경, 이혜련, 문정춘 제군들이 또 다시 수고를 하였다. 이들에게 고마움을 전한다. 또 이 책을 출판하여주시고 또 개정판을 내도록 게으른 필자를 독려해 주신 교육과학사의 정경식 부장님과 김동규 사장님께 깊이 감사드린다.

모쪼록 이 책이 교육공학도들과 교육학도들의 지적 호기심과 창조적 상상력을 자극하는 데에 도움이 되기를 바라며 또한 학문세계의 멋과 향기를 느끼는 여유로움을 선사하기를 기대해 본다.

2010년 신춘 관악 연구실에서

나 일 주 근지

차 | 례

chapter 9 교수설계 이론

chapter 10 원격교육 이론

chapter 11 구성주의 이론

chapter 12 수용 및 확산 이론

chapter 13 자기조절학습 이론

chapter 14 Kolb & Jarvis의 경험학습 이론

chapter 15 앵커드 수업 이론

chapter 16 Freud의 정신분석 이론

chapter 17 Skinner의 조작적 조건화 이론

chapter 18 Piaget의 인지발달 이론

chapter 19 Vygotsky의 근접발달영역 이론

chapter 20 정보처리 이론

chapter 21 Maslow의 동기 이론: 욕구단계설

chapter 22 Csikszentmihalyi의 플로우 이론

chapter 23 귀인 이론

chapter 24 인지부조화 이론

chapter

1

경성체제 이론
(Hard Systems Theory)

1. 이론의 배경 및 맥락

(1) 체제 이론의 등장

체제 이론의 역사적 발전 과정을 이해하기 위해서는 근대 과학의 분석적 세계관에 내재하는 철학적 가정과 전제에 대한 이해가 먼저 필요하다. 서양의 전통적인 과학적 패러다임은 환원주의(reductionism)로 표방된다. 환원주의란 대상을 그것의 부분들로 환원하여 그것들의 속성과 연관성을 가장 단순한 상태에서 조사, 연구한 후 다시 종합하여 전체의 성격을 이해하는 방법이다(오창희, 1994). 17세기 초 Descartes(데카르트)를 비롯한 철학자들은 전체를 구성하는 요인들을 세세히 분석함으로써 전체의 특성을 완전히 이해할 수 있다고 주장하였다. 그 결과, 과학자들은 환경으로부터 현상을 고립시켜 원인과 결과의 관계를 선형적인 방법으로 설명할 수 있도록 작은 단위들로 나누어 관찰하는 데 주력하였다.

근대 과학의 기계론적 분석주의는 1920~30년대 시스템 이론이라는 새로운 과학 사상의 등장으로 인해 비판을 받게 되었다. 환원주의와 분석적 접근을 통한 부분에 대한 끊임없는 탐구는 연구자로 하여금 '부분은 전체의 부분'이라는 것을 망각하게 하였고, 결국 전체를 떠나서 부분을 연구하는 것에는 한계가 있음을 보여주었다. 부분론적 과학 사상의 대안적 사고인 시스템적 접근 방법에 따르면, 전체는 각 부분의 단순한 집합이 아니고 각 부분을 초월한 추상적 총체도 아니다. 전체는 상호 연관되는 각 부분에 의해 총괄성을 갖는 통일체로 존재한다. 그러므로 전체를 정확히 파악하기 위해서는 전체의 각 부분의 성질과 변화뿐만 아니라 전체 자체의 성질과 변화도 함께 연구해야 한다.

시스템 이론에 전제되어있는 기본적인 철학적 원리와 핵심적인 개념은 18세기 독일의 철학자 Hegel(헤겔)의 변증법적 사상에서 연원한다. Hegel(헤겔)은 전체와 부분간의 유기적 의존 관계를 변증법적 관계로 설명하였다. 즉, 각 부분은 전체의 구성 부분이지만 전체는 부분의 합 이상이다. 또한 부분은 전체와 분리될 수 없으며, 전체는 부분들의 성질을 결정한다. 본질적으로 전체와 부분의 관계는 직선적인 선후 관계나 일방적인 관계가 아닌 서로 의존하고 상호 작용하며 서로 전환하는 변증법적인 관계로 존재한다는 등의 Hegel(헤겔)의 주장은 이후 시스템이론의 기저가 된다.

[그림 1-1]
L. Bertalanffy

체제 이론이 본격적으로 대중적 인식을 얻게 된 것은 1950년대 생물학자 Ludwig von Bertalanffy(베르탈란피, 1901~1972)가 '일반체제 이론(General Systems Theory)'을 공표하면서부터이다. 일반체제 이론은 유기체적 생물학에 기반을 두고 있다. 유기체는 기계와 달리 복잡한 조직체적 존재이기 때문에 단순한 세포나 유기분자들의 합으로 설명할 수 없고, 유기체 전체를 지배하는 어떤 생명 현상이 존재한다고 가정한다. Bertalanffy(베르탈란피)는 유기체에 대한 설명방식을 생물체뿐만 아니라 여러 다른 분야에서도 공통적으로 관찰할 수 있는 속성으로 발견하고, 체제의 종류나 유형에 관계없이 공통적으로 관찰될 수 있는 보편적인 설명 원리로 체계화하여 일반체제 이론을 창안하였다. 일반체제 이론은 그 이후 여러 분야에 적용되어 다양한 체제 이론의 근간이 되었고 시스템학의 성장과 발전에 크게 기여하였다.

(2) 경성체제 이론과 연성체제 이론

[그림 1-2]
P. B. Checkland

일반체제 이론은 간학문적인 보편성과 일반성을 제공했지만 구체적인 내용을 제공하지 못한 한계점을 지녔다. 이 한계점을 극복하기 위하여 일반체제 이론으로부터 현실세계의 구체적인 문제 해결과정에 시스템적 사고를 사용하려는 시도가 전개되었다. 특히, Peter Checkland(첵랜드, 1981)[1]는 '경성체제적 사고(hard systems thinking)'와 '연성체제적 사고(soft systems thinking)'의 차이를 구분함으로써 시스템 사고의 개념을 보다 정교화시켰다.

1) Lancaster University의 경영대학 교수로 재직 중. http://www.lums.lancs.ac.uk/profiles/149/

경성체제와 연성체제의 구분은 체제(system)에 대한 관점의 차이, 즉, 체제의 속성에 관한 시각의 차이로써 구분된다. 경성체제는 조직 구성이 강하고 치밀한 상태를 가정하여 체제를 다소 엄격하게 통제 가능한 존재, 지속적이고 안정된 특성을 지니는 존재로 본다. 반면에 연성체제는 경성체제에 비해 보다 더 개방적이고 유연한 조직적 견해를 지지하기 때문에 체제는 보다 유동적이고 역동적인 특성을 지니고 보다 더 많은 자율을 요구하는 것으로 본다.

체제에 관한 존재론적 가정의 차이는 체제를 인식하는 방법에 관한 차이로 연결된다. 경성체제 이론은 인식의 주체와 관계없이 동일한 질적 속성을 갖는 객관적이고 실제적인 전체로서의 체제의 존재를 인정하고 이를 과학적 발견에 의거하여 설명하려고 노력한다. 한편 연성체제 이론에서 체제는 물리적 형태로 존재하는 것이 아니라 체제를 인식하는 관찰자들의 주관적이고 정신적인 구성체의 존재로서 성립된다(Checkland, 1985).

여기에서는 경성체제 이론에 한정하여 살펴보기로 한다.

2. 경성체제 이론 개요

경성체제적 관점에서의 '체제'는 목적을 성취하기 위해 관련된 구성 요소들이 상호 조직적으로 통합된 집합체를 가리킨다(Romiszowski, 1981). 체제의 핵심적 특징은 목적지향적인 전체적 구조이다. 체제는 각 요소나 부분들로 구성되어 있고 이들은 각자 개별적인 기능을 발휘하면서 동시에 서로 보완적인 관계로 조직되어 체제가 지향하는 목표를 위해 전일체(全一體)로서 질서정연하게 집합하고 결합한다.

경성체제 이론의 관점에서는 실증적이고 절대적인 존재로서의 체제를 어떠한 규모로 어떻게 결정할 것인가가 관건이었다. 이러한 경우에 활용된 개념적 도구가 투입, 과정, 산출의 세 가지 개념이다. 즉, 체제의 개념은 원인, 과정, 결과 요인 등의 인과관계를 만드는 요소들로 규정될 수 있고, 인과관계를 형성하는 핵심 요소들은 투입, 과정, 산출로 개념화될 수 있다고 보았다. 이들은 객관적인 실증을 통해 일단 '발견'되고 난 이후에는 역할과 순서, 인과관계가 결정되며 변화하지 않는다. 체제의 규모와 테두리를 결정짓는 세 가지 요소들이 변화하지 않으므로 자연스럽게 전체체제의 규모와 특성도 확정된다. 예를 들어, 정보 혹은 에너지 형태의 자료들을 외부로부터 공급받아 시스템 내부의 특정한 과정을 거쳐 그 결과를 산출해 낸다고 할 때, 이 과정에서 산출된 결과는 피드백 되어 시스템에 대한 투입으로 다시 환원된다. 이러한 과정을 단순화시켜 [그림 1-3]과 같이 나타낼 수 있다.

[그림 1-3] 체제의 구성

경성체제 이론은 실증주의와 객관주의 및 구조-기능주의(Structural functionalism)의 배경을 갖는다. 경성체제 이론에서의 체제의 의미와 관련된 요소들을 보다 쉽게 단순화하여 항목별로 살펴보면 다음과 같다.

첫째, 체제는 그 체제와 체제가 아닌 것을 구분하는 범위(boundary)를 갖는다. 어느 범위(boundary)까지를 한 체제로 볼 것인지에 따라 하나의 체제가 규정된다. 이것을 관심체제(system of interest)라 한다.

둘째, 한 체제는 하위체제들의 집합으로 파악된다. 즉, 한 체제는 하위체제들을 가지며 그 하위체제는 관심체제의 일부로서의 필수불가결성(necessity)이 전제되어야 한다. 즉 필수불가결한 하위체제만이 한 체제의 하위체제로서 포함될 수 있다. 이는 범위의 개념과도 일치된다. 그러나 비록 한 체제 내의 하위체제들의 합이 전체를 구성한다고는 하지만, 하위요소들의 단순한 집합이 하나의 체제를 의미하는 것이 아니다. 한 체제 내에서 각 하위 요소들은 각각의 목표를 토대로 역할을 수행하되 각 요소들 간의 상호작용을 통해 전체체제의 목적을 달성해 나가게 된다.

셋째, 경성체제 이론에서 보는 체제는 목적지향성(goal-orientation)을 갖는다.

체제들은 무언가의 목적을 가진 단위들로 파악되며 그 목적의 속성에 따라 열린 체제(open system), 닫힌 체제(closed system) 등으로 불리기도 한다. 체제가 목적을 가지는 것을 전제로 한다는 것은, 그 체제 내부에 포함된 각각의 하위체제들 또한 각각의 목적을 따로 가진다는 것을 의미하기 때문에 전체체제의 목적 달성은 하위체제들이 달성하는 목적들과는 질적으로 다른 것으로서 하위체제들이 달성하는 목적들의 상승적 효과로 나타나는 최종적 결과로 보아야 한다.

마지막으로 체제 이론은 동목적달성성(Equifinality)의 가정 하에 전개된다. 동목적달성성이란 동일한 목적을 달성할 수 있는 체제는 무한히 많을 수 있다는 것을 가정하는 이론적 개념이다. 달성해야 할 어떤 특정한 목적이 있고 그 목적을 달성하기 위한 어떤 것을 만든다고 생각해보자. 이 경우 체제 이론을 적용한다면, 목적달성을 위한 체제를 상정하고 그 체제의 하위체제를 구축함으로써 그 목적을 달성하려 할 것이다. 이때 동목적달성성이란 그 하위체제의 구성, 하위체제 상호간의 관계규정, 운영의 방법 등이 다를 수 있는 무수한 체제들의 존재가 가능하다고 가정하는 것이다. 이 무수한 체제들 가운데에서 그 목적을 제대로 달성하는 체제는 효과적(effective)인 체제들이 될 것이고 그 효과적인 체제들 중에서도 시간과 자원에서 경제성을 가진 체제들이 효율적(efficient)인 체제들이 될 것이다. 교육에서 자주 사용되는 효과성, 효율성의 개념은 이러한 맥락에서 도입된 개념이다.

체계적 합리성(systematic rationality)을 인간의 의사결정 분야에 도입하여 성공적인 성취를 이룬 경성체제적 사고의 대표적인 것으로 '시스템 엔지니어링(system engineering)'과 '체제 분석(system analysis)'을 들 수 있다(Checkland, 1981). 여기에서는 이들 두 가지 방법들을 살펴봄으로써 경성체제 이론의 전개상황을 이해해 보기로 하자.

(1) 시스템 엔지니어링(System engineering)

시스템 엔지니어링의 출발점은 불만족 혹은 불편함을 느끼는 것이다. 현재 상태에 관한 불만족은 현재 상태를 보다 향상시킬 수 있도록 변화하려는 요구를 지각하게 한다. 이때 향상은 시스템의 수정과 재구조화를 거쳐서 이루어질 수 있다고 가정한다. 그래서 목표의 정의, 효과적인 방법들의 구상, 대안들의 평가, 적합한 체제를 선택하는 문제 해결의 반복적인 순환과정을 통해 현재 상태는 향상될 수 있다(Jenkins, 1969).

근세 이후 많은 조직과 단체에서 기술자와 프로젝트 감독자들을 대상으로 공학적인 프로젝트를 성공적으로 완수하기 위해 필요한 절차를 공식화하려는 노력이 시작되었다. 이들은 모든 구성 요소들이 통합적이고 효율적으로 운영되기 위한 복잡하고 기술적인 체제를 구상, 설계, 수행, 평가하는 총체적인 활동들을 고안하였다.

시스템 엔지니어링의 선구자적 활동은 1950년대 이후 벨 전화 연구소(Bell Telephone Laboratories)에서 시도되었는데, 이곳에서의 연구를 바탕으로 Arthur D. Hall(홀)은 시스템 엔지니어링을 다음과 같이 정의했다. "시스템 엔지니어링은 창의적이고 조직화된 기술이다. 인간의 요구를 충족시키는 일련의 계획과 실행을 다루는 새로운 지식을 제시한다. 조작적이고 수행가능하며 경제적으로 효율적인 목표를 형성하고 그런 목표 완수에 수반되는 폭넓은 기술적 계획들을 제공한다(Hall, 1962)." 그가 제시하는 시스템 엔지니어링의 관점에 충실한 문제 해결의 순차적 단계는 [그림 1-4] 와 같다.

"공학의 임무는 '무엇을 필요로 하는가'에 관한 정의가 정립되었을 때, 그 필요를 충족시키기 위한 물리적 물체나 또는 절차를 제공하는 것이다. 가장 훌륭한 공학자는 최소의 자원으로 효과적인 문제해결방안을 제안하는 사람이다. 즉, 공학은 '어떻게'에 초점을 둔 활동이다. '무엇'이 필요한가에 관한 정의는 이미 내려져 있다." 이와 같은 사고는 시스템 엔지니어링에서 기본적으로 전제되는 사고방식이다. 일단 목표가 정의된 뒤에 대안적인 체제를 개발하고 모델을 시험해보는 과정을 통해 그 중 목표에 부합되는 것을 선택하는 활동을 하는 수단-목적, 필요-충족 관계의 체제를 성립시킬 수 있는 것도 이와 같은 전제 하에서 의미를 가지게 된다.

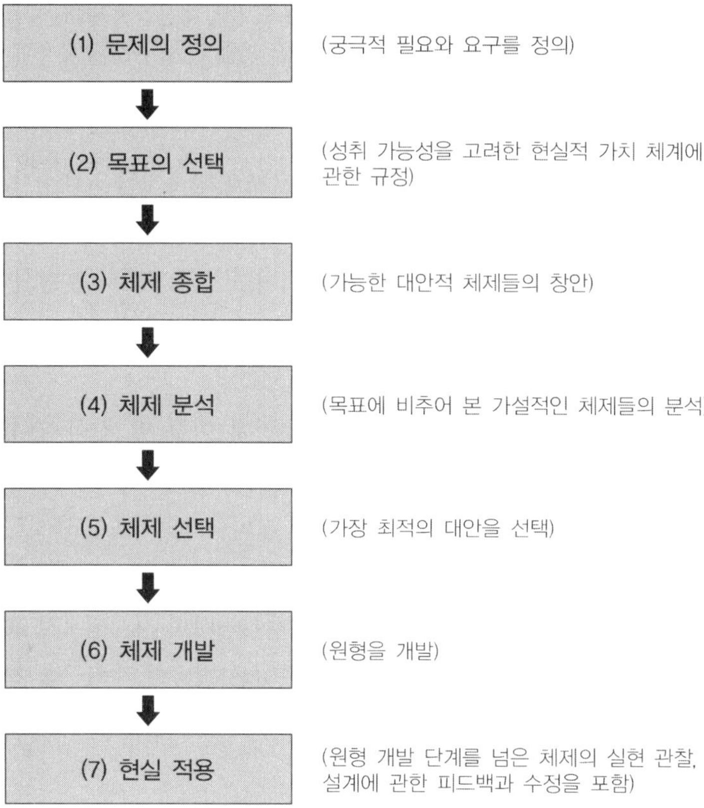

[그림 1-4] 시스템 엔지니어링에서의 문제해결 단계(Hall, 1962)

(2) 체제 분석(System analysis)

1950년대 시스템 엔지니어링의 발전이 이루어짐에 따라 동시적으로 '체제 분석'이라는 방법론적 사고가 등장하게 된다. '체제 분석'은 군사적 문제를 경제적 관점으로 접근하여 할당된 자원을 고려한 최대의 효과를 산출할 수 있는 기술들을 선택하는 방법으로, 미국의 비영리 컨설팅 회사인 RAND(Research And Development) Corporation에서 군대의 의사결정에 관한 연구와 개발을 조력하면서 발전되었다.

정의된 목표를 달성하기 위한 대안들의 비용을 산출하고, 예상되는 결과를 경제적으로 평가하여, 대안들의 실행가능성 및 수행특성들을 전략적이고 기술적으로 분석하는 과정을 거친다. 따라서 주된 관심은 대안적 프로그램의 수익과 비용이 얼마인지 그것의 경제적 효율성을 강조한다.

RAND의 체제 분석에서는 전체적인 맥락과 함께 문제를 생각하고 문제 해결에 필요한 대안적 방안을 가장 최적의 결과에 비추어 비교한 뒤 결정하게 된다. 이때 체제 분석의 핵심적 특징을 반영하는 세 가지 과정이 요구된다(Quade & Boucher, 1968). 첫째, 의사 결정자는 목표달성을 보장할 수 있는 대안들의 평가 준거에 대한 분석을 할 필요가 있다. 둘째, 대안들은 그 실행가능성, 효과성, 비용과 시간, 위험정도를 고려하여 확인되어져야 한다. 셋째, 최적의 대안을 구상, 설계하는 노력이 있어야 한다.

Hitch(힛치, 1955)는 체제 분석과 시스템 엔지니어링의 공통된 요소를 다음과 같이 언급하였다. 첫째, 우리가 성취하고자 하는 목표가 규정된다. 둘째, 목표를 달성하기 위한 대안적인 기술이나 도구들(또는 체제들)이 개발된다. 셋째, 비용과 자원에 관한 분석이 있어야 한다. 넷째, 목표, 목표 달성을 위한 방법들, 그리고 환경과 자원의 상호 관련성을 제시하는 논리적이고 수리적 구조를 갖는 모델을 구상한다. 다섯째, 목표와 비용 혹은 자원과 관련된 준거에 의거하여 최적의 대안을 선택한다.

3. 관련 연구

(1) 경성체제 이론의 적용－경영학과 정보처리학

경성체제 이론은 다양한 분야에 소개되었는데 경영학에서는 오퍼레이션 연구(operational research), 그리고 정보처리학에서는 사이버네틱스 중 1종 사이버네틱스(first-order cybernetics)에 영향을 주었다. 오퍼레이션 연구는 경성체제 이론을 산업의 생산과 공급과정에 적용하여 산업 관리활동을 보다 과학적인 방법으로 시도한 것이다. 오퍼레이션 연구의 구체적인 전략은 다음과 같다. 첫째, 전체적 수행을 명백히 하고 경제적으로 측정하여 각 요소들이 표현된 모델을 형성한다. 둘째, 수행 준거에 비추어 선택된 모델을 향상시켜 최적화한다. 셋째, 모델로부터 유도된 해결책을 실제 산업 관리과정에 전이함으로써 효율성을 기하도록 유도한다.

사이버네틱스는 체제 분야의 한 흐름으로서 1종 사이버네틱스(first-order cybernetics)와 2종 사이버네틱스(second-order cybernetics)의 두 단계를 거쳐 발전되었다(Banathy & Jenlink, 2004). 이 중 1종 사이버네틱스는 기술적 합리화(technical rationality)를 통해 체제를 객관적으로 관찰하려는 점에서 경성체제 이론과 기본 개념을 공유한다. 이 관점은 정보를 한 장소에서 다른 장소로 전송되는 양적인 개념으로 정의하고 정보가 담고 있는 내용, 의미, 목적 등은 상대적으로 간과하는 입장을 취한다(Gleick, 1987). 주요 관심사로는 체제 내부의 '커뮤니케이션과 통제', 그리고 '자기조직(self-organization)'과 '자기조절(self-regulation)'의 순환적인 과정을 형성하게 하는 '피드백 메커니즘'을 들 수 있다. 2종 사이버네틱스는 보다 최근에 대두된 개념으로, 시스템의 진화를 관찰하는 관찰자의 관점까지도 시스템 개념 안에 포함하는 개념이다.

(2) 경성체제 이론의 적용

교육공학의 교수설계분야(Instructional Systems Design)도 체제 이론의 변화와 밀접한 관계를 갖는다. 전통적으로 널리 인정받고 활용되는 교수체제 설계모형들은 행동주의와 연계된 목적-수단 관점을 반영한 것이 많다. 교수설계에서 효과성, 효율성에 관한 논의를 한 것도 그 예가 된다. 또 Dick & Carey(딕과 케리)의 교수설계 모형은 경성체제 이론의 개념에 입각하여 교수의 설계, 개발, 실행, 평가라는 단계를 과학적이고 절차적으로 기술하는 시스템 접근을 소개하고 있다. 체제적 교수설계는 문제 상황의 요구를 분석함으로써 주어진 문제 상황을 개선하거나 문제 해결에 도움이 되는 최적의 방법을 선정하기 위해 경험적 자료의 수집, 분석 및 결론 도출이라는 일정한 과정을 거치게 되고 이 과정은 교수설계의 과학성과 실용성을 잘 표현해준다.

(3) 경성체제 이론의 의의와 한계

경성체제 이론은 명세화된 목표를 달성하기 위한 최적의 수단을 탐색, 선정, 실행, 평가함으로써 1950~1960년대 공업, 산업체 분야에서 비교적 분명하게 구조화할 수 있는 문제해결 상황에 성공적으로 사용되었다. 그 후 1970년대 초반부터 경성체제적 사고의 유용성은 공공정책을 비롯한 사회체제에 적용하려는 시도로 발전되었다. 그러나 명료한 목표 정의를 전제로 하는 경성체제적 사고는 복잡한 변인들이 상호작용하는 사회체제의 비구조화된 문제 상황을 설명하는데 한계점을 드러낸다.

경성체제적 사고는 목적지향적(goal-oriented)이다. 문제해결과정은 문제를 객관적 형태로 표현하고 바람직한 목표설정을 명확하게 함으로써 진행된다. 그러나 삶의 현장에서 야기되는 인간활동의 문제상황들은 경성체제에서 규정하듯이 명확하게 규정하기 힘들고 오히려 모호하고 불확실한 경우가 더욱 많다.

경성체제 이론은 효율성에 집착한 나머지 정치, 사회적인 보다 광범위한 체제의 고려를 간과한다는 비판을 받는다(Churchman, 1968). 다원주의적 상황에서 적용되기 어려운 경성체제 이론의 한계점을 극복하기 위해 경성체제 이론의 대안으로 '연성체제 이론(Soft Systems Theory)'이 등장한다. 연성체제적 사고는 단일한 '최적의 해결책'을 추구하기 보다는 문제 상황에 대해 참가자들의 다양한 관점을 상호 협의를 통하여 '만족스러운 해결책'을 모색하는 것을 목표로 한다(Kerr, 1983).

참고문헌

오창희 (1994). 시스템 이론의 철학적 기초. 과학사상, 8, pp. 97 ~ 118.

유영만 (2002). 비구조적 문제상황 이해를 위한 체제-해석적 수업체제설계 모델(Systemic Interpretive-ISD Model) 개발. 교육공학연구, 18(2), pp. 249 ~ 295.

정인성, 나일주 (1989). 최신교수설계 이론. 서울: 교육과학사.

Banathy, B. H., & Jenlink, P. M. (2004). Systems inquiry and its application in education. In D. H. Jonassen(Ed.), *Handbook of research on educational communications and technology* (2nd ed.) (pp. 37 ~ 57). NJ: Lawrence Erlbaum.

Checkland, P. B. (1981). *Systems thinking, systems practice.* New York: John Wiley & Sons.

Checkland, P. B. (1985). From optimizing to learning: A development of systems thinking for the 90s. *Journal of Operational Research Society, 36,* pp. 757 ~ 767.

Churchman, C. W. (1968). *The Systems Approach.* New York: Dell.

Gleick, J. (1987). *Chaos: making a new science.* New York: Viking.

Hall, A. D. (1962). *A Methodology for Systems Engineering.* Princeton NJ: Van Nostrand.

Hitch, C. J. (1955). An appreciation of systems analysis. In S. L. Optner(Ed.), *Systems Analysis.* Harmondsworth: Penguin Books.

Jenkins, G. M. (1969). The systems approach. *Journal of Systems Engineering, 1*(1).

Kerr, S. T. (1983). Inside the black box: Making design decisions for instruction. *British Journal of Education Technology, 14*(1), pp. 45 ~ 58.

Quade, E. & Boucher, W. I. (1968). *Systems Analysis and Policy Planning: Applications in Defence.* New York: Elsevier.

Romiszowski, A. J. (1981). *Designing instructional systems: Decision making in course planning and curriculum design.* New York: Kogan Page.

chapter 2

연성체제 이론 (Soft Systems Theory)

1. 이론의 배경 및 맥락

연성체제 이론(Soft Systems Theory)은 1970년대 초반에 기존의 체제 이론이 지나친 경직성을 지니고 있다는 비판과 함께 이를 개선하고 보완하기 위해 제안된 이론이다. 연성체제 이론의 개념을 보다 명확하게 한 학자인 Checkland(척랜드)는 1972년에 체제 이론 및 방법론의 역사적 변천 과정을 분석하면서, 기존의 실증주의적이고 과학적인 방법론을 중시하는 체제 이론을 경성체제 이론으로 규정하고 그 한계점을 비판하였다(Checkland, 1981).

경성체제 이론이 이론 그 자체뿐만 아니라 양적인 측면에서 강세를 보이던 1960년대에는 전통적인 과학적 사고방식 하에 철학적으로는 경험과 논리를 중시하는 실증주의와 객관주의가, 그리고 심리학적으로는 행동주의 및 정보처리 이론 등이 지배적인 패러다임으로 자리 잡고 있었다. 이러한 시대적 사조를 배경으로 한 경성체제 이론의 가장 큰 특징은 매우 계획적이고 구조적인 방법론에 중점을 둔다는 점이었으며, 여기에서 나타난 획일성과 경직성이 비난의 초점이 되었다. Checkland(척랜드, 1985)에 따르면 경성체제 이론의 한계와 단점은 그 당시 사회 전반을 지배해 온 과학적인 패러다임에 기반한 세계관 및 진리, 체제(system)의 개념에 관한 인식에서부터 설명될 수 있다. 경성체제 이론에서의 체제란 객관적 · 절대적 세계관에 기반한 것으로서, 객관적이고 절대적인 실체이다. 따라서 체제를 과학적 · 실증적으로 발견하여 설명하려고 노력하였기 때문에, 체제는 당연히 매우 객관화된 구조를 지니는 경성(hard)적인 특징을 지닌다. 한편 연성체제 이론에서의 체제는 물리적 · 객관적 형태로 존재하는 것이 아니라, 체제를 인식하는 관찰자들이 어떻게 인식하느냐에 따라 달리 규정되어진다. 그러므로 체제란 매우 가변적이며 유연하고 상대적인 것으로서 연성(soft)적인 특징을 지니게 된다. 따라서 체제를 현실 세계의 절대적 존재로 가정하고 있는 경성체제 이론은 체제 분석이나 설계 시 객관적인 통제와 기법을 강조하는 경향이 있고, 인식의 합의에 기반한 주관적 의미 구성체를 체제로 보는 연성체제 이론은 사회적 의미 구성과 공감대 형성 · 공유 등을 위한 의사소통과 교류 기법을 중시하는 경향이 있다.

이렇듯 연성체제 이론의 등장과 역사적 변천 과정은 경성체제 이론에 기반한 교육현상의 분석, 이해, 해결 기법 및 사고 도구들(thinking tools)을 대체할 수 있는 논리적 도구 개발과 이를 위한 사회적 의미구성과 협동의 노력에 중점을 두고 수정 · 보완되어 발전해 온 과정이라고 볼 수 있다.

연성체제 이론은 체제 이론에 대한 관점과 접근을 다양화하고 정교화함으로써, 공학자 · 관리자 · 교수자들 사이에서 문제해결과 의사결정 도구로 활용되고 있는 시스템적 사고의 폭을 넓혀주었을 뿐만 아니라, 교육공학의 교수설계 분야에 도입된 "체제적 접근"의 학문적 · 실천적 탐구의 다양화를 모색할 수 있게 해주었다는 점에서 커다란 시사점을 제공하고 있다.

2. 이론 개요

(1) 연성체제 이론의 의미와 특성

연성체제 이론은 모든 사물은 단일화되고 분리될 수 있는 하나의 요소로서가 아니라 상황맥락적인 거시적 조직체의 구성 요소로서 간주되어야 한다는 전체주의적 관점(holistic view)과 체제적 접근(systemic approach)에 기반을 두고 있다. 그러므로 체제란 레고 조각처럼 하나하나 분리될 수 있는 딱딱하고 객관적인 사물이 아니며, 상황맥락적이고 전체적인 유기체와 같은 것으로 파악되어야 한다고 주장한다.

체제의 의미를 규정하는 주체가 어떠한 상황에 있는가에 따라 그 구조, 의미, 구성요소가 달라지는데, 특히 그 주체의 사회적 · 문화적 거시체제와 밀접한 관계를 가진다. 예를 들어, 현장 수업활동을 행하는 교사(집단)가 '교육체제'라는 개념을 정의하게 된다면, '교육체제란 교사와 학생이 교수-학습 자료를 통해 학습활동을 수행하는 조직체'라고 할 수도 있고, 교육체제를 운영하고 조직하는 교육행정가라면 '교육조직 운영 행정가, 교수-학습활동 주체인 교사, 학습서비스의 수혜자인 학습자간 상호작용을 통해 운영되는 조직체'로 정의할 수도 있는 것이다. 이것은 전체적 · 거시적 상황맥락이 어떠한가에 따라 체제의 내용과 차원이 매우 달라짐을 보여 준다.

특히, 현실 세계에서 어떤 조직 · 집단의 구성이 복잡하거나 매우 복합적인 문제를 가지고 있는 경우에는 더욱 그러하다. 왜냐하면, 일반적으로 문제 상황은 보편적인 요인보다는 특수한 상황맥락적 요인과 관련을 맺고 있는 경우가 많기 때문이다. 이러한 경우, 하나의 개념이나 상황만을 탈맥락적으로 만들고 유지하는 것은 불가능할 뿐만 아니라 유용성이 현저하게 떨어진다. 복잡하고 비구조화된 상황에서는 특정 체제나 상황 규정이 얼마나 객관적으로 옳은가 혹은 그른가가 문제가 되지 않는다. 오히려 그것이 같은 상황맥락 내의 대다수 사람들에게 얼마나 만족스러운가가 중요하다고 할 수 있다. 따라서 문제의 발견과 개념 정의에 대한 사회적인 토론과 합의과정이 매우 중요해질 수밖에 없다.

이와 같은 논리들을 종합해 보면, 비구조화된 복잡한 상황에서 그 유용성이 특히 부각되는 연성체제 이론은 조직 내에서 쉽게 해결되기 어려운 상황, 예를 들면 불확실한 환경과 의사결정이 모호한 사안들이 존재하는 경우에 관계자들 간의 상호 토론과 이해를 통해서 미래의 바람직한 변화를 유도하는 방법론으로 볼 수도 있을 것이다.

연성체제 이론의 개념적 윤곽을 보다 명확히 그려보기 위해서 다음에서는 전체주의적 관점, 체제적 접근 등 연성체제 이론과 관련된 핵심 개념들을 살펴보기로 한다.

(2) 주요 개념과 모델

전체주의적 관점(Holistic View)

연성체제 이론은 계열화되고 파편화된 탈맥락적인 요소들로 사물이나 상황을 규정하는 것을 지양한다. 이러한 경향의 기저에 자리하고 있는 것이 전체주의적 관점이며 이것은 사실상 또 다른 핵심적 개념인 체제적 접근이라는 용어의 의미에도 내포되어 있다. 즉, 연성체제 이론은 특정한 체제나 사물, 문제 상황은 반드시 더 넓은 사회체제(특히 그러한 상황을 바라보는 주체가 속해 있는 거시적 체제)

의 요구와 가치를 포함하고 있다고 보는 관점이다. 그러므로 교육기획자나 관리자 혹은 공학자가 전체주의적 관점을 지니고 있다고 할 때에는 문제를 전체적으로 바라보는 안목과 종합적인 사고 능력, 부분과 전체를 동시에 파악할 수 있는 능력을 소유하고 있다는 것을 뜻한다. 우리가 특정한 한 부분만을 바라본다고 할 때에도 동시에 부분과 전체간의 관계와 상호작용성을 동시에 고려할 수 있는 역량이 전체주의적 사고 능력이라고 할 수 있다.

요약하면, 연성체제 이론에서는 교육과 관련된 체제 및 그것을 둘러싼 환경간의 복잡하고 역동적인 관계를 이해하는 것을 핵심 능력으로 간주하고 있으며, 이를 위해서는 모든 사물을 복합적이고 전체적으로 바라보는 안목이 중요하다고 본다.

체제적 접근(Systemic Approach)

전체주의적 관점을 유지하면서도 개별요소의 중요성을 동시에 바라봐야 한다는 연성체제 이론의 핵심 아이디어를 설명해 줄 수 있는 중요한 용어가 바로 '체제적(systemic)'이라는 형용사이다(박수홍, 2002). 연성체제론적 관점에서 체제 이론의 핵심 개념을 좀더 정교화해야 한다는 입장(Banathy, 1991; Reigeluth & Garfinkle, 1994)에 기초하여, 경성체제 이론의 접근에서 활용되었던 '체계적 접근(systematic approach)'보다는 '체제적 접근(systemic approach)'이라는 용어가 보다 적합하다고 주장되고 있다. 이 용어에는 앞서 언급한 전체주의적 접근과 사고방식이 보다 엄밀하게 반영되었다고 할 수 있다. 박수홍(2002)은 두 용어에 대한 사전적 정의[1] 및 번역[2]을 다음과 같이 보다 구체적으로 정리 · 제안하고 있다. 즉, '체제적(systemic)'이란 용어는 「(1) 전체로서의 구조이며, (2) 지역성(local)과 구별되고, (3) 특별한 체제와 결합되고 이에 영향을 미치는」이라는 의미를 갖는다. 그리고 '체계적

[그림 2-1]
B. H. Banathy

1) *The Oxford Dictionary*, 1989; *The Random House Dictionary*, 1983; Webster's Dictionary, 1981.
2) 본고에서는 박수홍의 2002년 논문과 동일하게 'systematic'을 '체계적'으로, 'systemic'을 '체제적'으로 번역하여 사용하였다.

[그림 2-2]
C. Reigeluth

(systematic)'이란 「(1) 순차적인 계획, (2) 분류, 절차, (3) 시스템을 조작하거나 관여하는」이라는 의미를 지닌다(박수홍, 2002, p. 159에서 재인용). 용어의 정의에서도 알 수 있듯이 체계적 접근은 '계획', '절차' 등의 의미가 분명하게 나타나고 있고, 체제적 접근은 '결합'과 '전체'의 의미를 포함하고 있다. 유기적인 관계와 전체적인 안목을 중시하는 연성체제 이론의 관점에서는 후자의 용어가 보다 엄밀한 의미에서 체제적 사고를 반영하고 있는 것으로 간주되고 보다 큰 비중을 두어 활용되도록 지속적으로 주장되어 왔다. 대표적으로 Banathy(배너씨, 1991)와 같은 학자는 모든 저서와 연구를 통해 체제적 접근이라는 용어를 핵심 키워드로 활용하면서 이를 근본적인 핵심 개념으로 간주해야 한다고 주장하고 있다. Banathy(배너씨, 1919~1999)는 교육설계는 더 큰 사회체제에 개방적이고 적응적이어야 함을 강조하면서 사물의 체제적 측면을 고려하지 않는 체계적 접근을 신랄하게 비판하고 있다.

때로는 두 용어가 혼용되어 사용되기도 하지만, 위와 같은 의미의 차이에 따라 그 활용 양상이 구분되는 경향을 보인다. 예컨대, '체계적'이라는 용어가 키워드로

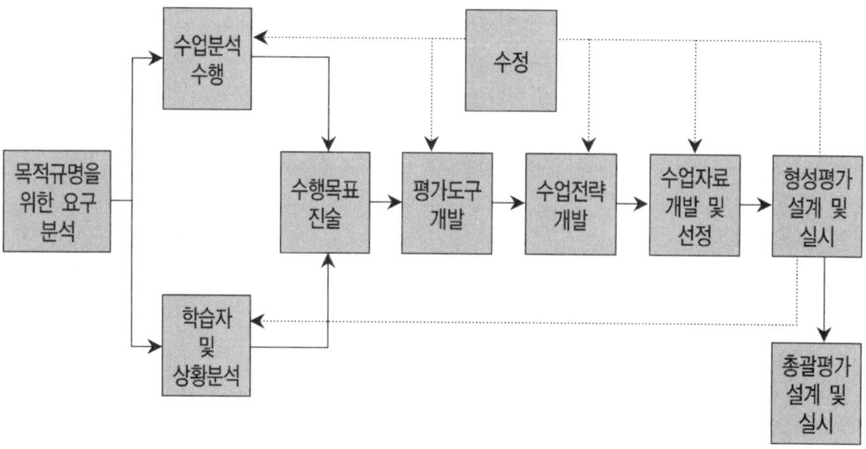

[그림 2-3] Dick & Carey(딕과 케리)의 체계적 교수설계 모델

등장하는 Dick and Carey(딕과 케리)의 「체계적 교수설계(systematic design of instruction)」는 경성체제 이론의 방법론에 근거한 대표적인 저서 중의 하나이다(Dick, Carey, & Carey, 2009). Dick and Carey(딕과 케리)의 모델을 따르는 교수설계자는 과제를 작은 작업 단위로 세분화한 후, 선형적 계열을 만드는 일련의 활동을 수행하는 것을 주요한 업무로 삼는다.

연성체제의 의미

전통적인 체제 이론은 '투입(input)', '과정(throughput)', '산출(output)'의 세 가지 핵심 요소를 통해 체제의 개념으로 정립되었다. 경성체제 이론의 관점에서는 실증적이고 절대적인 존재로서의 체제를 어떠한 규모로 어떻게 결정할 것인가가 관건이었다. 이러한 경우에 활용된 개념적 도구가 투입, 과정, 산출의 세 가지 개념이다. 즉, 체제의 개념은 원인, 과정, 결과 요인 등의 인과관계를 만드는 요소들로 규정될 수 있고, 인과관계를 형성하는 핵심 요소들은 투입, 과정, 산출로 개념화될 수 있다고 보았다. 이들은 객관적인 실증을 통해 일단 "발견"되고 난 이후에는 역할과 순서, 인과관계가 결정되며 변화하지 않는다. 체제의 규모와 테두리를 결정짓는 세 가지 요소들이 변화하지 않으므로 자연스럽게 전체체제의 규모와 특성도 확정된다.

상황맥락적 · 전체적인 관점에서 바라보면 기존 체제 이론에서와 같이 체제의 테두리나 규모를 확정하는 데에 결정적인 개념이 되었던 투입, 과정, 산출을 명확히 고정하는 것은 커다란 의미를 가지지 않게 된다. 똑같은 이름을 지닌 체제라고 하더라도 누가 정의하느냐에 따라 구성요소와 특성이 달라진다고 본다. 뿐만 아니라 동일한 주체가 정의하더라도, 변화하는 상황과 합의를 중시하기 때문에 초기의 의미와 후기의 의미가 달라지기도 한다. 지속적인 토론과 협의를 통해 투입 · 과정 · 산출로 규정되었던 내용이 시시각각 변화하고, 그 영향 관계의 순서가 바뀌는 상황이 발생한다. 한마디로 무엇이 투입이며 무엇이 산출인지 모호하게 되며, 이에 따라 체제의 규모와 크기가 역동적으로 변화하게 된다. 자연히 그 경계와 규모가 매우 유연(flexible)하고 연성화(soft) 될 수밖에 없는 것이다.

경계와 크기 등이 유연해지는 것은 전체적인 구조와 관련 요소들간의 상호작용

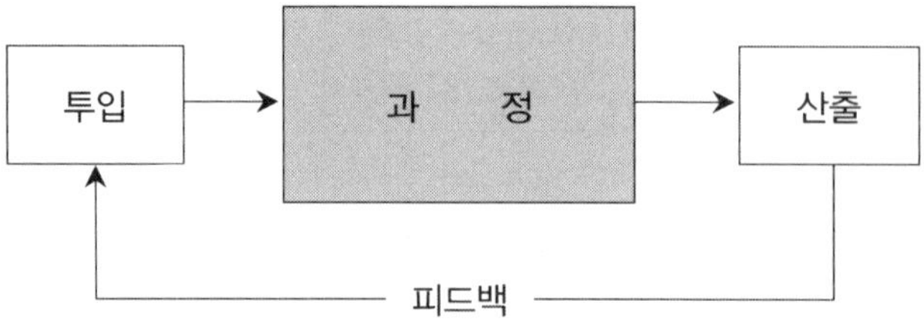

[그림 2-4] 기존 체제 이론의 체제 개념

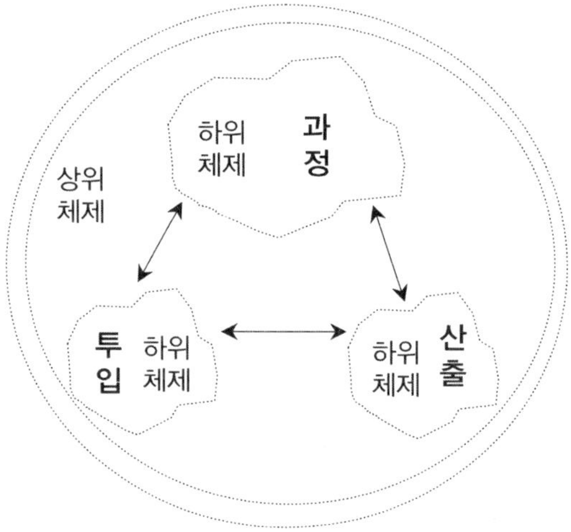

[그림 2-5] 연성체제 이론의 체제 개념

을 역동적이고 변화무쌍한 것으로 간주하기 때문이므로, 체제는 각각의 개별 의미로서 의미를 가지면서 동시에 전체의 구성요소로서도 중요한 위치를 차지하게 된다. 따라서 체제를 규정하는 주체는 요소별로 분리하여 바라보는 동시에 그것을 전체의 한 부분으로 조망할 수도 있어야 한다. 즉, 체제적이면서도 전체적인 관점 간의 조화를 균형있게 유지할 수 있어야 한다. 유연하고 역동적인 연성체제의 개념은 기존의 체제 개념과 비교할 때 그 의미가 보다 분명해지는데, 이를 그림으로 표현하면 [그림 2-4] 및 [그림 2-5]와 같이 제시할 수 있을 것이다.

[그림 2-5][3]에 나타난 바와 같이, 연성체제의 구성요소는 그 경계가 모호하고

3) [그림 2-5]의 점선 표시는 경계가 애매모호하고 그 크기가 가변적이라는 것을 의미한다.

크기가 가변적이며 투입, 산출, 과정 간에 지속적인 상호작용과 변화가 일어난다. 기존 체제 이론에서 보는 체제와 달리 위계적이고 순차적인 관계가 없으며 상호작용의 양상이 복잡하다. 어떠한 것이 투입이고 산출이며 과정인지 불명확해지고, 지속적이고 순환적인 상호작용에 따라 결국 투입, 과정, 산출의 세 가지 개념을 분명히 구분하기도 어렵게 된다. 또한 이러한 체제는 독립된 개체로서가 아니라 상위체제의 한 부분이 될 수 있으며, 하위에도 또 다른 체제(들)를 포함할 수 있는 복잡한 복합물의 한 구성 요소로서 그 의미를 지닌다.

연성체제 이론의 활동모델

체제의 개념이 가변적이고 연성화되어 있는 연성체제 이론의 입장에서는 기존 체제 이론에서와 같이 투입, 과정, 결과의 요소로서 상황을 파악하고 문제를 해결하고자 하지 않는다. 토론과 합의를 통해 상황을 공동으로 창출하고 수정하여 대부분의 참여자들에게 '만족스럽고 최대한 합의될 수 있는' 그 무엇을 파악해 내고자 노력한다. 특히 복잡한 문제가 내재된 경우에 연성체제 이론의 방법론이 유용할 수 있기 때문에, 주로 문제 상황을 공동으로 파악하고 협의하는데 중점을 둔다. 문제란 상황맥락적이고 전체적인 맥락과 결부되어 있는 복잡한 것이며 일반화하기 어려운 경우가 많기 때문이다. 이때 대부분의 구성원이 가장 만족할 수 있는 합의물을 산출해야 하므로, 문제해결을 위한 협의와 토론 행위 등 인간의 '활동' 자체를 중시하게 된다. 그러므로 연성체제 이론의 방법론은 문제해결을 위한 인간활동 개념 모델의 형태를 띤다. 연성체제 이론이 최초로 등장한 이후부터 지속적으로 인간활동 모델이 구안되어 발전하여 왔으나, 가장 원형(prototype)적이면서도 정리된 형태의 모델은 Checkland(첵랜드, 1981)가 제안한 다음과 같은 일곱 단계로 구성된 탐구과정 모델이다.

첫 번째 단계는 비구조화된 문제 상황을 탐색하는 단계이다. 이 단계에서는 행위자, 문제 소유자, 고객(문제해결시 수혜자)과 다른 이해 당사자들과의 인터뷰와 브레인스토밍, 그리고 토론을 통해 문제 상황에서 일어나고 있는 다양한 활동, 행동, 작업과정을 관찰하는 작업이 시행된다. 이를 통해 문제 상황에 영향을 주는 요소들과 상황에 대한 심층적인 기술이 준비된다.

두 번째로는 문제 상황을 표현하는 단계이다. 이전 단계에서 수집된 자료를 통해 정보를 유형별로 분류하고 문제 상황에서 조직이 어떤 구조를 가지고 있으며 어떤 문제가 있는지, 그리고 어떤 과정을 통해서 어떤 결과가 산출되고 있는지 분석한다. 이 단계에서 전체와 부분간의 관계를 전체주의적 관점에서 바라보기 위해 관련 요소들 간의 관계 등을 묘사하는 이해도(理解圖)를 그리게 된다. 이때 관련 요소들 간의 관계가 상황맥락적으로 가장 표준적이고 이상적이 되도록 묘사하는 개념도를 그린다.

세 번째는 유관적합한 체제(relevant system)를 명명하는 단계이다. 이 단계에서는 문제 상황에 대한 표준적이고 이상적인 '현상의 기술과 묘사' 그 자체라고 할 수 있는 이해도를 '체제적' 용어로 전환하여 설명한다. 이것을 본질정의(root definition)라고 한다. 본질정의는 Banathy(배너씨)가 개발한 CATWOE[4]라는 진술체계를 활용하여 구체적인 언어로 설명하고 진술한다. CATWOE란 고객(C: customers), 실행자(A: actors), 변환과정(T: transformation process), 세계관(W: world view), 문제 소유자(O: owner), 환경적 제한 요인(E: environmental constraints)을 약칭하는 말이다. 즉, 현상 그 자체를 설명한 이해도를 CATWOE의 요소 모두를 포함하여 다시 진술하는 단계인 것이다.

네 번째는 개념적 모델을 구축하는 단계이다. 이 단계에서는 CATWOE에 맞추어 체제적 언어로 전환된 본질정의를 기반으로 개념적 모델의 구축을 위해 어떤 활동을 전개할 것인지를 구상한다. 즉, 이 네 번째 단계는 CATWOE에 진술되어 있는 과제 및 논제를 토대로 개념적 활동전략 모델을 구성하는 단계이다. 이는 실제 문제 상황을 토대로 구성하는 것이 아니라 CATWOE에 따른 실행계획을 작성하는 단계라고 볼 수 있다.

다섯 번째는 개념적 모델과 실제 문제 상황을 비교하는 단계이다. 공개적 토론과 대화를 통하여, 두 번째 단계에서 개발되었던 문제 상황에 대한 전반적인 이해도

4) CATWOE 방법론은 그 자체로서 Checkland(척랜드)가 제안한 것과 같은 인간활동 개념 모델을 이루는 것은 아니며, Checkland(척랜드)가 제안한 모델의 과정이나 기타 인간활동 중에 본질정의 시 반드시 포함해야 할 요소들과 그러한 요소들의 진술방법, 관련된 과제들을 제시해 주고 있는 지침들의 집합군으로 이루어져 있다.

와 네 번째 단계의 활동전략 모델을 비교한다. 그 목적은 전반적인 이해도와 개념적 모델의 차이점을 발견하여 문제 상황의 바람직한 변화방향을 정립하는 데 있다.

여섯 번째 단계는 바람직하고 실행 가능한 변화 추진안을 결정하는 단계이다. 문제 상황의 역사적 맥락 및 제한 요건, 가치체계 및 규범, 그리고 정치적 역학관계와 권력체계에 비추어 볼 때 실현 가능한 활동 전략을 결정하게 된다.

마지막 일곱 번째 단계는 문제 상황 개선을 위한 변화 추진 단계로서 활동 전략을 실제로 실행하는 단계이다. 필요한 구체적인 활동을 누가, 무엇을, 언제까지, 어떤 방법으로 할 것인지에 대한 의사결정을 수행한다.

이상과 같은 연성체제 이론에 기반한 활동모델은 다음의 [그림 2-6]과 같이 제시될 수 있다(Checkland, 1981).

연성체제 이론의 인간활동 모델은 문제 상황 속의 특정 문제의 해결 자체에 초점을 두기 보다는 지속적이고 순환적인 학습과정을 통해 탐구과정 속에서 구성원들과의 대화와 토론의 과정을 통해서 새로운 사실을 깨닫고 그 결과를 다시 문제 상황 개선에 적용함으로써 구성원간의 세계관 및 관점을 공유하고 합의된 의미를 창출하는 데 목적을 두고 있다.

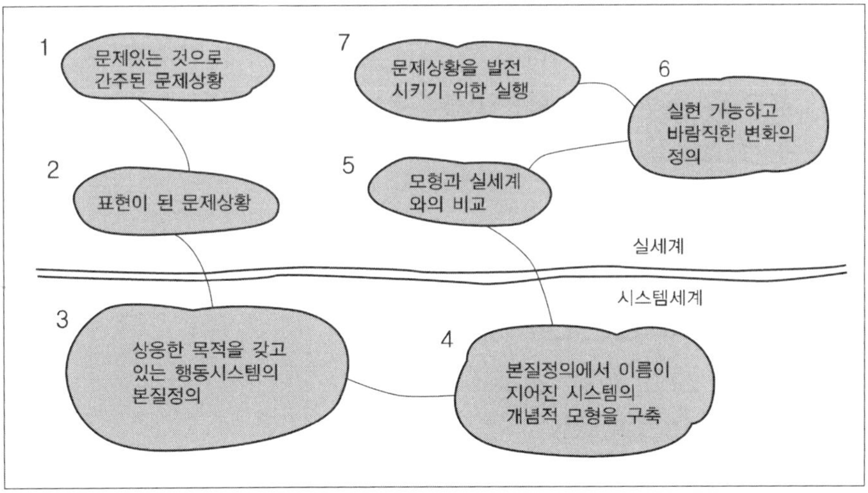

[그림 2-6] 연성체제 이론의 활동 모델(Checkland, 1981)

(3) 이론의 한계 및 시사점

체제적 접근과 전체주의적 관점을 토대로 하는 연성체제 이론은 다음과 같은 한계점을 지니고 있다.

첫째, 연성체제 이론의 방법론을 적용할 때의 중요한 요소인 '토론'은 지배적인 문화 혹은 권력구조에 커다란 영향을 받아 어느 한쪽으로 치우칠 우려가 있다.

둘째, 연성체제 이론의 방법론은 조직 내 정치적인 갈등요소에 영향을 받는 경우가 있다. 토론을 통해 갈등이나 정치적인 알력 등이 근본적으로 해결되기 보다는 그러한 요인이 오히려 산출물에 반영되는 경우가 있다.

셋째, 합리적인 합의와 협의과정이 필요한 연성체제 이론의 방법론은 조직원의 적극적인 참여 및 의사결정집단의 의지가 없으면 성공할 수 없다.

넷째, 연성체제 이론에서 조직변화는 조직 구성원의 세계관을 변화시킴으로써 시작된다고 보고 있으나, 진정한 의미에서 각 구성원들의 세계관을 전환하기에는 어려움이 있다.

이러한 한계점에도 불구하고, 현실 세계는 기존의 경성체제 이론만으로 설명하고 해결하기에는 불가능한 상황이 많이 존재한다. 복잡한 문제 상황이 존재하고, 그러한 문제를 파악하기가 어려울 경우에는 더욱 그러하다. 이때에는 경성체제 이론적 접근보다는 연성체제 이론의 접근과 방법론을 활용하는 것이 그 과정과 결과물에서의 효율성 및 효과성을 높일 수 있으며, 이러한 의미에서 커다란 의의와 시사점을 지니고 있다.

3. 관련 연구

(1) 연성체제 이론의 적용

연성체제 이론이 등장한 이후, 이러한 접근과 방법론을 적용하여 체제를 분석하고 설계하기 위한 방법론과 이를 통해 교수-학습체제를 기획하고 실행하고자 하는 움직임이 지속적으로 이루어져 왔다. 대표적으로 Checkland(척랜드)와 Scholes(스코레스, 1990)는 연성체제 이론을 적용한 수업체제 설계 모델을 개발하였는데, 이는 네 단계의 활동으로 구성되어 있는 절차 모델로서 수업체제를 설계할 때 연성체제 이론의 접근을 간략하면서도 분명하게 적용할 수 있는 지침으로 중요한 시사점을 지니고 있다. 이 모델에 따르면 첫 번째 단계인 활동 1에서는 전반적인 이해도 구성, 활동 2에서는 인간활동 체제 모델 개발, 활동 3에서는 문제 상황의 역사적 맥락 및 제한 요건, 가치체계 및 규범, 정치적 역학관계와 권력체계 등에 대한 이해, 활동 4에서는 활동 3의 과정에서 산출된 결과물에 비추어 실현 가능한 변화전략의 결정 등을 수행하게 된다. 이는 Checkland(척랜드)가 체계화한 연성체제 이론의 기본적인 활동 모델의 원형을 수업현장에서 용이하게 활용할 수 있도록 간략하게 변형한 형태의 모델이라고 할 수 있다.

(2) 연성체제 이론의 쟁점

연성체제 이론이 소개되고 알려지기 시작한 이래, 꾸준히 이루어진 논의들 중 주요한 흐름의 하나는 경성체제 이론이 간혹 존재할 수 있는 '닫힌' 체제에 적합한 반면, 연성체제 이론은 고도로 비구조화된 '열린' 체제의 연구 및 학습에 적합하므로, 각각의 경우에 적합하게 구분하거나 혹은 통합하여 하나의 기법으로서 활용하자는 주장(박수홍, 2002; Reigeluth, Pershing, & Park, 1998)이다. 반면, 연성체제 이론과 경성체제 이론은 시스템적 "사고"라는 말에서 찾아볼 수 있듯이 기법이 아닌 관점이자 가치관, 대안적 이론이므로 혼용할 수 있는 기법 차원에서가 아니라 이론 차원으로 전환하여 활용해야 한다는 주장(유영만, 2002; Banathy, 1988; Stacy, Griffin, & Shaw, 2000)도 존재한다.

이러한 논의들은 교육학 분야의 극단적인 구성주의자와 온건한 구성주의자가 명확한 해결책이나 정답을 합의하고 있지 못하는 것과 마찬가지로 여전히 완전한 하나의 흐름으로 모아지고 있지는 못하다. 그러나 체제에 대한 다양한 접근과 정교한 논리를 제공함으로써, 수업체제 설계 및 개발을 위한 안목을 수정하고 확대해 나가는 데에 많은 기여를 하고 있는 것으로 판단된다.

참고문헌

박수홍 (2002). 체제성과 체계성의 논쟁을 넘어서: 이중구조 교수체제모델의 탐색. 교육공학연구, 18(2), pp. 157 ~ 174.

유영만 (2002). 비구조적 문제 상황 이해를 위한 체제-해석적 수업체제설계 모델(Systemic Interpretive-ISD Model) 개발. 교육공학연구, 18(2), pp. 249 ~ 295.

Banathy, B. H. (1988). Matching design methods to system type. *Systems Research, 1*(1).

Banathy, B. H. (1991). *Systems design of education: A journey to create the future.* Englewood Cliffs, NJ: Educational Technology Publications.

Checkland, P. B. (1972). Towards a systems-based methodology for real-world problem-solving. *Journal of Systems Engineering, 3*(2), pp. 87 ~ 116.

Checkland, P. B. (1981). *Systems thinking, systems practice.* New York: John Wiley & Sons.

Checkland, P. B. (1985). From optimizing to learning: A development of systems thinking for the 90s. *Journal of Operational Research Society, 36,* pp. 757 ~ 767.

Checkland, P. B. & Scholes, J. (1990). *Soft systems methodology in action.* New York, NY:John Wiley & Sons.

Dick, W., Carey, L., & Carey, J. O. (2009). *The systematic design of instruction.* (7th ed.). NJ: Pearson/Merrill Publishers.

Reigeluth, C. M. & Garfinkle, R. J. (1994). *Systemic change in education.* Englewood Cliffs, NJ: Educational Technology Publications.

Reigeluth, C. M., Pershing J. A., & Park, S. H. (1998). A new paradigm of corporate training. *Strategic Human Resource Development Review, 2*(1), 27 ~ 50. LG Center for Management Development, Korea.

Stacy, R. D., Griffin, D., & Shaw, P. (2000). *Complexity and management: Fad or radical challenge to systems thinking.* New York, New York: Routledge.

chapter

3

카오스 이론
(Chaos Theory)

1. 이론의 배경 및 맥락

'카오스(chaos)'는 본래 우주의 질서, 전체의 질서, 세계의 질서 등을 뜻하는 그리스어인 '코스모스(cosmos)'의 반대말로 등장했다. 따라서 카오스는 혼돈, 무질서, 무한이라는 뜻을 지니고 있다. 또한 카오스는 그리스어 'khaos'에서 나왔는데, 이 말은 '크게 벌린 입'이라는 뜻이다. 이는 아마도 온갖 질서를 한 입에 삼켜서 갈피를 잡지 못하게 하는 블랙홀과 같은 혼돈의 세계를 상징하기 위해 이런 말을 쓴 듯하다. 하지만 그리스인의 신화를 살펴보면, 그들은 질서 정연한 우주가 생기기 이전에 커다란 혼돈, 즉 카오스의 상태를 의식하고 있었음을 알 수 있다. 즉, 카오스(무질서)로 인해서 코스모스(질서)가 생겨났다고 생각했던 것이다. 따라서 그들에게 있어 카오스는 단순한 혼돈이나 무질서가 아닌 풍요로운 생산성을 지닌 것, 즉 '질서를 낳는 혼돈' 이었던 것이다. 비록 카오스 이론이 체계화된 것은 최근의 일이지만, 그리스 신화뿐만 아니라 고대 인간의 마음에 카오스에 대한 생각이 있었음은 분명하다.[1] 그렇다면 왜 이토록 고대의 천재나 위대한 사상가들은

---

1) 고대의 대철학자들은 한결같이 질서의 전 단계에 혼돈이 있었음을 직감하고 있었다. 예를 들면 다음과 같다. 중국의 고대신화에는 혼돈에서 빛과 태양이 나와 하늘을 만들고, 나머지 어두운 것으로부터 대지가 나오고, 남녀의 본성인 음, 양은 만물을 낳았다는 내용이 있다. 주자(朱子)는 그 생각을 한 단계 높여 '우주의 원초적 상태는 혼돈이었으며, 구별이 없었고, 무한의 넓이 속에 유동적인 기(氣)가 있었다.'라고 했다.

한편 고대 그리스의 시인 헤시오도스(Hesiodos)는 '맨 처음에 혼돈이 있었고, 그 다음에 태어난 것이 가슴이 넓은 대지(Gaia)이다. 그리고 죽음을 모르는 신들 가운데 유별나게 아름다운 에로스가 태어나고, 카오스에서 유명(Erebus 幽冥: 죽은 사람이 저승에 들어가기 전 지나는 암흑계)과 어두움(밤)이 태어났다.'라고 말했으며, 또 이집트인들은 혼돈이 우주의 시작이며, 그것으로부터 태양이 태어났다고 믿었다. 또한 고대 바빌로니아에서는 천지창조가 혼돈의 여신에 의해 이루어졌으며, 그 속에 여러 가능성이 있는 것으로 묘사하고 있다. 이 외에도 '성서' 창세기에 나오는 '태초에 하나님이 천지를 창조하사 땅이 혼돈하고 공허하며 암흑이 깊음 위에 있고'라는 구절은 신이 질서를 만들기 전까지 우주에는 아무런 모양이나 틀이 없었고 질서를 만들기까지 몇 번이고 대홍수, 악마 등의 혼돈과 싸워야 했음을 말하고 있다. 그리스 신화에 나오는 주신(酒神) 디오니소스는 종교적 도취와 열정이 특징인데 특히 부녀

카오스의 중요성에 주목했을까? 그 이유는 카오스에는 새로운 질서를 생성하는 힘이 있었기 때문이다. 물론 카오스 자체에 생산성, 창조성이 있는 것은 아니다. 카오스가 진행하는 미묘한 순간에 빛이 나타나는 것이다. 이것을 '카오스의 가장자리(the edge of chaos)'라 한다.

[그림 3-1]
H. Poincare

이토록 오랫동안 인간의 마음속에 머물러 왔던 카오스에 대한 연구가 최근에서야 시작된 것은 그 변화의 본질이 잡힐 듯하면서도 파악하기 어렵기 때문이었다. 그러나 현대에 들어서 컴퓨터의 발달로 카오스의 본질에 대해 부분적으로나마 이해할 수 있게 되었다.

카오스에 대한 연구는 19세기 초 프랑스의 수학자인 Poincare(푸앙카레)를 시작으로 해서 1970년대 중반부터 체계적으로 이루어져 왔다. 초기에는 수학계에서 카오스에 대한 연구가 진행되어 오다가 점차 자연과학 전반으로 확산되었다. 특히 자연과학 분야의 카오스 연구는 그 동안 설명할 수 없었던 자연현상들을 논증하여 과학분야에 획기적인 발달을 주도해 오고 있다. 이에 더해서 이제는 불분명했던 사회현상까지 카오스 이론을 바탕으로 설명하여 사회를 이해하고 파악하고자 하는 시도가 이루어지고 있다.

그동안 교육계에서 추정만 하고 밝혀지지 않았던 학습자의 행동 패턴이나 사고방식 등도 카오스 이론으로 설명될 수 있고, 학습과정에서 발생하고 있는 문제점들에 대한 해결의 실마리를 카오스적 시각에서 찾을 수 있을지도 모른다. 이것이 바로 카오스 이론이 이 책에 포함되게 된 이유이다.

우리는 초등학교 체육시간에 '45도 각도로 던지는 공이 가장 멀리 간다'고 배웠다. 그리고 갈릴레이는 피사의 사탑에서 쇳덩이와 깃털을 떨어뜨리면 동시에 떨어진다고 했다. 과연 그럴까? 이것은 진공인 상태를 전제했을 때이고 실제 우리가 사는 세계에서 이러한 일은 벌어지지 않는다. 우리가 사는 세계는 중력 가속도보다는 공기저항에 의한 마찰이 훨씬 더 운동을 지배하기 때문이다.

자들을 열광시키며, 혼돈 속에서 생식을 기대하기도 했다.

우리의 사고는 뉴턴 역학의 세계에 길들여져 있지만 실제의 자연현상은 우리의 생각대로 움직여 주지 않는 것이 너무나도 많다. 대기의 움직임이 그렇고 강물의 흐름도 그렇다. 실제로 뉴턴 역학에서 무시되었던 요소들이 예를 들면 마찰이나 점성, 공기저항이 전체 운동을 지배한다. 카오스는 이처럼 무질서하고 불규칙한 것처럼 보이는 운동에서 새로운 규칙성을 찾아내려는 움직임이다.

앞서 언급했듯이, 카오스에 대한 직관은 고대부터 있었고 그것이 이론적으로 일반의 주목을 받게 된 것은 1990년대 초반이다. 하지만 그 전에 이미 카오스 이론을 뒷받침할 만한 몇 가지 이론들이 있었다.

1970년대 초반, 전문수학자는 물론 일반인들 사이에도 관심의 대상이 되었던 '카타스트로피 이론(catastrophe theory)'은 '연속적으로 변화하던 현상이 돌연히 어느 순간 비연속적인 파국을 맞는 국면'에 대한 연구였다.2) 그러나 이 이론은 인문, 사회분야에까지 널리 파급되지 않았으며, 지금은 토목공학이나 역학에 이용되는 정도에 머물고 있다.

[그림 3-2]
L. A. Zadeh

그 후 10년 뒤인 1980년대에는 '퍼지 이론(fuzzy theory)'이 등장했다. 미국의 수학자 Zadeh(자디, 1944~, 현 버클리대학 교수)가 개발한 이 이론은 'on, off'식의 흑백논리로 이분화할 수 없는 것을 대상으로 한다. 즉, 퍼지란 명확성을 생명으로 하는 수학에 대해 '애매함 (fuzzy)'을 정면으로 내세운 이론이었다.3) 또 다른 이론은 1980년대 후반 프랑스 출신의 미국 수학자 Mandelbrot(만델브로, 1924~, 현 예일대학교 수학과 교수)가 제시한 '프랙탈 이론(fractal

2) 예를 들어, 달걀에서 병아리가 나오는 순간이나 화산의 폭발, 혁명의 순간 등과 같은 현상은 비규칙적이고 비연속적인데, 이와 같이 비규칙적이고 비연속적인 대상을 수치를 이용하지 않고 구조적으로 파헤치는 것이 카타스트로피 이론이다.

3) 퍼지 이론은 확률론과는 확연히 다른 것이다. 퍼지 이론은 인간이 이성에 대한 믿음으로 실증 가능성과 논리성을 내세우며 모른 척 해왔던 애매모호한 영역에 대한 연구이다. 실제로 퍼지 이론으로 인간의 판단이나 행동 양식에 대한 추리가 가능해졌다. 우리는 미리 자세한 상황을 설정할 수 없을 때가 많은데, 예상치 않은 상황이 닥쳤을 때 그때그때 적절하게 대처할 수 있도록 하는 것이 바로 퍼지 이론이다. 이 이론은 실제 교통신호, 품질관리(QC), 가전제품 등에 이용되고 있다.

theory)'이다. 기존의 기하학이 자와 컴퍼스로 그리는 단순하고 매끈한 인공(人工)의 기하학이었다면, 이 새로운 이론은 자연의 모습을 있는 그대로 묘사하고 해석한다는 점에서 '자연의 기하학'이라 할 수 있다. Mandelbrot(만델브로)는 이 프랙탈 이론을 통해 자연의 자기닮음 구조를 파헤치고, 카오스 이론의 앞날을 예고하게 된다.

[그림 3-3]
B. Mandelbrot

한편 앞의 이론들과 달리 또 다른 방법으로 카오스 이론을 뒷받침하는 주장이 있다. 미국의 기상학자 Lorenz(로렌츠, 1917~)[4]는 컴퓨터로 대기의 모델을 만들어 계산한 '결정론적이면서도 비주기성'이라는 논문을 통해 일기의 장기예보 가능성 여부를 논했다. 그의 결론은 초기의 민감한 반응과 나비효과 등으로 인해 장기예보가 불가능하다는 것이다.[5]

[그림 3-4]
E. Lorenz

결론적으로 과학자들은 삼라만상의 변화 속에 질서가 있는 것처럼 기대했으나, 실제에 있어 그 질서는 완벽한 것이 아니며, 오히려 카오스 속에 변화의 실상이 있음을 감지하게 된 것이다. 이렇게 단순화된 가상의 질서정연한 세계로부터 '카오스의 창(窓)'너머 현존하는 진실의 혼돈스러운 세계를 파고들기 시작하게 된 것이 지금의 지적세계의 동향이다.

---

4) http://en.wikipedia.org/wiki/Edward_Lorenz 참고

5) 일기는 봄, 여름, 가을, 겨울처럼 일정한 주기성을 갖고 변하는 것처럼 보이지만 실제로 컴퓨터 상에 나타나는 일기는 비주기적이며, 아무리 오랫동안 관찰해도 두 번 다시 똑같은 조건의 일기는 나타나지 않는다. 즉 매일매일의 일기는 항상 다르며 똑같은 일기는 두 번 다시 반복되지 않는다는 것이다. 아무리 규칙적인 변화를 하고 있다 해도 그 속에는 비규칙적인 요소가 숨어있기 때문에 일기의 '완전예측은 불가능'하다는 것이다. 따라서 Lorenz(로렌츠)의 논문은 '질서속의 혼돈'이라는 카오스의 존재를 확인시켜 준 것이다.

2. 카오스 이론의 개요

카오스에 대한 정의는 학자들마다 다르게 정의하고 있지만 의미 중심으로 정리해 보면 카오스란 어떤 계(系)가 확고한 규칙(결정론적 법칙)에 따라 변화하고 있음에도 불구하고, 매우 복잡하고 불규칙하면서 동시에 불안정한 행동을 보여서 먼 미래의 상태를 전혀 예측할 수 없는 현상이다.

카오스 이론은 너무 방대하고 그 범위가 넓어 체계적으로 설명하기가 쉽지 않다. 그러므로 카오스 이론에서 등장하는 핵심 개념들에 대해서 살펴보기로 하자.

(1) 초기 조건의 민감성

결정론적 세계관이 지배했던 19세기 초 프랑스의 수학자인 Poincare(푸앙카레)는 카오스의 예측불허성의 원인이 되는 '결정론적 계에서의 초기 조건에의 민감성'을 최초로 알아낸 사람이다. 그는 행성의 궤도를 예측함에 있어서 두 행성간의 인력뿐만 아니라 다른 행성들의 인력도 고려해야 한다고 생각하고 다음과 같은 결론을 얻게 되었다(Poincare, 1952).

> "우리가 머릿속에 알아챌 수조차 없을 만큼 작은 원인이 놀라울 만큼 중대한 영향을 초래하는 경우도 있지만, 그런 경우 대개 우리는 그것이 우연의 작용이라고 흔히 생각한다. 만약 자연법칙과 우주 최초의 순간의 상태를 정확하게 알고 있다면, 우리는 동일한 우주 이후 계속되는 임의의 순간의 상태를 정확하게 예측할 수 있을 것이다. 비록 자연법칙의 모든 것을 알아냈다 하더라도, 초기 상태에 대해 우리가 알고 있는 것은 어디까지나 '근사치'에 불과하다. 만약 초기상태의 근사와 같은 정확도로 다음 상태의 예측이 가능하다면, 우리는 그 자연법칙에 의해 지배되는 현상을 예측할 수 있다고 말할 수 있다. 그러나 항상 예측이 가능하다는 뜻은 아니다. 초기값에 나타나는 작은 차이가 최종적인 현상에 큰 차이를 초래할지도 모른다. 초기에 나타난 작은 오차가 나중에 거대한 오차를 일으킨다. 이렇게 해서 예측은 불가능하게 되고, 우리 앞에는 우연적인 현상만이 남겨지는 것이다."

Poincare(푸앙카레)는 결정론적 법칙에 따르면서도 복잡하게 움직이고, 초기조건에 민감한 '나비효과'에 의해 장기예측이 불가능한 현상, 즉 '카오스'를 발견한 것이다. Poincare(푸앙카레)는 뉴턴의 홈그라운드라고 할 수 있는 태양계에서 혼돈의 심연의 일단을 발견한 것이다. 뉴턴의 세계관은 그와 그의 추종자들이 가장 안전하다고 믿었던 곳에서 무너지기 시작했던 것이다. 그러나 Poincare(푸앙카레)의 뛰어난 연구결과는 1970년대 카오스의 후예들이 여기저기서 자연발생적으로 생겨나기까지 70년 이상 제 기능을 발휘하지 못한 채 사장되었다. 뉴턴의 세계관은 너무도 깊게 뿌리박혀 있었고 실제의 천문 현상은 뉴턴의 이론으로 잘 설명되었고 예측할 수 있었기 때문이다. Poincare(푸앙카레) 자신조차 "이 결과는 너무나 기이해 더 생각할 수 없다"고 말했다.

Poincare(푸앙카레)와 함께 미국의 기상학자 Lorenz(로렌츠)는 앞에서 설명한 것처럼 대기 현상을 설명하기 위해 기온과 기압과 풍속 등을 나타내는 방정식을 만들어 시뮬레이션을 하였다. 이 과정에서 그는 무시하여도 좋을 것 같았던 소수점 세 자리 이하의 차이가 증폭되어 예상치 못했던 일들이 벌어짐을 알아냈다. 이러한 현상을 Lorenz(로렌츠)는 초기 조건에의 민감한 의존성을 나비 날갯짓 정도의 작은 변화가 시간의 흐름에 따라 증폭되어 폭풍우가 될 수도 있다는 비유로 설명하여 '나비효과(Butterfly effect)'라고 부르기도 했다(Lorenz, 1993).

카오스의 특징인 '초기값에 대한 민감한 의존성'은 어떤 순간에 나타나 큰 오차를 확대시킬 수 있는 불안정성을 가지고 있으며 이것은 카오스 계에 있어서 다른 계로부터 받는 극히 작은 영향이라도 경우에 따라서는 무시할 수 없음을 의미한다.

(2) 끌개

카오스는 흔히 겉으로는 불규칙하고 무질서해 보이는 비예측성 신호 속에 일정한 규칙성을 가진 운동을 일컫는 말이다. 여기에서 일정한 규칙성이 '기이한 끌개(strange attractor)'라고 불리는 질서 구조에 의하여 주어진다.

역학계의 변화 상태를 나타낸 위상공간[6]에서 역학계의 변화 상태는 하나의 점으로 나타나며 이 점은 외부의 에너지에 의해 요동하게 된다. 이러한 요동에 의해 움직이는 점들은 수많은 궤적을 그리게 된다. 그러나 궤적을 그리는 복잡한 곡선군(曲線群) 중에는 어느 점에서 출발하여도 결국은 다시돌아오는 하나의 곡선이 생기게 되고 이를 '끌개(attractor)'라고 한다(김용운 외, 1998).

결국 끌개란 어떤 계의 상태 변수 값을 위상 공간에 표시하여 움직이는 점이 그리는 궤적에 의해 동력학계의 장기간에 걸친 연속적인 형태를 가시화한 것이며, 이것을 통해서 알아보기 힘든 계의 행동의 전체적인 기하학적 특성과 규칙성을 파악하게 한다.

카오스 내면의 질서 구조를 처음 발견한 기상학자 Lorenz(로렌츠)는 대류에 의한 기상 현상을 이해하기 위해 불 위에 올려놓은 냄비 안의 물과 같은 간단한 대류 모델을 컴퓨터로 연구하였다. 불이 약할 때 물의 흐름은 스스로 동적 평형 상태인 원통 모양의 질서 구조를 만들어 내고 이 원통을 따라 규칙적 주기운동을 하게 된다. 그러나 불이 세지면 이 원통형 질서 구조가 지렁이처럼 주기적으로 꿈틀꿈틀 움직이기 시작하고 불이 더욱 세어지면 원통 구조가 완전히 깨지며, 주기성이 없고 불규칙해 보이는 새로운 대류 운동이 나타나는 것을 알아냈다.

[그림 3-5] Lorenz(로렌츠)의 끌개

외관상 불규칙해 보이는 신호를 위상 공간(phase space) 또는 상태 공간(state space)에서 기하학적인 궤적으로 다시 그려보았더니 그 이면에 나비 날개 모양의 로렌츠 끌개(Lorenz attractor)라고 불리는 기이한 끌개의 규칙적 구조가 숨어 있다는 것을 발견했다([그림 3-5] 참조). 이 구조는 작은 섭동에도 사라지지 않는 매우 안정된 구조이며 계의 궁극적 운동은 이 끌개에 의하여 지배 받는다는 것이 밝혀졌다. 나비 모양의 기하학

6) 위상공간(phase space): 한 점이 동역학계의 순간적인 상태를 완전하게 나타내는 추상적인 공간. 위상공간의 차원은 그 계를 기술하는 데 필요한 변수의 수에 의존한다. 계가 시간에 따라 진화하는 동안 위상공간에서는 한 궤도가 사상되어 나간다(김용운 외, 1998).

적 구조상에서 카오스 현상이 일어난다. 카오스는 계의 운동이 로렌츠 끌개의 한 쪽 날개 상을 돌다가 불규칙적으로 다른 쪽 날개로 넘어가는 것을 반복하는 형태로 나타난다.

이 별난 끌개는 무한히 많은 층으로 이루어졌으나 자기 유사성(self-similarity)을 지닌, 매우 기묘한 기하학적 구조(프랙탈 구조라 불림)를 가지고 있으며 이 위에서 카오스 운동이 일어나게 된다. 이러한 점에서 동적 운동으로서 카오스를 이해하기 위하여 공간적 기하학적 구조인 프랙탈의 연구가 불가피하게 된다.

(3) 프랙탈 차원

프랙탈(fractal)이라는 말은 라틴어로 부서진다는 의미의 동사 '프란게리(frangere)'의 형용사형인 '프락투스(fractus)'를 어원으로 한 조어(造語)인데, IBM연구원이면서 하버드의 객원교수였던 Mandelbrot(만델브로)가 1975년에 처음 제안하였다.

프랙탈은 자연계의 구조적 불규칙성을 기술하고 분석할 수 있는 새로운 기하학으로, 동력학에서 다양하게 나타나는 카오스 형상을 정량적으로 기술할 수 있는 새로운 언어를 제공하고 있다. 어린이들은 학교에 들어가면, 직선 동그라미 세모 네모 등을 그리며 기하학을 배운다. 하지만 인위적이 아닌 자연 상태의 어떤 모양도 유클리드기하학적 형상을 보이지 않는다. 자연의 형상을 근사적으로 보아 산을 대충 원뿔로, 나무는 삼각형에 막대가 달린 모양으로 묘사 하게 되지만 이는 정확한 묘사가 아니다.

자연의 형상에 내포된 불규칙성을 간파한 Mandelbrot(만델브로)는 '구름은 둥그렇지 않으며 산은 원뿔 모양이 아니다. 해안선은 부드러운 곡선이 아니며 번개는 결코 직선으로 펴져 나가지 않는다.'고 주장했다.

부드러운 선은 1차원이며, 면은 2차원, 공간은 3차원이라는 정수 차원으로 나타나지만, 유클리드 기하학의 개념으로 설명되지 않는 로렌츠 방정식의 기이한 끌개와 같은 형상은 0, 1, 2, 3... 과 같은 정수가 아닌 소수인 프랙탈 차원으로 정의된다.

프랙탈 도형의 가장 중요한 특징은 자기 유사성(self-similarity)이다. 자기 유사

[그림 3-6] 자연계의 고사리(왼쪽)와 컴퓨터상에서 반복적인 계산을 통해 그린 Barnsley의 고사리(오른쪽)

란 어떤 도형의 부분이 전체도형의 축소된 상으로 되어 있다는 것으로 자연엔 이런 특징을 갖는 것이 많다. 고사리를 살펴보면 고사리의 큰 잎은 그 속에 있는 작은 잎사귀와 같은 모양을 하고 있다. 또 그 작은 잎사귀는 그 보다 작은 잎사귀와 같은 모양을 하고 있다. 고사리는 이처럼 작은 잎이 큰 잎과 같은 모양을 하고 있다. 이와 같이 부분이 전체와 같은 구조를 프랙탈이라고 한다. 여기서 프랙탈이란 우리말로 '자기닮음'이며 자연의 패턴에 잠재하는 닮은꼴을 의미한다.

프랙탈과 끌개는 긴밀한 관련이 있다. 위상공간에서 끌개는 계의 상태를 나타내는 점들로 나타내진다. 그 계가 변함에 따라 위상공간의 각 점들은 수차례 접히게 되어 무한히 복잡해진다. 많은 기묘한 끌개의 경우 확대시켜 보면 그 기하학적 구조는 프랙탈 구조를 갖고 있고, 따라서 기묘한 끌개는 프랙탈 차원에 의해 특징지워진다.

일반적으로 프랙탈은 무한히 세분되고, 무한한 길이를 가지며, 기울기나 미분 값을 갖지 않는다. 또한 정수 차원이 아닌 소수 차원을 가지고, 자기 유사적으로 구성되며, 반복 정진과 간단한 반복 작업을 통해서 만들어질 수 있다(김광태 외 역, 1991).

(4) 불안정한 비평형 계의 비선형, 비가역성

비평형, 불안정성, 비선형, 비가역 현상은 카오스의 생성인자이며 또한 카오스 이론을 이루는 주요 개념이다. 비평형 상태란 주위와의 끊임없는 상호작용으로 변화를 계속하는 상태를 말한다. 일반적으로 평형에서 멀어진 상태에서는 무질서가 생기며, 평형에서 존재하던 구조들이 파괴된다고 믿어 왔었다. 그러나 여러 입증된 실험과정들에서는 협동과정에 의해 무질서 대신 비평형의 새로운 결정구조가 만들어진다는 사실이 밝혀졌다.

모든 동력학계는 마찰이 없는 이상적인 진자와 같은 안정된 계(stable system)로 생각해 왔다. 이런 안정된 계는 요동에 의해 계가 기준 상태에서 벗어나더라도 다시 원상태로 회복된다는 특징을 지닌다. 동력학계는 안정된 것과 불안정한 것 두 가지가 있다. 하지만 안정된 계는 매우 예외적인 경우이며, 대부분의 계는 날씨변화나 거꾸로 세워진 연필같이 매우 불안정하다.

따라서 불안정한 계는 '초기 조건의 민감성'에 의해 예측이 불가능하며 일반적으로 '궤적' 대신에 '확률'로써 설명할 수밖에 없다. 그러므로 고전역학에서는 궤적이 기본 개념이고, 양자역학에서는 파동함수가 기본 개념이며, 불안정한 비평형 계에서는 확률이 기본 개념이 된다.

비평형 계에서 생기는 구조는 실제로 요동에 의한 불안전한 상태에서 생성되지만, 그 조건에 적합한 다른 안정한 상태가 일단 이루어진 다음에는 혼돈의 모습 그 상태 그대로가 지속적으로 안정을 유지하면서 새로운 구조를 자기조직화하기 시작한다. 여기서 비가역성과 비선형성이 중요한 의미를 갖게 되는 것이다.

불안정한 계에서는 일정한 시간이 경과해 버리면 어떤 사태가 시작될 때의 조건이 어떻게 구성되었든지 간에 그 이후에 진행되는 일은 이전과는 별개의 것이 된다. 바로 이런 과정을 비가역 과정이라 한다. 이런 비가역 현상이 일어날 때는 반드시 비선형 과정(non-linear)을 거치게 된다.

사건이 흐름에 따라 특정한 시점에서 일단의 가지치기 점을 지난 후 여러 가능성 중에 어느 쪽으로 진행하게 될지 예측할 수 없는 과정을 거치게 되는데, 이런 일련의 과정들을 통하여 계는 이전과는 다른 새로운 구조를 자발적으로 조직하게 된다.

비평형, 불안정성, 비선형, 비가역 현상은 별개의 분리된 개념이 아니고 상호 연관된 개념으로 파악해야 하며, 이 모두는 시간의 방향성과 무산구조(dissipative structures, 소산구조라고도 함), 자기 조직화 생성과 밀접한 관련이 있다.

(5) 무산구조, 자기 조직화, 시간의 방향성

개방계(open system)는 외부에 있는 물질, 에너지 그리고 정보를 자유로이 교환할 수 있는 계이다. 개방계는 외부와 끊임없이 물질 및 에너지를 교환함으로써 그 내부는 비형평상태, 불균질의 상태가 된다.

외부에서 받아들이는 물질이나 에너지의 양만큼 밖으로 버리는 물질이나 에너지양이 균형을 이루면 '조용한 평형 상태'를 유지한다. 그러나 외부에서 들어오는 것은 많은데 밖으로 배출되는 것이 상대적으로 적게 되면, 개방계의 내부는 크게 요동이 일어나는 비평형상태가 된다. 그리고 계속 외부에서 공급되는 물질 또는 에너지양이 늘어나 요동이 커져서 분기점에 이르면 개방계의 내부구조가 무너지고 간헐적으로 카오스가 나타나며 갑자기 기존의 조직이나 질서를 부수고 새로운 차원의 조직과 질서를 만들어낸다.

[그림 3-7]
I. Prigogine

이렇게 새로운 질서를 자기조직(自己組織)하는 것을 Prigogine(프리고진, 1917~2003, 1977년 노벨화학상 수상)[7]은 '무산구조(dissipative structures)'라고 명명하였다. 베나르(Benard) 대류가 대표적인 예(김용운 외, 1998)이다. 베나르 대류란 액체를 가열하여 아랫면을 윗면보다 뜨겁게 할 때 나타나는 현상으로 사막에서 대류의 소용돌이에 의해서도 이와 같은 현상이 일어난다. 그 결과 처음에 주어진 것과는 다른 새로운 조직이나 질서가 전보다 효율적으로 열에너지를 방출함으로써 그 동안 누적되었던 열에너지를 해소한다. 그러나 더 강한 열에너지가 가해지면 다시 비정상 상태가 된다. 그리고 다시 열에너지가 누적된다. 이를 해소하기 위해서는 보다 능률적인 조직이 필요해진다. 그래서 또다시 새로운 조직을 재구성한다. 이렇게 스스로 자신을 고도의 조직체에 편입시켜 가는 것이 자기조직화 현상이다.

시간의 방향성이란 과거와 미래가 명확히 구별된다는 것이며 또한 미래를 향하

7) http://nobelprize.org/chemistry/laureates/1977/prigogine-autobio.html
http://order.ph.utexas.edu/Prigogine.htm 참고

여 흘러간다는 것을 의미한다. 이런 시간의 방향성은 두 가지 역할을 하게 되는데, 우주 전체의 공통적 요소인 동시에 자연의 다양성을 가져오는 근본적인 요소이다.

우리가 실재하는 세계에는 불안정한 동력학계가 존재하는데, 동력학계가 불안정하다는 말은 시간이 흘러감에 따라 그 이후에 진행되는 사건은 진행과정과 궤적이 별개가 되어 초기와는 전혀 다른 상황으로 들어가게 된다는 뜻이다. 따라서 불안정한 동력학계에서는 이러한 초기조건의 민감성으로 인하여 미래를 예측할 수 없으며, 이것은 인과율적인 결정론을 포기해야 함을 의미한다.

여기서 비평형 상태에 있는 비가역 과정은 시간 비가역성에 의존한다고 할 수 있다. 그러므로 비가역 과정에서는 시간의 개념이 비가역성을 있게 해준 결정적인 함수가 되며 중요한 역할을 하게 된다. 즉, 시간의 비가역성은 이러한 과정이 진행됨에 따라 시간은 방향을 얻게 되고 결과적으로 자연의 다양성을 가져오는 근본적인 원인으로 규정된다. 그리고 여기서 시간은 비선형, 비가역, 비평형, 불안정성이 포함되기 전에 존재하는 것이며, 시간이 있음으로 해서 자연법칙의 의미는 근본적으로 바뀌어 '가능성'과 '확률'을 표현하게 된다. 이와 같이 미래는 예측되어질 수 있는 것이 아니라 현재 진행 중인 일들에 의해서 결정되는 것이다.

3. 관련 연구

(1) 의학과 카오스 이론

동양의학에서는 인간의 몸에는 하나의 기(氣)가 통하고 있으며, 온몸의 각 부위가 모두 연결되어 있다고 생각한다. 가령 머리가 아플 때에는 손가락의 마지막 마디 부분을 지압해 주면 시원하게 된다든지, 체했을 때는 엄지와 검지가 만나는 부분을 지압해 주면 좋다는 것 등이다. 또한 사람의 손과 발에는 인간의 모든 기관이 축소되어 있다고 보아, 이를 이용한 수지침이나 단전호흡도 많이 알려져 있다.

한편 최근까지 서구의 의학계는 앞서 말했듯이, 인간의 몸 역시 단순한 세포와 유전자의 집합체로 되어 있다는 요소 환원주의적 사고로 일관하고 있었다. 그러나 신경성 두통이나 암처럼 지금까지의 의학 이론으로는 설명이 불가능한 현상들에 부딪히게 되자 '대체의학'이라는 이름의 새로운 의학 이론이 등장하였다. 대체의학이란 동양의학과 유사한 입장을 취하는 것으로 인간을 단순한 세포와 유전자의 집합체가 아닌 하나의 작은 소우주로 보는 입장이다.

생체조직의 특징을 살펴보면, 첫째, 만들어진 것이 아니라(not made) 발생되는(generated) 것이다. 둘째, 시간에 따라 수시로 변화하는 동력학적 시스템이라고 할 수 있다. 셋째, 비선형적이고 주위 환경과 생체조직의 특성에 따라서 부피드백 또는 정피드백의 특성을 가진다. 넷째, 여러 신체기관들이 매우 복합적이고 복잡하게 연관되어 있다.

카오스 이론은 생체에서 나타나는 비선형적 특성, 자기유사성, 전일적 분석 등 생체의 특성을 분석하는 데 적합하다. 그래서 카오스 이론은 뉴턴역학에 기반을 둔 기존의 분석방법들에서 제공하지 못했던 여러 가지 생체현상에 대한 분석을 가능하게 함으로써 생체의 메커니즘 연구와 이를 이용한 각종 진단 분야에서 많은 발전을 가져왔다.

(2) 경제학과 카오스 이론

[그림 3-8]
J. M. Keynes

경제학자 Keynes(케인스, 1883 ~1946)는 증권시장을 미인 뽑기 대회에 비유했다. 미인을 뽑는 기준은 그때의 심사를 맡은 위원들의 기준에 따라 달라지며, 증권시장도 그때그때 그 증권시장을 이루는 사람에 따라 달라진다는 것이다. 예를 들어, 1637년 네덜란드에서 일어난 튤립 투기는 이러한 현상의 극명한 예이다. 그 당시 네덜란드에서는 뚜렷한 이유도 없이 불과 몇 주 사이에 튤립 가격이 20배나 올랐다. 그런데 모두가 튤립 투기에 열중하고 있는 중에 누군가 '꽃은 아름답기만 하면 되는데'라고 한마디 했더니 갑자기 튤립 시세가 떨어지기 시작하여 불과 몇 달 사이에 원래의 20분의 1정도로 하락하게 되었다. 즉 가치란 선택적이기 때문에 꽃 시세를 결정하는 것이나 증권시장, 미인 선발대회, 배우자 선택, 백화점에서 물건 고르기 등등 모두가 '가치'의 기준에 따라 달라진다는 것이다.

정리하면, 시장참여자들은 정확한 지식을 가질 수 없으며(수많은 다른 참여자들의 행동 예측이 불가능), 따라서 인간은 가치의 문제가 곁들여진 전략과 예측으로 경제행위를 할 수밖에 없는 것이다. 그러므로 누구도 예상할 수 없는 감정과 편견에 가득 찬 복잡한 양상이 나타나는 것이다. 소련을 비롯한 사회주의 여러 나라가 계획 경제에 실패한 것도 이와 같은 복잡 미묘한 경제의 실상을 외면했기 때문으로 풀이될 수 있다.

(3) 예술과 카오스 이론

문학 분야에서도 유한한 질서와 무한한 혼돈의 경계에서 반복되는 자기 유사적인 표현방법을 통하여 창작자는 카오스 이론을 표현하고 있다. 예를 들면 퓰리처상 수상자인 Wilbur(윌버, 1921～)의 시 '작가(The Writer)'에서 자기 유사적인 표현을 볼 수가 있다. 여기서 시인은 뉘앙스를 가지는 반은법[8]을 사용하고 있는데, 이런 뉘앙스는 어휘들 사이의 분별하기 어려운 긴장에서 나타나는 것으로, 이 시에서의 반은법은 프랙탈과 유사한 성격을 갖는다. 즉, 전체적으로 작품은 자기 유사성 속에서, 반복적 점진을 통하여 서로 연결되며 다시 각각이 서로 다른 부분을 낳고 반영하는 방법으로 표현되고 있다(김광택 외 역, 1991).

현대의 많은 음악가들도 그들의 음악에 카오스를 사용하고 있다. 무작위성과 자기 유사성을 균형 있게 맞추어 줌으로써 감상자로 하여금 규칙적이고 비슷하지만 기대하지 못한 어떤 것을 만들어 준다. 기대하지 못한 어떤 것으로 기대한다는 인식은 창조적인 표현에 있어서 중요한 일면이다(김희수, 1995).

미술에서의 마블링 기법은 카오스와 관련되는 실제 시스템의 예이다. 서양에서는 '마블링'이라는 대리석의 표면 모양과 같은 패턴을 좋아하는 색으로 만들어 책의 표지나 기타 공예품에 사용하여 왔다. 마블링 기법은 먹물이나 염료 등을 유체수

8) 반은법(reflectaphor)이란 청중이나 독자의 마음속에 어휘의 유사성과 상이성 사이의 분별하기 어려운 긴장을 자아내는 효과를 주는 창작의 도구(문학에서는 역설, 은유, 직유, 상징, 아이러니, 펀(Fun)과 유사한 발음의 다른 단어를 써서 웃음을 자아내는 수법)를 일컫는다(김광태 외 역,1991).

면에 떨어뜨려 그 파문의 모양을 종이 등에 찍는 방법인데, 수면에 떨어뜨린 후 끝이 뾰족한 막대로 물을 천천히 젓다가 빨리 저으면 복잡하고 무질서한 패턴이 생기게 된다. 이것은 와류에서 카오스가 생기는 현상과 같은 이치로 설명될 수 있다.

(4) 교육과 카오스 이론

카오스 이론은 현상의 원인과 결과를 보는 한 가지 사고방식에 속하는 것이므로 지금까지 언급했던 과학 및 사회 전반에 영향을 주고 있는 것처럼 교육에도 의미 있게 적용될 수 있으리라 생각된다. 국제화, 정보화 속에서 교육은 카오스적 사고로서 풀어가야 한다(김영민, 2000). 이는 과거에 비해 현대의 교육에 영향을 미치는 요인들이 훨씬 늘어났기 때문이다. 카오스적 사고는 다음과 같이 교육의 여러 현상을 카오스의 특징인 비선형성, 초기값에 대한 의존성, 복잡계 사고 및 자기 닮음 구조에 대응시켜 사고하게 하는 것이다.

첫째, 교육적 현상들은 비선형적이다. 비선형성이란 결과가 원인에 비례하지 않는다는 것이다. 이러한 현상은 교육에서도 일어나는데 예를 들면, 가르친 시간에 비례하여 학생의 학습한 양이 증가하지는 않는다. 그리고 교육에 투자한 시간, 노력에 비례하여 학습 효과가 뒤따르는 것은 아니다. 그러므로 교육 현상을 비선형적 측면에서 해석하고 계획하여 어떻게 교육할 것인가에 대한 심층적인 연구가 이루어져야 한다.

둘째, 교육적 결과들이 초기값에 민감하다는 것이다. 학생의 개성이나 적성을 고려하지 않은 교육은 단기적으로는 학습효과를 얻을 수 없고 장기적으로는 그 학생의 장래를 불행하게 할 수 있다. 우리가 한 차시의 수업계획을 세울 때에도 학습자의 특성을 고려하고 선수학습 능력을 확인하는 것은 모두 초기값을 통제하기 위한 노력들이다. 또한, 학생들의 적성검사, 진로 지도 등도 이와 같은 맥락에서 이루어지는 것들이다.

그러나 Lorenz(로렌츠)의 나비효과처럼 아무리 우리가 교육현장에서 학습자의 특성을 고려하고 선수학습 능력을 점검한다 하더라도 그 초기값에 대해서 정확하게 알 수 없으므로 그 결과를 확실하게 예측하기는 어렵다.

셋째, 교육의 현상은 복잡계의 사고로 파악해야 한다. 다른 과학이나 사회 현상과 마찬가지로 교육 분야에서도 단순계의 사고로는 파악되지 않는 여러 문제점들이 있다. 늑대 인간을 교육시키려다 실패했던 인도의 늑대소녀 사례와 부모조차도 저능아로 믿었던 초등학생이 CAI 교육을 받고 난 뒤 중학교에 입학할 때는 영재아로 판명된 사례들은 복잡계 속에서 평가되었어야 했다. 교육에서 교육적 현상을 복잡계의 관점에서 바라보는 일은 매우 중요하다. 여러 가지의 교육적 요소가 서로 간섭하며 패턴을 형성하고 교육적 현상이 야기되는 것이다.

넷째, 교육계에는 자기 닮음의 구조가 매우 많다. 전체 교육 구조의 성격은 바로 각 학교교육의 구조로 이어지고 이는 교실 구조의 성격으로 이어진다. 그리고 교육 정책의 유연함과 자유스러움은 바로 교실 운영의 유연함과 자유스러움으로 닮음 구조를 형성하게 된다. 이것이 긍정적일 때에는 점진적인 발전이 일어나겠지만 부정적일 때에는 점진적인 퇴보로 이어질 것이다. 그러므로 바람직한 교육구조에 대해 복잡계의 시각으로 바라보고 인식해야 한다. 물론 이러한 교육 구조는 많은 훈련과 경험을 필요로 하겠지만 창의성 발휘를 위해서는 끊임없이 노력해야 한다.

지금까지 살펴본 교육현상의 비선형성, 개방성, 복합적 사고, 초기값에 대한 민감성을 교육공학에 어떻게 적용해 볼 수 있을까?

Saba(2003)는 카오스적 관점에서 학습을 다음과 같이 설명하고 있다.

> 학습은 새로운 끌개(attractor)를 강화하고 이전의 어떤 끌개를 약화시키는 연속적인 접근의 과정이다. 그 결과는 이전에 학습하여 존재하는 똑같은 행동은 아니다. 학습과정에서 학습자의 행동은 예견할 수 없는 것들이 있다. 그래서 학습은 학습자의 창발적인(emergent) 행동이고 체제공학의 상황에서 가장 잘 이해되어지는 개념이다.

선형성은 근대 교육의 특징을 대변하는 대표적인 특징이라고 볼 수 있다. 교과서, 수업설계안, 이를 토대로 전개되는 수업활동 등이 선형적으로 전개된다. 선형적 논리는 달성해야 될 목표가 사전에 제시되고 이를 달성하기 위한 다양한 전략과 방법이 시계열적으로 동원된다. 그런데 하나의 단계가 끝나면 이를 토대로 후속되는 활동을 사전에 예언하여 준비함으로써 역동적인 현실의 변화양상을 학습과정에 유연하게 반영하지 못하는 한계를 지니게 된다.

최근에 하이퍼미디어를 비롯한 다양한 매체연구와 이를 통한 학습 효과에 대한 연구들에서 학습자들의 사고방식을 따르는 비선형성이 그 교육적 의의를 인정받아 많은 연구가 이루어지고 있다. 이러한 현상은 학습에 대한 관점이 변화된 것으로 볼 수 있다. 즉, 기존에는 학습이 닫힌계에서 선형적으로 이루어진다고 보았는데 점점 개방계에서 비선형적으로 자기조직화를 하면서 이루어진다고 보는 관점으로 변화되고 있다는 해석이 가능하다.

이런 시각에서 교육공학에서 체제적 관점에서 이루어지고 있는 교육처방들과 교수설계가 재해석 될 수 있다.

수업하기 전에 계획을 철저하게 한다거나 설계 이전에 철저한 분석이 완벽하게 이루어져야 한다고 하는 것들은 모두 선형적인 논리를 가정하고 있는 것이다. 선형적인 논리에서는 수행할 과업이 일정한 순서가 있고 이전 단계가 완전히 수행되어야 후속 단계의 과업이 이루어질 수 있다. 또한 "어떤 상황에서 어떤 방법이 최적의 결과를 산출할 것이다"라는 처방책은 미래의 사태를 현재의 조건과 상황을 토대로 예견할 수 있다는 것을 기본 전제로 하고 있다. Lorenz(로렌츠)가 말했듯이 초기값의 미묘한 차이가 나중에 큰 변화를 일으킬 수 있는 가능성이 있다. 아무리 초기값을 통제하고 조절한다고 하더라도 정확하게 파악하기 힘들 뿐만 아니라 통제도 어렵다. 이런 상황에서 초기값을 규정하고 미래 일어날 상황을 예견해서 선형적으로 계획하고 실행하는 것은 예측할 수 없는 교육의 역효과를 발생시킬 가능성이 있다. 그러므로 우리는 교육현상에 대해서 개방계로 인식하고 초기값을 통제하려고 노력하는 동시에 과정 중에 끊임없는 피드백을 통한 자기조직화 과정을 통해 학습의 극대화를 가져올 수 있는 방안을 모색해야 한다.

카오스적 사고로 교육현장을 바라 볼 경우, 교육공학 분야에서의 연구 내용 및 방법에 큰 변화를 가져올 가능성이 높다. 실제 카오스 이론이 그동안 과학 분야에서 설명할 수 없었던 많은 부분을 설명해 주고 우리의 과학발전에 큰 영향을 미쳤던 것처럼 교육현장에도 충분히 적용 가능성이 있을 것이기 때문이다. 그동안 당연하게 받아들이고 있는 학습원리, 교수방법, 테크놀로지, 교수설계에 대해서 카오스적 시각에서 재해석해 보고 새로운 시각에서 연구문제를 도출한다면 교육공학의 새로운 지평을 열 수도 있을 것이다.

참고문헌

김광태, 조혁 역 (1991). 혼돈의 과학. 서울: 범양사출판부.

김영민 (2000). 카오스적 사고가 필요한 현대 교육. 교육개발 122호. pp. 124-129.

김용운, 김용국 (1998). 프랙탈과 카오스의 세계. 서울: 도서출판 우성.

김용운 (1999). 카오스의 날개짓. 서울: 김영사.

김중순 역 (1994). 카오스・거이아・에로스. 서울. 두산동아

김희수 (1995). 프랙탈 기하학의 이해와 디자인에의 응용가능성에 관한 연구. 이화여대 대학원 석사학위논문.

박배식, 성하운 역 (1993). CHAOS: 현대 과학의 대혁명. 서울: 동문사.

신국조 역 (1988, 1993). 혼돈으로부터의 질서. 서울. 고려원 미디어

신동수 (1997). 의학분야에서의 카오스 이론. 서울대학교 의학대학 연건.

아이하라 가즈유키 (1994). 카오스. 서울: 한뜻.

유영만 (1998). 포스트모더니즘과 교육공학. 교육공학연구. 14(3).

이덕환 역 (1997). 확실성의 종말. 서울: 사이언스북스.

이철수 역 (1993). 물리학에서의 시간과 복잡성. 서울. 민음사

이희승 (1982). 국어 대사전. 민중서림.

임경순 (1994). 과학사는 새로운 학문분야인 카오스를 어떻게 다룰 것인가?. 한국과학사학회지. 16(2). pp. 268-270.

임창길 (1997). 복합성 과학의 경영학적 고찰. 홍익대학교 논문집.

정재승 (2002). 과학콘서트. 서울: 동아시아.

조윤희 (1996). 디자인에 있어서 카오스 이론과의 연관성과 적용 가능성에 대한 연구. 이화여자대학교 대학원 석사학위논문.

Saba, F. (2003). Distance Education Theory, Methodology, and Epistemology: A Pragmatic Paradigm. In Michael Grahame Moore & William G. Anderson (Ed.). *Handbook of distance education.* Lawrence Erlbaum Associates. Ins.

Lorenz, E. N. (1993). *The Essence of chaos.* Seattle: University of Washington Press.

Poincare, J. H. (1952). *Science and Method.* NY: Dover Publications, Ine.

chapter 4

McLuhan의 미디어 이론
(McLuhan's Media Theory)

1. 이론의 배경 및 맥락

Herbert Marshall McLuhan(맥루한, 1911～1980)은 급속하게 변화하는 미디어 기술에 누구보다 민감하게 대응함으로써 앞으로 등장할 뉴미디어 시대의 변화를 예견한 천재적인 미디어 이론가이다. "미디어는 메시지이다(The medium is the message).", "미디어는 마사지이다(The medium is the massage).", "핫 미디어(hot media)", "쿨 미디어(cool media)", "지구촌(the global village)" 등 한번쯤 들어봤지만 그 의미를 정확하게 설명하기 어려운 이러한 말들을 처음으로 만들어낸 사람이 바로 McLuhan(맥루한)이다.

커뮤니케이션 이론가이자 문명 비평가로 알려진 그는 원래 캐나다 토론토 대학의 영문학 교수이자 문학 비평가였다. 1953년 포드 재단에서 지원한 문화와 커뮤니케이션에 관한 세미나를 주관하게 되면서 그는 커뮤니케이션에 대해 본격적으로 관심을 가지게 되었다. 영국 문학에 대한 이해를 통해 문화를 연구하게 된 McLuhan(맥루한)은 스스로를 '주변의 미디어 환경의 특성을 발견하기 위해 이곳저곳 막대기를 두드리고 다니는 장님'이라고 표현했다.

60년대에 들어 『구텐베르크의 은하계(The Gutenberg Galaxy)』(1962), 『미디어의 이해 : 인간의 확장(Understanding Media : The Extensions of Man)』(1964), 『미디어는 마사지다(The Medium is the Massage)』(1967) 등 그의 독특한 미디어 이론을 정리한 대표적인 저서들이 발간되었다. 그 이후 그는 미국의 주요 TV 네트워크에 출연하고 학자로선 드물게 시사 전문지 '뉴스위크' 표지 인물로까지 등장하는 등 세인의 주목을 받게 된다.

[그림 4-1]
H. M. McLuhan

다양한 커뮤니케이션 이론가 중에서 기술 결정론자라고 분류되는 그는 커뮤니케이션 양식의 변화가 역사의 변화를 주도한다고 보았다. 또한, 현대 문화의 급속한 변화는 텔레비전이나 컴퓨터와 같은 미디어 기술의 발달로 인해 정보의 양과 전달 속도가 폭발적으로 증가한 결과라고 보았다. 이러한 그의 이론은 미디어를 통해 전달되는 내용보다 내용을 전달하는 용기(用器)인 미디어 자체를 더 중요하게 생각했다는 점에서 논쟁의 여지를 품고 있다. 실제 그에 대한 평가는 '금세기 최고의 미디어 이론가'라는 찬사에서부터 '바보상자(TV)의 도사'라는 비꼼에 이르기까지 다양하다.

[그림 4-2]
McLuhan 기념우표
(2000, Canada)

어찌 되었던 McLuhan(맥루한)의 연구는 미디어의 변화와 이에 따른 사회 · 문화적 변화, 인식론적인 변화를 추적하고 설명하였다는 점에서 의의가 있다. 또한, 디지털 미디어의 환경을 이해하고 인간의 확장을 경험할 수 있는 도구로서 미디어를 사용하도록 제시하였다는 점에서 매체 설계 및 개발에 주목하는 교육공학자들에게 중요한 시사점을 던져 준다.

2. 이론 개요

(1) 미디어는 메시지이다(The Medium is the Message), 미디어는 마사지이다(The Medium is the Massage)

미디어를 메시지, 더 나아가 마사지에 비유한 이 말은 McLuhan(맥루한)의 사상을 집약적으로 나타내준다. 전통적 시각에서 미디어는 어떤 커뮤니케이션의 내용을 나르는 수단이었다. McLuhan(맥루한)은 이러한 전통적인 시각에서 벗어나 미디어 자체가 하나의 메시지를 가지고 있다고 주장한다. 즉, 미디어가 전달하고자 하는 내용과 별도로 미디어 자체가 지닌 의미가 있다는 것이다. 예를 들어, 우리는 외국의 노래를 들으며 음악이 전달하는 가사(내용)를 이해하지 못해도 그 음악(미디어)에 감동할 수 있으며, 같은 메시지라고 하더라도 얼굴을 맞대고 직접 말하는 것과 신문에 나오는 것, 그리고 TV로 방송되는 것은 큰 차이가 있다는 것을 알고 있다.

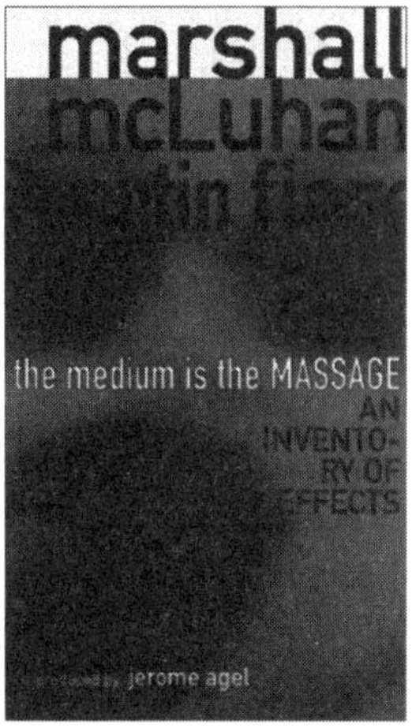

[그림 4-3]
『미디어는 마사지다』
(1967) 표지

[그림 4-4]
『미디어의 이해 : 인간의 확장』(1964) 표지

그가 말하는 미디어란 라디오나 텔레비전과 같은 단순한 방송 매체를 의미하는 것을 넘어서 『미디어의 이해 : 인간의 확장』이라는 그의 저서에서 알 수 있듯이 '인간의 특정 감각을 확장'한 모든 것을 가리킨다. 옷은 피부의 확장이며, 인쇄 매체는 눈의 확장이며, 라디오는 귀의 확장이다. 텔레비전은 눈의 확장이며 전자회로(특히 컴퓨터)는 중추신경계의 확장이다. 이때 '확장'이라는 말은 각각의 감각 기관이 고유한 기능을 최대한 발휘할 수 있도록 도움을 주는 수단이라는 의미이다. 결국 미디어란 인간이 만들어낸 모든 기술 문명을 가리킨다(McLuhan, 1964).

McLuhan(맥루한)에 따르면 새로운 미디어의 등장은 기존의 감각 균형에 영향을 주고 이것은 다시 인간의 의식을 변화시킨다. 예를 들어, 전깃불의 경우를 살펴보자. 전깃불은 하나의 순수한 정보이며 메시지가 없는 미디어이다. '내용'이 없는 전깃불은 그 자체로 주목을 받지 못하지만, 이것이 어떠한 브랜드 이름을 비추는 네온사인으로 역할을 하였을 경우, 이것은 브랜드 이름이라는 '내용' 때문에 미디어로서 주목을 받기 시작한다. 인간의 시각을 자극함으로써 그 브랜드 이름에 대해서 인식하게 만든 것이다. 즉, 미디어는 인간과의 관계 속에서만 정확하게 이해될 수 있으며 메시지는 특정 미디어와 인간의 만남에서 발생하게 된다. 이때 인간은 미디어로 인하여 완전한 변화를 경험하게 되고, 이 변화 자체가 메시지라는 것이다. 결국, 이러한 논리에 따르면 '미디어는 메시지'이다(김균, 1997).

'미디어는 메시지'라는 표현에서 더 나아가 McLuhan(맥루한)은 '미디어는 마사지'라고 말한다. 이 표현은 특히 현대 전자 시대의 미디어를 일컫는 말이다. 전

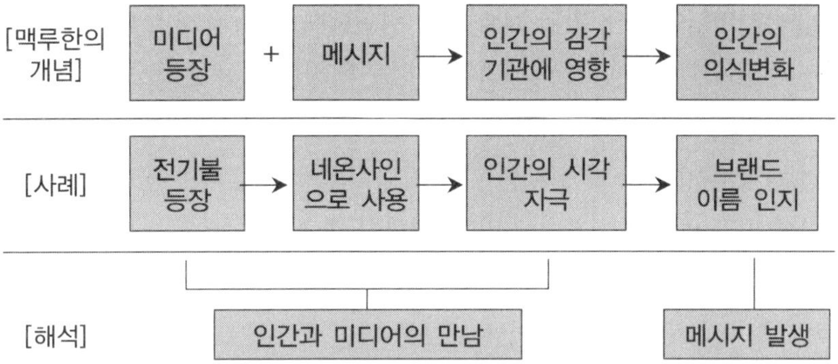

[그림 4-5] 미디어는 메시지이다.

자 미디어의 등장으로 인간의 감각은 최대한으로 확장되고 있다. 이때 '마사지'라는 표현은 텔레비전이나 컴퓨터 등의 전자 미디어가 인간의 감각 가운데 가장 민감한 촉각에 의존하여 이를 편향적으로 발달시키고 있다는 점을 강조하는 것이다(McLuhan, 1967).

(2) 핫 미디어(Hot media), 쿨 미디어(Cool media)

미디어와 인간의 감각이 맺는 관계를 표현하기 위해 McLuhan(맥루한)이 도입한 방법이 핫 미디어(hot media)와 쿨 미디어(cool media)의 구분이다. 핫 미디어와 쿨 미디어는 미디어가 주는 정보의 정밀성, 즉 우리가 미디어를 접했을 때 사용하는 감각의 정도에 따라 구분된다(McLuhan, 1964).

핫 미디어는 전달하는 정보의 정밀도가 그것 자체로 이미 높기 때문에 사용자에게 높은 감각적 참여를 필요로 하지 않는다. 반대로 쿨 미디어는 전달하는 정보의 정밀도가 낮기 때문에 사용자에게 높은 감각적 참여를 요구한다. 핫 미디어는 시각적이고 논리적이며 개인적인 경향이 있으며, 구체적인 정보 묶음을 전달하기 위해 조직된다. 반면 쿨 미디어는 청각적이고 직관적이며 감성적으로 관여하는 경향이 있다. 예를 들어 라디오의 정보는 표준화되고 명료한 사람의 목소리를 통해 전달되기 때문에 내용을 이해하기 위해 많은 노력이 요구되지 않는다. 따라서 라디오는 핫 미디어이다. 반면 전화는 쿨 미디어로, 전달되는 정보량이 적기 때문에 듣는 사람이 맥락에 따라 이해하거나 질문을 하여 내용을 보충해야 한다. 또한, 알파벳과 같은 표음문자는 시각적 밀도가 아주 높은 추상적인 언어로 핫 미디어인 반면 상형 문자나 표의 문자는 읽는 사람의 적극적인 해석이 필요하기 때문에 쿨 미디어이다. 세미나가 강의에 비해, 대화가 책에 비해 더욱 높은 참여를 요구한다는 면에서 세미나와 대화는 쿨 미디어이고, 강의와 책은 핫 미디어이다. 결국 핫 미디어는 쿨 미디어에 비해 더 많은 정보를 훨씬 효율적으로 전달한다.

이때 주의해야 하는 점은 핫 미디어와 쿨 미디어를 나누는 기준은 상대적이라는 점이다. 앞서 설명했듯이 라디오는 청취자의 참여가 크게 필요하지 않은 핫 미디어이다. 그러나 이보다 나중에 등장한 텔레비전은 쿨 미디어이다. 따라서 사람들은 라디오를 들으면서 공부를 할 수 있지만, 텔레비전을 보면서 책을 읽기는 힘들다. 사람들은 텔레비전을 보면서 내용에 토를 달기를 좋아한다. 또한, 텔레비전은 영화에 비해 화면의 선명도가 낮고 다른 방송 매체에 비해 재방송이 일반화 되어 있다. 이처럼 꾸준히 시청자들의 적극적인 참여를 요구하는 텔레비전은 분명히 쿨 미디어이다. 반면, 영화는 핫 미디어이다. 영화를 보는 사람들은 컴컴한 영화관의 정해진 자리에서 주변 사람과 대화가 단절된 채 영화에 몰입한다. 또한 영화의 스토리는 텔레비전에 비해 보다 완결성이 있으며 화면의 선명도도 높다.

McLuhan(맥루한)은 실제 인간의 역사는 쿨 미디어와 핫 미디어의 순환으로 야기되는 사회 변화의 과정이라고 보았다. 인간은 특정 미디어를 만나게 됨으로써 특정 감각에 상대적으로 의존하게 되고, 이에 따라 세계를 인식하는 방법도 바뀌게 된다는 것이다. 그러나 일부 학자들은 이러한 미디어의 이분법적인 구분이 지나치게 자의적이며 미디어 결정론적인 인식에서 나타난 오류라고 지적하기도 한다.

〈표 4-1〉 핫 미디어와 쿨 미디어

핫 미디어(Hot media)	쿨 미디어(Cool media)
라디오, 표음문자, 영화, 사진, 신문, 강의, 책, 강압적인 판매, 연역법	전화, 표의문자(상형문자), 텔레비전, 세미나, 대화, 부드러운 판매, 삼단논법

(3) 지구촌(Global village)

McLuhan(맥루한)은 커뮤니케이션 기술의 변화가 역사의 변화를 주도한다고 보았다. 이러한 McLuhan(맥루한)의 기술주의적 관점은 같은 캐나다 사람인 Harold Innis(해롤드 이니스)로부터 영향을 받은 것이다. Innis(이니스)는 사회 변천의 원천을 커뮤니케이션 기술의 혁신으로 보았다. 그러나 이러한 기술 혁신에 대한 그의 관점은 비관적인 것이었다. 왜냐하면 기술력을 획득한 특정 집단이 커뮤니케이션을 독점하게 됨으로써 궁극적으로 문화적 유산을 파괴하는 억압적 권력으로 작용할 수 있다고 보았기 때문이다(김우용, 1992). 그러나 McLuhan(맥루한)의 입장은 다르다. 그는 테크놀로지의 가능성과 잠재력을 믿었고 인류의 역사에 긍정적인 작용을 할 것이라고 보았다. McLuhan(맥루한)은 『구텐베르크의 은하계』라는 저서에서 지난 3500년간 서구에서 일어난 일들을 하나의 은하를 펼쳐 보이듯 보여주고 있다. 그에 의하면 인류 사회의 형태와 문화를 바꾸는데 세 가지 중요한 커뮤니케이션 기술의 개혁이 있었다. 첫째가 음성자모의 발명이고, 둘째가 Gutenberg(구텐베르크)에 의한 금속 활자의 발명(1446)이며 셋째가 Marconi(마르코니)에 의한 전신의 발명(1844)이다. 이러한 기술의 발명에 따라 인간의 문화는 청각의 세계에서 시각의 세계로, 그리고 다시 청각의 세계로 이동하게 된다(McLuhan, 1962).

문자가 발명되기 이전 구어 시대에 사람들은 모든 감각이 비교적 고르게 발달되어 있었으며 특히 귀를 중심으로 한 '청각 문화' 속에서 살았다. 귀는 특정한 것에 초점이 맞춰진 것이 아니라 모든 방향의 소리에 열려 있었고, 동시성과 순환성이 중시되었다. 말을 통해 전달되는 정보의 양이 비슷했기 때문에 사람들은 모두 비슷한 지식을 가지고 있었으며 부족 사회와 같이 상호 의존성과 공동체 의식이 인간의 삶을 지배했다. 그러나 문자, 특히 인쇄술이 등장하면서 이러한 균형은 깨어지게 된다.

[그림 4-6]
『구텐베르크의 은하계
(*The Gutenberg Galaxy*)』
(1962) 표지

문자 시대에 접어들면서 글은 중요한 의사소통의 수단이 되게 된다. 문자의 발달과 더불어 사람들 간의 상호작용의 기회는 줄어들고 결국 부족 사회는 와해되고 탈부족화가 진행되게 된다. 부족 문화 시대에 사람들은 모든 감각을 골고루 균형 있게 사용하였지만, 문자 시대 사람들은 시각에 지나치게 의존하였다. 사람들은 글을 사용하게 되면서 글을 읽어나가는 식의 순차적이고 선형적인 사고를 하게 된다. 또한 글을 통해 더욱 많은 지식을 소유하게 되면서 이성이 발달하게 되고 다양한 과학적 개념과 학문이 발달하게 된다. 이에 따라 문명이 발달하고 계층이 나타나고 사회의 분화가 이루어졌다. 그리고 대량 인쇄를 위해 국가들 간에 다양한 언어가 하나로 통합됨으로써 내셔널리즘이 싹트게 된다. 그리고 이를 기반으로 하여 국가들 간의 전쟁이 일어나게 된다.

그러나 전신의 발달로 전자 사회가 도래하게 되면서 인간은 다시 재부족화 되는 경향이 있다. 텔레비전이나 컴퓨터와 같은 디지털 미디어는 문자 시대의 선형적인 문화에서 벗어나 이성적이기 보다는 감성적인, 시각적이기보다는 촉각적인, 파편적이기 보다는 통합적인 성격을 가진 문자 이전의 인간형을 부활시켰다. 또한, 즉각적인 커뮤니케이션은 시각보다 청각에 의존함으로써 문자 시대 이전과 같은 구어적(口語的) 사회의 전통을 되돌려 주었다. 실제로 현대 과학 기술은 지구를 하나의 촌락(村落)과 같이 만들어버렸다. 즉, 문자 문명 이전처럼 부족화된 사회인 지구촌 시대를 맞이하게 된 것이다.

3. 관련 연구

McLuhan(맥루한)의 미디어 이론에 대한 평가는 최악의 비판과 최고의 찬사라는 극단적인 두 축으로 대비된다(김우용, 1992; 김경용, 1997; 김균, 1997).

(1) 바보상자(TV)의 도사 : McLuhan(맥루한) 비판

McLuhan(맥루한)의 주장은 커뮤니케이션과 미디어에 대한 급진적이고 창의적인 관점을 제시해준다는 점에서 많은 이의 관심을 끈다. 그러나 그의 주장은 모든 상황에 들어맞는 것은 아니기 때문에 논쟁의 여지가 많다. 그의 이론이 비판을 받는 이유들은 다음과 같다.

[그림 4-7]
R. K. Merton

첫째, McLuhan(맥루한)은 모든 현상을 어떤 특정 커뮤니케이션 기술의 출현의 결과라고 설명하고 있다. 역사 발전의 원동력을 '기술'이라는 하나의 요인에 놓음으로써 그는 기술결정론자라는 평가를 받게 됨과 동시에 다른 역사 발전의 요인들을 주변적인 요소로 치부하게 되는 잘못을 범하게 된 것이다.

둘째, McLuhan(맥루한)은 전자 미디어가 이상적 통합 사회인 지구촌을 재건한다고 보고 있다. 그러나, 실제 지구촌의 시작은 유럽 제국주의에 그 뿌리를 두고 있다. 또한, 전자 미디어에 의해 통합된 사회 역시 자본주의로 인한 경제적 불균형의 문제를 비롯하여 정치 · 경제 · 문화적 식민화라는 산적한 문제를 안고 있다.

Risks(리크스)는 McLuhan(맥루한)을 '터무니없는 사이비 역사가'라고 비판했다. 또한, 유명한 사회학자인 R. K. Merton(머톤, 1910~2003)은 McLuhan(맥루한)의 강연회에서 그에게 '당신이 말하는 것은 하나하나가 다 옳지 않습니다.'라고 말했다. 또한 H. Rosenberg(로젠버그)는 McLuhan(맥루한)을 사회과학자나 미디어 이론가가 아닌 일종의 예술가라고 보았다. 이러한 비판과 더불어 McLuhan(맥루한)에 대한 옹호 역시 적지 않다.

(2) 금세기 최고의 미디어 이론가 : McLuhan(맥루한) 옹호

McLuhan(맥루한)의 미디어 이론에 대한 연구가 지금까지 후대 학자들에 의해 계속되는 이유는 그만큼 그의 이론이 선구적이고 논의할 가치가 있음을 반증해준다. 그의 이론이 찬사를 받는 이유는 다음과 같다.

첫째, McLuhan(맥루한)은 '내용'에만 매몰되어 있던 기존의 미디어 이론가들에게 미디어 자체의 특성에 대해서 주목해야 하며, 전자 시대에 산다고 하면서도

[그림 4-8]
T. Wolfe

정작 간과하고 있던 미디어의 효과들에 관심을 기울여야 한다고 주장하고 있다. 이러한 주장은 미디어 이론의 나아갈 방향을 제시하고 연구의 범위를 확대했다는 점에서 커뮤니케이션과 미디어 이론이 진일보하는데 큰 기여를 했다고 할 수 있다.

둘째, McLuhan(맥루한)은 매체가 단순한 정보 전달의 수단을 넘어서 인간의 인식 패러다임과 의사소통의 구조, 그리고 사회 구조 전반의 성격까지도 재편하는 것이라고 주장한다. 즉, 단순한 정보전달 장치가 아니라 인식론적이고 존재론적인 차원에서 심도 있게 다뤄야 할 대상으로 매체를 간주하는 것이다. 이와 같은 독특한 그의 시각은 McLuhan(맥루한)을 천재적인 이론가의 반열에 올려놓고 있다.

비평가 T. Wolfe(톰 울프, 1931~, 미국의 저널리스트)는 만약 McLuhan(맥루한)의 주장이 옳다면 그는 Newton(뉴턴)이나 Darwin(다윈), Freud(프로이드), Einstein(아인슈타인), 그리고 Pavlov(파블로프)와 같이 위대한 사상가의 한 명일 것이라고 말했다. 실제 McLuhan(맥루한)에 대한 찬사는 학술적인 이론가들보다 미디어 현업자들에게 전형적으로 나타난다.

McLuhan(맥루한)의 글들은 문자 시대의 논리적이고 과학적인 글쓰기가 아닌 전자시대의 통합적인 글쓰기를 시도하려고 노력하며 쓰여진 글이기 때문에 이해하기가 쉽지 않다. 계속된 그의 비판에 대해 McLuhan(맥루한)은 "나는 설명하지 않는다. 탐구할 뿐이다."라고 말하고 있다.

그에 대해 옹호하는 사람들이건 반대하는 사람들이건 모두가 인정하는 사실은 그의 미디어에 대한 견해가 매우 독창적이라는 점이다. 또한 그는 불연속적인 다양한 현상들로부터 상관관계를 찾아서 핵심적이지만 은유적인 다양한 경구를 만들어내는데 천재적인 재능을 가지고 있었다.

그의 견해에 대한 비판과 옹호는 막상막하이다. 정합한 이론이나 논리는 아니지만, McLuhan(맥루한)의 견해가 커뮤니케이션과 미디어에 관한 논의를 더욱 풍요롭게 했다는 점은 누구도 부인할 수 없을 것이다.

참고문헌

강인애 (2000). 또 다시 McLuhan인가? 커뮤니케이션 이론과 교육공학의 관계 모색. 교육공학연구, 16(3), pp. 59~7.

김우용 (1992). 커뮤니케이션 기본 이론. 서울: 나남출판사.

김경용 (1997). 마샬 맥루한의 이해: 이론과 은유 사이에서. 현대사상, 1(1), pp. 70~102.

김 균 (1997). 마샬 맥루한의 커뮤니케이션 사상. 현대사상, 1(1), pp. 103~120.

김진홍 역 (1998). 미디어는 마사지다. M. McLuhan의 The Medium is the massage : an inventory of effects. 서울: 커뮤니케이션 북스.

김성기, 이한우 역 (2002). 미디어의 이해. M. McLuhan의 Understanding media : the extensions of man. 서울: 민음사.

김성민 (2004). 매체에 대한 철학적 분석-맥루한의 매체론과 포스터의 정보양식론-. 인문콘텐츠, 3, pp. 83~99.

임상원 역 (2001). 구텐베르크의 은하계. 서울: 커뮤니케이션북스.

Mcluhan, M. (1964). *Understanding media: the extensions of man.* New York: Signet.

Mcluhan, M. (1967). *The Medium is the message: an inventory of effects.* New York: Bantam.

chapter

5

매체속성 이론
(Media Attribute Theory)

1. 이론의 배경 및 맥락

매체(Media)란 중재하는 수단, 도구 혹은 매개체를 말한다. 매체는 감각기관에 따라 시각매체, 청각매체, 시청각 매체로 분류되며, 상호작용성에 따라 양방향적 매체, 단방향적 매체로 분류되는 등 그 기준에 따라 다양한 형태로 나타나고 있다. 현대사회에서 매체는 그 중요성과 영향력이 지대하다 하겠다.

매체속성(Media Attribute)이란 '특정 매체가 제공하는 정보의 종류와 그 매체가 요구하는 학습자의 반응 형태에 따라 구분될 수 있는 매체의 성격'이라고 정의될 수 있다(나일주, 정인성, 1996; 한국교육공학회, 2005).

학문적으로 매체속성 이론에 대한 관심이 증가하게 된 배경에는 80년대와 90년대의 두 차례에 걸친 매체 논쟁이 그 도화선이 되었다. 제1차 교수매체 논쟁은 Kulik(쿨릭, 1985)이 컴퓨터 매체의 효과성에 대해 보고한 것에 대해 Clark(클라크, 1985)이 매체 외 학습효과에 영향을 주는 다른 변인을 살펴봐야 한다고 주장하는데서 시발되었다. Clark(클라크)는 매체가 학습 성취에 영향을 미치는 것이 사실이지만 정확히 무엇이 학습효과를 가져왔는지 밝히는 것이 중요하다고 주장함으로써 매체자체는 효과를 가지지 않는다는 점을 부각시켰다. 제2차 논쟁에서는 Kozma & Clark(코즈마와 클락, 1994)의 논쟁에서 1차 논쟁보다 매체에 대한 심도 깊은 탐색의 필요성이 제기 되었다. 제1차와 제2차의 논쟁을 통해 "교수매체는 그 자체로 특정한 교육효과를 발휘하는가"의 물음을 통해 교수매체의 속성에 대한 다양한 이론적 논의가 촉발되었다. 여기에 중심적으로 관련된 이론이 상징체제 이론이다. 매체속성 이론들은 공통적으로 매체가 '상징'을 표출하는 것으로 규정하기 때문에, 상징들의 규칙인 상징체제에 관한 이론을 이해하는 것은 매체 이론을 이해하는데 중요한 밑바탕이 되기 때문이다.

본 장에서는 나일주의 논문 '교수매체 연구의 현대적 과제'(1995)에서 정리된 상징체제 이론과 매체속성 이론을 살펴본다.

2. 이론 개요

(1) Goodman의 상징체제 이론

인쇄된 글을 읽으며 학습하는 것과 영화를 보며 학습하는 것 사이의 학습 결과물에 큰 차이가 있을 것이라는 가정이 가능했지만 정보의 어떤 측면이나 매체의 어떤 부분이 이러한 차이를 가져오는지 체계적으로 설명할 수 없었다. Nelson Goodman(넬슨 굿맨)의 상징체제 이론(Goodman, 1968)은 이를 가능하게 하는 이론이다. 하지만 그의 이론은 직접적으로 매체의 속성을 다룬 매체 이론이라기 보다는 언어학 이론에 가깝다.

그의 이론은 상징에 대한 정의, 상징체제의 규정, 상징체제의 구조를 살피기 위한 방법론의 제시 부분으로 이루어져 있다.

상징이란 구체적 대상물에 대해 참조적으로 사용될 수 있는 어떤 것(Gardner, 1982)이며, 이것은 체제화 될 가능성을 갖는다. 흩어져 있는 상징들이 참조적 공간 또는 참조틀을 갖게 되면 '체제'를 이루게 되는데 이것이 상징체제이다. 참조적 공간, 또는 참조틀이란 여러 개의 상징들이 일정한 형식으로 활용되도록 하는 어떤 숨겨진 법칙체계 같은 것으로 이해될 수 있다. 예를 들어 하나의 상징체제를 이루는 알파벳 체제를 보면, 알파벳의 각 철자라는 상징들은 서로 겹치거나 모호하지 않게 일정한 방식으로 활용되게 된다. 사용자가 각각의 알파벳들을 활용하려 할 때 '무언가에 비추어 활용'하게 되는데 그 무언가가 참조적 공간(field of reference) 또는 참조틀(frame of reference)이 되는 것이다.

[그림 5-1]
Nelson Goodman
(1906~1998)

상징체제의 구조적 특성을 결정짓는 요소로 Goodman(굿맨)이 지적하는 것은 표기성(notationality)이다. 표기성이란 하나의 상징체제가 그것을 나타내는 참조적 공간 또는 틀에 '애매하지 않게 지도화되는 정도'를 일컫는다. 이러한 정의에 의하면, 상징체제들 중에는 표기성이 높은 것도 있고 낮은 것도 있게 된다. 참조공간이 존재하는 경우, 다음의 세 가지를 만족시키면 표기성 높은 상징체제가 된다: 우선 그 체제가 애매하지 말아야 하고, 표기체제 내에 존재하는 대상물들 사이에 '의미론적 단절'이 있어야 하고, 유한개의 의미론적 구분이 가능해야 한다는 것이 그것이다. 예를 들어 '악보'라는 상징체제에는 여러 가지 음악적 상징들이 일사불란하게, 애매성이 배제된 상태로 표현되게 되는데 이것은 악보라는 상징체제가 표기성이 높기 때문이라고 해석할 수 있다.

반면에 그림과 같은 영상적 체제는 표기성이 낮은 상징체제가 된다. 이것은 악보의 음표들과 같이 서로 구분되는 의미론적으로 단절된 요소들을 갖지도 않고 각 요소들에 대한 의미론적 구분 또한 쉽지 않기 때문이다.

지금까지 복잡하게 설명된 상징체제 이론을 간단히 요약하자면 다음과 같다. 인간 세상에는 수많은 상징들이 존재한다. 이 상징들이 하나의 일사불란한 체계를 이룬다면 '상징체제'라고 할 수 있다. 이러한 상징체제의 일사불란성은 표기성의 정도에 비추어 정해질 수 있다. 표기성은 한 상징체제 내의 구조의 명확성 정도를 드러내 주는 역할을 할 뿐이지 그것 자체가 교육적 중요성을 갖는 것은 아니다. 중요한 것은 상징체제가 그 특성에 따라 전달매체에 특정한 정보와 특정한 행동을 하도록 한다는 것이며 또 그러한 경향성에 따라 그 정보를 받아들이는 사람이 그 정보를 받아들여 구조화 할 때에도 차이를 가져올 수 있다는 것이다.

(2) 매체속성 이론

Gavriel Salomon(살로몬, 1974)은 인간정신과 매체에 관한 두 개의 중요한 가정을 하며 이 가정이 바로 매체속성 이론의 골격을 이룬다. 우선, 매체와 인간정신은 공히 상징기호를 통하여 정보를 표현하고, 저장하고, 처리한다는 것, 그리고, 인간의 인지과정에 동원되는 상징체제의 일부는 매체에 의한 상징 체제로부터 획득된 것이라는 것이 그것이다.

Salomon(살로몬)은 지도나 필름이나 컴퓨터와 같은 테크놀로지가 작도법이나 영화촬영 기법이나 프로그램 언어와 같은 상징체제를 도입하도록 만들었듯이 특정한 공학적 매체는 특정한 상징체제를 개발할 수 있게 해주는 것으로 매체를 개념화하였다. 또한 상징체제가 독특한 것일수록 거기에 소요되는 정신적 기술도 독특한 것이어야 한다고 그는 생각했다. 특정 매체가 특정한 상징체제를 개발할 수 있게 하고 그에 따른 독특한 정신적 기술을 개발할 수 있기 위해서는 그 매체에 고유한 속성을 십분 활용해야 한다. 그렇기 때문에 Salomon(살로몬)은 비록 TV를 통한 수업이라 하더라도 모두 진정한 의미에서의 그것은 아니며 TV의 독특한 특성을 최대한으로 활용하였을 때만 TV라는 매체의 속성에 의한 효과를 볼 수 있다고 생각하였다(Salomon, 1974). TV라는 매체의 독자적인 상징적 잠재가능성을 최대화하여 TV라는 테크놀로지를 통해서 새로운 일련의 정신적 기능을 활성화하고 개척하며, 새로운 종류의 지식을 획득하게 되었을 때에야 비로소 진정한 의미의 TV를 통한 수업이 된다는 것이다.

[그림 5-2]
Gavriel Salomon

Salomon(살로몬)이 매체 속성 이론을 통하여 주장하는 것은 매체를 통한 교수의 상징적 특징이 어떤 특정 조건하에서는 학습자에 의해 내면화되게 되고 따라서 정신적 표상의 도구적 역할을 한다는 것이다. 즉, 매체의 상징적 특성을 표현하는 매체의 속성이 궁극에는 인간의 새로운 인지적 능력을 개발할 수 있다는 것이다. 물론 이러한 효과가 자연발생적으로 생기는 것은 아니며, 학습자가 투자한 노력과 인지적 처리의 깊이, 특수한 적성 등을 포함하는 많은 요인과 관련이 있다고 보고 있다. 또한 Salomon(살로몬)은 수업의 상징적 방식과 학습자의 인지적 표상이 보다 밀접하게 연결된다면 학습자는 더 잘 학습할 수 있다고 주장한다.

3. 관련 연구

교육공학 영역에서 매체와 관련된 이론들은 매체의 효과성 연구와 밀접한 관련이 있다. 효과성 연구에는 먼저 새로운 매체의 효과를 비교하는 연구가 초기 매체 연구의 주류를 이루었다. 하지만 Lumsdaine(럼스데인, 1963)이 매체비교연구의 낭비성을 주장한 이래로 Clark(클락, 1983)은 '매체는 그 자체로 효과를 갖는 면이 어디에도 없으며, 다만 전달수단에 불과할 뿐'이라 주장하며 제1차 매체효과성 논쟁에 도화선을 당겼다. 다음으로, 매체 활용에 대한 태도와 관련된 연구로 Bandura(반듀라, 1978)와 Salomon(살로몬, 1981)의 자기효능 이론(self-efficacy theory)을 통해 매체에 관한 태도 연구들의 결과를 해석하는 틀을 제공하였다. 또, 매체 활용의 경제성에 관한 연구로 Levin & Meister(레빈과 메이스터, 1985)는 초, 중등학교에 매체 활용에 대한 비용효과분석을 재분석하여, 컴퓨터기반 수업에서 비용-효과에 큰 영향을 미치는 것은 매체 운영 관리라고 보고하고 있다.

국내의 연구로 나일주(1995)는 교수매체의 효과성 논쟁을 중심으로 현대적 교수매체의 특징과 의미에 대해 고찰하면서 교수매체와 교수방법 사이의 관계를 교수매체 독립적 교수방법(Media independent method), 교수매체 의존적 교수방법(Media dependent method), 그리고 교수매체에 의해서 발생한 교수방법(Media generated method)의 세 부류로 개념화하고 매체에 관한 쟁점들이 보다 정련된 개념적 수준에서 이루어져야 함을 주장한 바 있다.

참고문헌

나일주 (1995). 교수매체 연구의 현대적 과제: 교수매체의 효과성 논쟁을 중심으로. 교육공학 연구, 11(1), pp. 47～71.

나일주, 정인성 (1996). 교육공학의 이해. 서울: 학지사.

한국교육공학회 (2005). 교육공학 용어사전. 교육과학사.

Bandura, A. (1978). The self system in reciprocal determinism. *American Psychologist, 33,* pp. 344～358.

Clark, R. E. (1983). Reconsidering research on learning from media. *Review of Educational Research, 53*(4), pp. 445～460.

Clark, R. E. (1985a). Confounding in educational computing research. *Journal of Educational Computing Research, 1*(2), pp. 137～148.

Clark, R. E. (1985b). The Importance of treatment explication. *Journal of Educational Computing Research. 1*(4), pp. 389～394.

Clark, R. E. (1994a). Media will never influence learning. *Educational Technology Research and Development, 42*(2), pp. 21～30.

Clark, R. E. (1994b). Media and method. *Educational Technology Research and Development, 42*(3), pp. 7～10.

Gardner, H. (1982). *Art, mind and brain: A cognitive approach to creativity.* NY: Basic Books.

Goodman, N. (1968). *Languages of art*. Indianapolis. Indiana : Hackett.

Kozma, R. B. (1994a). Will media influence learning? Reframing the debate. *Educational Technology Research and Development, 45*(2), pp. 7～20.

Kozma, R. B. (1994b). A reply: media and methods. *Educational Technology Research and Development, 42*(2), pp.11~14.

Kulik, J., Kulik, C., & Bangert-Drowns (1985). The importance of outcome studies. *Journal of Computing Research, 1*(4), pp. 381～387.

Levin, H. M., & Meister, G. R. (1985). *Educational technology and computers: Promises, promises, always promises.* Report No. 85-A13. Stanford University.

Lumsdaine, A. (1963). Instruments and media of instruction. In N. L Gagne(Ed.). *Handbook of Research on Teaching.* Chicago : Rand McNally.

Salomon, G. (1974). Internalization of filmic schematic operations in interaction with learners' aptitudes. *Journal of Educational Psychology, 66,* pp. 499～511.

Salomon, G. (1981). *Communication and education, social and psychological interactions.* Beverly Hills, CA: Sage.

chapter

6

나일주의 인간 시각지능 이론

(Ilju Rha's Theory of Human Visual Intelligence)

1. 이론의 배경

인간의 시각은 인간에게 주어진 가장 큰 혜택이자 으뜸가는 생존수단이다. 인간은 수천세대에 걸친 역사를 통하여 시각의 능력을 인간에게 주어진 환경에 적절한 방식으로 연마하여 왔다(Gibson, 1979). 진화론적 입장을 따르자면 현재 현대인에게 자연스러운 것으로 받아들여지는 시각적 능력은 수억 수천 만 년의 종의 실험을 거쳐 선택된 지구상에서 가장 발달한 생물인 인간이 자신의 환경에 가장 적절한 방식으로 수백 만 년에 걸친 진화를 거듭하여 적응시킨 최상의 능력이라 할 수 있을 것이다.

시각지능 이론의 탐구는 인간에게 주어진 이러한 최상의 능력인 시각지능의 모습을 규정하고 향후의 계발방향을 연구하며 다양한 분야에 활용하기 위한 준거틀을 제공하는 초석이 되는 작업이다. 시각 자체에 대한 호기심과 관심이 선사시대에부터 지속되어 온 것(Palmer, 1999)과는 대조적으로 인간에게 일어나는 시각적 현상에 대한 탐구는 그 역사가 일천하기도 하려니와 그 분야도 시각적 지각(perception)이나 시각물에 대한 해석(interpretation)분야에 한정되어 있다. 다양한 지능들을 발굴하고 연구해 온 것으로 유명한 하버드 대학의 Gardner(가드너) 교수도 시각지능에 대해, 독립된 영역을 할애하기보다는 시각지능을 시지각 능력으로 보고 운동과 공간지각에 관한 지능에 포함시키고 있다(Gardner, 1999).

[그림 6-1]
나일주 교수

'인간의 시각지능'을 학문의 대상으로 보고 이에 관한 이론화 작업을 시도한 것은 서울대학교의 나일주 교수에 의해서이다. 그는 시각지능을 '인간의 시각에 의해서 직접, 간접적으로 생성된 산물 또는 부산물을 활용하는 능력'으로 규정하고 그 연구영역과 응용분야를 제안해 나가고 있으며(나일주, 2003, 2005; Rha, 2004, 2007), 그의 이론적 틀에 바탕을 두고 다양한 연구들이 이루어지고 있다(허균, 2006; 한안나, 2006; 김세리, 2006; 신용선, 2006; 하미리, 2006, 이운지, 2006; 이다예, 2006; 이선화, 2006, 성은모, 2009; 진성희, 2009; 김인수, 2009; 박소영, 2010).

여기에서는 나일주에 의해 제안된 시각지능에 관한 이론적 틀을 그간 그가 학술대회 등에서 발표한 내용, 대학원 수준의 강의내용, 타 연구자들의 논문 등에서 나타난 그의 생각 등을 중심으로 살펴보기로 한다.[1)]

2. 이론의 골격

시각은 인간이 가진 감각기관 중 가장 편리하면서도 반복적으로 사용되는 정보입수 기관이다. 인간은 시각을 통해 들어온 정보들을 어떤 방식으로인가 정리하게 된다. 인간의 두뇌는 기능상 정보를 입수하고 해석하며 정리하고 저장하며 또한 기억해 내기 쉬운 방식으로 재정리하고 축적하는 작용을 한다. 즉, 인간의 시각을 통해 전달된 정보는 인간의 뇌가 처리하여 해석, 정리, 저장, 재정리, 축적 하는 등의 작용을 하게 된다. 이러한 작용에 의해 인간은 외부의 주어진 환경에 적응하거나 반응하며 생존을 영위하게 된다. 결국 지능이란 어떤 생물이 자신이 처한 환경에 대해 반응하는 반응의 질이 얼마나 슬기로운가 하는 지적인 정도를 뜻한다고 볼 수 있다.

인간은 시각을 통한 여러 자료들을 접해왔고 이러한 자료들은 어떤 방식으론가 두뇌작용의 소재로 활용하여 왔으며 이러한 두뇌작용의 결과로서 환경에 반응하여 왔다고 볼 수 있다. 이러한 시각적 환경을 자신의 생존에 맞게 활용하는, 그 활용의 슬기로운 정도가 시각지능의 실체라고 할 수 있을 것이다. 따라서 인간의 시각지능은 '인간의 시각에 의해서 직접, 간접적으로 생성된 산물 또는 부산물을 활용하는 능력'이라 할 수 있다(나일주, 2003, 2005; Rha, 2004, 2007). 시각에 의해 직접적으로 생성된 산물로 무엇이 있으며 간접적으로 생성된 산물에는 무엇이 있는지, 또 그 각각에 의해 생성된 부산물은 무엇이 있는지 정확하게 규정하는 일자체도 좋은 연구거리가 될 것이며 그 활용 과정의 메커니즘이나 개입되는 여러 가

1) 이 장에는 미간행의 연구 내용들이 상당량 포함되어 있다.

지 변수들 또한 좋은 연구거리가 될 것이다.

나일주의 시각지능 이론은 인간이 가질 수 있는 가장 기초적인 지능으로서 감각적 지능을 상정하고 그 중에서 가장 지적으로 중요한 감각으로 시각을 지목하며 그 시각에 기반하여 나타나는 제반 지적인 현상을 규정하고 규명하려는 의도로 제안되었으며 현재까지는 초보적인 단계에서 그에 대한 가설적 논리를 전개하고 있는 이론이라 할 수 있다.

3. 시각지능 이론의 가정

인간 시각지능 이론은 다음과 같은 가정위에 형성된다.

첫째, 종별 특수성의 가정이다. 시각지능은 생물학적 특징에 따라 각각의 종마다 다르게 형성되는 어떤 특수한 결과물이라는 점이다. 다시 말하면, 인간은 인간의 시각지능을 가지며, 다른 종류의 생물은 그 생물에 특수한 시각지능을 갖는다는 가정이다. 인간의 시각지능은 인간이 가진 시각기관과 두뇌가 결합하여 형성하는 진화와 경험의 최종적 산물이라는 것이다. 즉, 인간의 시각지능이 인간만이 갖는 차별화된 능력에 모양과 색깔을 볼 수 있는 '눈'이라는 특수한 시각적 감각기관이 결합하여 만들어진 결과이듯이, 다른 생물들도 자신에게 특수한 두뇌와 시각기관에 따라 서로 다른 형태의 시각지능을 가질 것이라고 가정하는 것이다. 말하자면, 곤충의 시각지능은 빛의 정도와 움직임만을 구별해 낼 수 있는 곤충의 겹눈과 홑눈, 그리고 곤충의 두뇌가 형성하는 특수한 지능일 것이라는 가정이다.

둘째, 유전 가능성의 가정이다. 인간의 시각지능은 생득적 부분을 포함하는 지능이라는 점이다. 즉, 시각지능은 인간이 하나의 종으로서 역사성을 가지고 진화시켜 온 유전적 형질(gene)에 포함되어 계승되어 왔을 것이라는 가정이다. 이러한 가정은, 장님으로 태어난 경우에도 생득적으로 타고난 시각지능은 있을 수 있다는 개연성을 남긴다.

세 번째로 계발 가능성의 가정이다. 시각지능은 개발(開發)되는 것은 물론 시각지능의 여러 부분들은 의식적인 노력에 의해서 계발(啓發)될 수 있다는 가정이다.

시각지능은 개체에 존재하는 자연적으로 타고난 속성에 바탕을 두어 개발되지만 다른 한편으로 능동적인 계발 가능성이 존재한다고 가정하는 것이다. 이러한 가정 속에는 인간이 이미 타고 났으나 타고난 것조차도 모르는 미지의 시각적 지능이 계발될 가능성과 경험에 의해 새로운 형태의 시각적 지능이 계발될 수 있는 가능성 둘 다에 대해 개연적임을 뜻한다.

마지막으로 다중 감각성의 가정이다. 시각지능의 형성은 시각이라는 단일감각에 의해서만은 아니며 시각 이외의 다른 감각기관과 협응하여 형성된다는 가정이다. 촉각, 청각, 후각, 미각과 같은 다른 감각기관들은 시각지능의 형성과정, 정교화 과정, 발달과정에 결정적 영향을 줄 수 있다. 시각지능을 형성하는 중심적 감각기관이 시각기관임에는 틀림이 있을 수 없으나 타 감각기관과의 협응이 올바른 시각지능을 형성하는 데에 필수적인 조건이 된다는 뜻이다.

4. 시각지능의 영역

나일주(2003)는 시각지능이 해석, 조작, 창조의 세 가지 차원에서 전개되는 것으로 본다.

첫째, 해석(interpretation)의 차원은 인간의 뇌가 외부의 물리적 환경을 해석 하는 데에 관련된 지적인 작용의 차원이다. 탄생하였을 당시의 인간의 뇌 속에는 외부의 물리적 환경에 대한 아무런 정보도 존재하지 않았을 것이라고 가정한다면 인간은 눈을 떠서 세상을 보게 되는 순간부터 시각적 정보를 가지기 시작한다고 볼 수 있을 것이며 이때부터 형성되기 시작하는 외부세계에 대한 이해의 노력이 시각지능의 해석의 차원을 형성한다고 보는 것이다. 인간은 눈으로 보는 것들에 대해 해석하고 반응하는 자연스러운 행동을 보인다. 높낮이를 판단하고, 거리를 재며, 실제로 존재하는 것과 거울 속에 비친 것을 구분하고, 운전을 하거나 운동을 하는 것과 같은 물리적 세계에 반응을 하게 된다. 그 뿐 아니라 인간은 '눈치 있는' 행동도 한다. 한번 척 보는 것만으로도 많은 것을 파악하며 그에 맞는 행동을 하게 되는 것을 볼 수 있다. 이러한 자연스러운 행동들이 가능하도록 외부세계를 올바르게 파악할 수 있는 것은 시각에 기초한 지능의 역할이 절대적인 것으로 보이며 그는 이러한 차원의 시각지능을 해석차원의 시각지능으로 보았다.

둘째로, 외부세계에 대한 해석과는 달리 인간의 뇌 속에서 시각적 자료들을 조작(operation)하는 차원이 존재한다. 여기에는 물리적 사물들의 위치, 모양, 운동, 색깔, 방향 등을 조작하는 것, 눈에 보이지 않는 것을 보이는 것처럼 가정하여 조작하는 것 등이 포함된다. 물리적 객체들을 머릿속에서 시각적으로 조작하는 것은, 비록 아인슈타인에 의해 자주 애용되었다고는 하나, 인간에게만 고유한 지적 능력이 아니다. Kohler(쾰러)는 유명한 원숭이 실험에서 원숭이에게도 지적인 조작능력(그는 '통찰'이라고 불렀다)이 있음을 증명한 바 있다. 즉, Kohler(쾰러)의 원숭이는 높이 매달려 있는 바나나를 따먹기 위해 책상을 끌어다 놓고 그 위에 올라서서 막대기를 이용해서 바나나를 땄다는 것이다. 원숭이에게는 언어가 없기 때문에 언어적 조작에 의해 그러한 생각을 하였다고 보기는 어렵다. 그렇다면 어떤 조작이 가능하였을까? 책상을 끌어다 놓고 막대기로 바나나를 따는 것과 같은 모습을 그림으로 그려보는 시각적 조작이외에 다른 가능성이 있을까? 원숭이가 이정도인데 인간이 머릿속에서 시각적 대상물을 그려보고 또 그것들을 조작해 볼 수 있는 능력을 가졌다는 것을 부인할 수는 없을 것이다. 골프황제라는 칭호를 듣는 타이거우즈는 골프샷을 할 때 볼을 치기 이전에 항상 골프 볼이 날아가는 모양을 머릿속으로 그려보며, 머릿속으로 그려본 그대로 볼을 날려 보내려고 노력한다고 술회한바 있다. 아마도 이러한 방식의 시각적 조작은 거의 모든 스포츠에서 적용되고 있을 것이며 보통사람들의 일상에서도 반복적으로 일어나고 있다고 볼 수 있다. 나일주는 이러한 시각적 조작이 물리적 대상뿐만 아니라 개념적 대상에 대해서도 일어나며 물리적 대상과 개념적 대상이 복잡하게 얽혀 있는 상황에서도 일어난다고 보며 이러한 차원의 시각지능을 조작차원의 시각지능으로 본다.

셋째, 창조(creation)의 차원이라고 명명된 차원이다. 이 차원은 비현실적, 신비주의적 시각지능의 차원이다. 인간이 보유한 시각적 능력에 의해 현재의 시점에서는 이해하기 어려운 무언가를 창조해 내거나, 아직 규명되지 않은 방식에 의해 시각적 창조가 일어나는 현상이 존재하며 그 현상이 존재하는 차원을 창조적 차원으로 명명하였다. 미래에 대한 시각화, 환상, 꿈과 같은 시각적 현상들이 여기에 포함된다. 성공적 삶을 살 수 있도록 안내하는 대부분의 처세술 서적들은 한결같이 자신의 미래의 모습을 긍정적으로 '그려볼 것'을 제안한다. 이들의 논리는 자신의 미래의 모습을 긍정적으로 생생하게 그려볼수록 그러한 모습에 가까워지게 된다는 것이며 이들은 수많은 성공자들의 이름까지 거론하며 이 방법의 현실성을 주장한다. 신비주의적 요소가 있다고는 하여도 인간이 가진 시각지능의 일부분임을 부인하기는 어렵다. 환상은 시각현상이되 비현실적인 것임을 표현하는 말이다. 인간은 현실의 세계에만 살고 있지는 않으며 가장 약한 정도의 환상에서 얼토당토하지 않은 환상의 세계에 이르기까지 무언가 비현실적 시각적 조작을 하며 살아간다. 어린아이들이 인형놀이를 할 수 있는 것은 환상을 할 수 있는(fantasize) 능력 때문이라는 것을 알 수 있다. 가지고 노는 낡아빠진 곰인형을 보면서 커다란 아빠곰 엄마곰을 환상해 낼 수 있는 능력이 없다면 인형놀이는 재미없는 일이 될 것이다. 소설이나 희곡은 인간의 환상적 능력을 전제하고 쓰여졌다고 볼 수 있을 것이며 만약 인간에게 환상의 능력이 없다면 이러한 작품들은 무의미할 수밖에 없을 것이다. 꿈은 시각적인 산물이다. 꿈은 언제나 장면을 동반하기 때문이다. 꿈은 우연적 확률과 관련이 있을지언정 현실과는 거리가 멀다. 비현실적 신비주의적 요소가 있는 시각적 현상이다. 그런데 '영험한 꿈'이라든가 '예견력이 있는 꿈'과 같이 무언가 우리가 이해할 수 없는 힘이 있는 꿈들이 있다. 신라시대 김춘추의 누이동생이 꾼 꿈이나 대통령이 된 어떤 분의 부모가 꾼 꿈과 같이 유명한 꿈들도 있고 최근에는 로또복권과 관련된 '돼지꿈'도 있다. 꿈에 대한 과학적 해석이 무엇이건 꿈은 우리의 의지와 무관하게 창조되는 신비로운 시각적 현상이다. 창조 차원의 시각지능은 신비주의적 요소가 다분히 포함되어 있다고는 하나, 현재 우리가 과학적인 해석을 할 수 없다고 해서 무시해 버릴 수 없는, 분명히 한가지 형태의 지성의 표현임에 틀림없다.

이상의 차원들과 그 차원들에 포함되는 하위영역들을 정리하면 <표 6-1>과 같다.

〈표 6-1〉 시각지능의 차원

작용 대상의 성격	시각지능의 차원	각 차원의 하위 영역
현실적	해석 (interpretation)	•물리적 시각(Physical vision) •요소에 대한 판단(Elemental judgement) •전체적인 해석(Holistic interpretation)
	조작 (operation)	•물리적 실재에 대한 시각적 조작(Visual operation of physical entities) •개념적 실재에 대한 시각적 조작(Visual operation of conceptual entities) •전체적 관계에 대한 시각적 조작(Visual operation of holistic relationships)
비현실적/ 신비주의적	창조 (creation)	•미래에 대한 비전(Future vision) •시각적 판타지(Visual fantasy) •꿈(Dreaming)

5. 시각지능의 형성과정

시각지능의 형성은 인간의 환경을 둘러싸고 있는 시각적 흐름(flow of optics)에 의한 것이지만 또한 언어 및 문화와 밀접한 관련을 가진다. 다만 시각지능은 언어 발달에 선행하여 형성되기 시작하는, 보다 본질적인 지능이며 시각지능의 입장에서 보면 언어는 시각지능의 발달에 도움이 되기고 하고 동시에 방해가 되기도 한다. 즉, 시각지능은 언어를 가지지 않은 것으로 알려진 동물들에게도 고도로 발달된 것으로 추측되는 바, 인간에게도 이것은 언어의 유무와 관계없이 발달하는 것으로 보이며, 언어는 시각적 지능발달의 원자료가 되는 시각적 참조물(visual referents)들이 변형되는 과정에서 큰 긍정적 또는 부정적 역할을 하는 것으로 추정된다. 시각적 관념의 형성과 관련한 연구를 수행해온 Gibson(깁슨, 1979)은 시각연구의 방향과 관련하여 구조주의적 관점을 비판하면서 인간의 뇌가 어떤 구조로 되어 있어서 현재와 같은 인식을 해 나가는가를 연구하기보다는 인간의 뇌가 처해있는 환경이 어떤 것인가를 연구함으로써 인간의 뇌가 그 환경에 의해 어떤 상태로 적응 또는 진화 되었는지를 연구하는 것이 더 온당하다고 주장한 바 있다.

이러한 주장의 논리를 시각지능의 형성과정에 적용하면, 인간의 시각지능은 인간이 처한 환경과 인간이 가지고 있었던 어떤 생득적 능력 사이에서 상호작용함으로써 형성된 것으로 볼 수 있다.

나일주(2005)는 다음의 그림과 같이 시각지능 · 언어 · 문화의 가설적 관계를 설정한다.

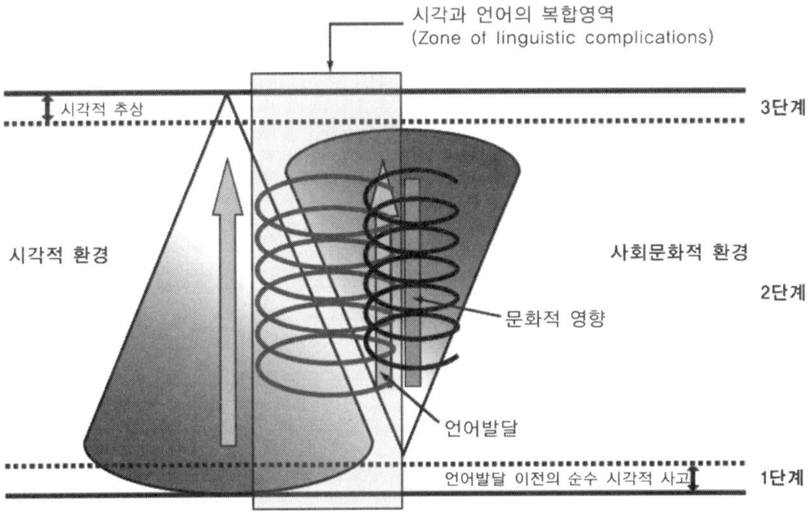

[그림 6-2] 시각지능·언어·문화의 관계

[그림 6-2]는 인간의 성장에 따라 시각지능이 언어 및 문화와 관련을 이루며 어떻게 발달하는가에 관한 개념도이다. 왼쪽의 원추는 시각적 환경을 의미한다. 반면 오른쪽의 역삼각형 모양의 원추는 사회문화적 환경을 의미한다.

[그림 6-2]에서 가장 아랫부분인 1단계는 인간이 태어나기 이전부터 갖게 되는 생득적 능력으로서의 시각지능과 언어발달 이전의 시각적 경험에 의한 시각지능의 형성기를 표현한 것이다. 앞서 설명하였듯이 인간은 생물학적으로 다른 종과 구별되는 특수한 시각능력을 가지고 태어나며, 탄생 직후부터 다양한 시각적 환경에 노출된다. 생후 약 10일 이후부터 무섭게 발달하는 시각기관을 통해 아기는

주변의 환경을 빠른 속도로 학습하게 된다. 사회문화적 환경의 영향을 받기 이전인 이 시기에 시각지능은 인간의 여러 지능 중에 가장 큰 영역을 차지하며 활발하게 발달한다. 영아에게 있어서 시각적 자극물들은 끊임없이 시각기관을 통해 두뇌에 자극을 주게 될 것이다. 이 자극들은 두뇌가 기억하고 연산하고 처리하고 저장하는 자료가 될 것이며 이 자료들을 다루는 것과 관련된 여러 기능들이 초기의 시각지능 형성의 기본이 될 것이다. 이 시기의 특징은 언어에 의한 간섭현상이 없이 시각지능이 발달한다는 점이다.

2단계는 언어와 시각지능이 서로 간섭을 하는 단계이다. 이 시기 인간은 시각적 환경과 사회문화적 환경에 동시에 노출되지만, 시각지능의 영향력은 점차 약화되는 반면 언어 및 문화의 영향은 점차 강화되는 양상을 보인다. [그림 6-2]에서 윗부분으로 갈수록 시각적 환경보다 사회문화적 환경의 영역이 커지고 있는 것은 이러한 현상을 표현한 것이다. 사회문화적 환경에는 대표적으로 언어와 문화가 포함된다. 언어는 구체화되고 개별화된 시각적 자료들을 개념화하고 범주화하고 추상화함으로써, 지식의 생산과 전달을 보다 효과적이고 효율적으로 변화시켰으며, 공유된 지식체계를 형성할 수 있게 하였다.

문화는 언어를 낳는 환경이다. 동일한 의미를 지닌 것으로 알려진 어휘라도 각 문화권마다 다른 느낌을 주는 것은 언어가 문화라는 환경 속에서 형성되고 계승된 때문이다. '아버지'와 'father'가 동일한 사람을 지칭하는 말이라 하더라도 서로 다른 문화와 역사에 의해 탄생되었기 때문에 각기 다른 느낌을 가지는 이유는 이 때문이다. 우리가 '한(恨)'이라고 말했을 때, 이에 해당하는 적절한 영어단어를 찾을 수 없는 것도 '한(恨)'이라는 말에 이미 우리의 역사와 문화가 포함되어 있기 때문이다. 결국, 문화는 언어에 대하여 통시적 역사적 사회적 의미를 부여함으로써 특정한 제약을 가함과 동시에 또한 한 개체인 인간이 경험할 수 없는 그 통시적 역사적 사회적 배경의 제공으로 인한 풍요로움을 덧붙여주기도 한다.

문화는 언어를 만들어내는 토양이 되기도 하지만, 때로는 언어에 의해서 보다 정제되게 되고 개인의 공헌에 의해서 발달한다. 세익스피어라는 문학가는 한낱 변두리 언어였던 영어를 멋과 품위가 있으면서도 기능적인 언어로 재창조해 냄으로서 영국문화를 세계적 수준으로 끌어올리는데 기여하였다. 이러한 문화적 힘을 바탕으로 영국은 이후 세계를 주름잡는 강대국으로 성장할 수 있었다. 결국 언어와 문화는 같은 사회문화적 환경으로써 서로 상호 협력하여 발전한다.

시각지능과 언어의 관계는 언어와 문화의 관계와 다른 것 같으면서도 유사하다. 언어는 한 개인이 특정한 것을 모두 탐구할 수 있는 기회를 가지기도 전에 미리 '이것은 무엇이다.'라는 식으로 제약을 가함으로써 자유로운 개인적 범주화의 기회(또는 개인의 창의성의 기회)를 놓치게 한다. 예컨대 우리가 개와 고양이의 중간쯤 되어 보이는 시각적 대상을 만났다고 하자. 이 경우 우리는 이것이 무엇인지에 대한 궁금증보다는 오히려 이것이 개인지 고양이인지 궁금해 하게 된다. 이미 규정지어진 언어적 범주로 인해 창의적이고 자유로운 개인적 범주화가 어려운 예이다.

그러나 언어는 한 개체가 혼자서는 도저히 해 낼 수 없는 모든 범주화를 비교적 효율적으로 제공하고 덧붙여서 통시적 역사적 사회적 의미까지 전달해주는 역할을 함으로써 효과적인 의사소통이 가능하게 한다. 예를 들어 걸어가는 발발이를 보고 어린아이가 "엄마 이게 뭐야?"라고 물었을 때, "응, 그건 발발이야"라고 대답한다면 이 대화는 '끝'의 상태에 도달하게 된다. 그러나, 논리학으로 봤을 때, 아이에게 전달된 지식은 거의 없다. 논리학에서 이것은 동어반복으로 '발발이는 발발이이다.'라는 것밖에 안되기 때문이다. 그러나, 아이의 입장에서는 이 개가 자신이 알고 있었던 비슷한 개인 '시츄'가 아니라는 점, 따라서 시츄와 약간 다른 저렇게 생긴 모양의 동물은 또 다른 이름을 가질 수 있다는 점, 저 정도 달라도 서로 종류가 다른 개가 될 수 있다는 점, 따라서 뭔가 저런 정도로 다르다면 새로운 이름을 붙여야 할 것이라는 점 등 상당한 양의 정보를 확보하게 된다. 즉, 시각적 자료가 언어화될 때에는 그 사회문화적 의미가 함께 전달되고 있다고 보아야 할 것이다.

시각적 자료가 언어에 의해 추상화됨으로써 다양한 의미를 전달할 수도 있지만, 반대로 언어가 시각지능에 의해 보다 다양하고 풍요롭게 해석될 수도 있다. 몇 사람이 '바다 여행'에 대한 논의를 한다고 가정할 때, 각자가 떠 올리는 바다의 모습은 개인의 관찰과 경험에 따라 서로 다를 수 있다. 이는 인간이 언어를 통해 추상화된 '바다'라는 정보를 받아들였다 하더라도 이를 처리하는 과정에서 개인의 경험과 환경에 따라 구체적인 형태로 재해석하기 때문이다. 언어 정보를 구체화하는 과정에서 시각지능은 결정적 역할을 한다. 물론 추상화된 모든 언어 정보가 인간의 내면에서 시각화로 처리될 수 있는 것은 아니다. [그림 6-2]처럼 '시각과 언어의 복합 영역'이 존재하며, 이 속에서 언어와 시각지능은 서로 상호 보완적 관계를 맺기도 하고, 오해를 불러일으키기도 하며, 발전하기도 하고, 또 방해가 되기도 하는 복잡한 상호작용을 하게 된다.

마지막으로 [그림 6-2]의 3단계는 언어적 표현이 불가능한 시각적 지능의 영역이다. 깊은 사유의 결과나 지식의 존재가 표현할 수 없는 그 무엇으로 결말지워지는 그러한 경우들을 말한다. 언어가 발명된 이후 역사적으로 인간은 추상화되고 범주화된 지성의 형태인 언어적 문화를 더욱 발전시켜 온 반면, 시각지능에 의한 산물들은 언어와 대칭점에 놓이면서 그 가치를 제대로 평가받지 못한 경향이 있어 왔다. 그러나 시각지능은 언어가 가지는 범주화의 틀을 깨뜨리고, 개별 사고의 자유와 창의성을 확보함으로써 지금과는 현격하게 다른 차원에서 인간의 문화를 발달시킬 수 있는 강력한 가능성을 지니고 있다. 느껴지지만 말로 표현할 수 없는 창조와 상상의 차원, 언어의 표현이 닿지 않는 추상적 차원이 시각적으로 존재하며 이것을 시각지능 발달의 3단계로 보는 것이다.

6. 시각지능 이론의 응용분야

시각지능의 연구는 세 가지 형태로 진행될 수 있다(나일주, 2005). Type 1 연구는 시각지능 자체에 대한 과학적 연구이다. 시각지능의 발달과정과 시각적 지능의 유형들이 형성되는 과정을 과학적으로 밝히는 연구이다. 이러한 연구는 현재 진행되고 있는 심리학, 컴퓨터과학의 연구들과 맥을 같이 한다. 이 형태의 연구의 발달 속도가 가속되고 있기는 하나 아직 인간의 시각지능과 같은 고차적 지능에까지는 이르고 있지 못하고 있다. Type 2 연구는 응용연구이다. Type 1 연구에 기반하여 응용연구가 이루어지는 것이 논리적인 순서이나 현상적으로 존재하는 시각지능에 대한 가설적 원리들에 입각하여서도 응용연구를 하는 것이 가능할 수 있기 때문에, 일단 현상적인 시각지능의 원리들을 응용하는 연구를 제안한다. 앞에서 제시한 각 차원의 시각지능들을 각 분야에 맞게 응용하는 연구가 여기에 속한다. 예를 들어 교사교육에 관심을 가진 사람은 수업을 하는 교사가 채택한 모범적인 교사에 대한 시각적 이미지가 교육에 어떤 효과를 가져오는지 연구할 수 있으며, 스포츠 분야에 관심을 가진 사람은 선수 자신의 몸동작에 대한 시각화와 실제 수행과의 괴리가 가지는 의미를 분석할 수도 있을 것이고, 디자인 분야의 사람은 환상의 요소를 어떻게 디자인 하는 데에 활용할 수 있는지 연구할 수 있을 것이다. 즉, 시각지능에 대한 응용연구는 인간에게 주어진 시각적 지능의 존재를 현실적으로 인정하고 이것을 활용할 수 있는 방법을 강구하는 연구라고 할 수 있다. Type 3 연구는 시각지능의 평가와 측정에 관한 연구이다. 시각지능의 측정은 일반적 지능의 측정만큼이나 다양한 이론과 방법이 존재할 것으로 보이기 때문에 이에 대한 연구의 개연성을 부여한 것이 Type 3 연구이다. 이 형태의 연구결과는 새로운 시각지능의 계발을 위한 자료로 사용되거나 시각지능 자체의 효과를 연구하거나 다른 형태의 지적 활동과의 관계를 연구하는데 결정적 단서를 제공할 것이다.

교육공학에서의 시각지능의 활용분야는 연구자의 흥미에 따라 한계가 없을 정도로 다양하다 할 것이다. 몇 가지 중요한 것을 약술하면 다음과 같다.

첫째, 지식의 시각적 변형(visual knowledge transformation)의 분야이다. 이 분야는 그간 감각기관을 달리하고 지식의 수용방법과 관련하여 "모달리티(modality)"라는 용어로 연구되어 온 분야이기도 하다. 다만 연구의 초점을 하나의 모달리티에 대한 다른 모달리티의 보존적 관계를 넘어서서, 한 개의 모달리티로부터 다른 모달리티로의 질적인 변형 또는 각 모달리티에 적합한 형태로 지식을 재구성하는 분야에 대한 연구로 확대할 수도 있을 것이다. 성은모(2009)의 텍스트 구조의 시각적 표상설계에 관한 연구, 진성희(2009)의 전자텍스트의 시각적 변형에 관한 연구, 김세리(2006)의 지식축약에 관한 연구, 한안나(2006)의 시각적 지식조직자에 관한 연구는 이 분야의 연구이다.

둘째, 시각적 요소들의 역할에 관한 연구들이다. 텍스트와 시각물, 웹기반 교수자료에서의 각 시각적 요소들의 적합한 공간적 배치, 시각적 상징물들의 상징성의 정도와 언어적 노출의 정도, 삽화나 부수적 시각물의 역할, 시각적으로 제시되는 텍스트 등등 그 연구의 대상은 무궁무진하다 할 수 있다.

셋째, 시각지능의 개발과 계발에 관련된 분야이다. 앞에서 제시한 시각지능의 각 차원별 응용영역은 무수히 많다. 현재까지 많은 연구가 되어온 것으로 보이는 해석의 차원만 하더라도 시각적 지각(visual perception)에서부터 시각문해(visual literacy)에 이르기까지 다양한 주제와 영역들을 가지고 있으며 나름대로의 개발 방법을 제시하고 있다. 영유아들의 시각지능을 발달시킬 수 있는 방법에 관한 다양한 연구, 시각적 사고의 촉진을 위한 연구, 창의성이나 문제해결 능력과 같은 고차적 능력의 증진을 위한 시각지능의 활용방법, 다양한 시각화의 방법과 응용 등등 시각지능과 연관성을 가지는 수많은 분야에 보다 본질적인 지식기반을 마련해 줄 수 있는 연구들이 가능할 것이다.

7. 관련연구

인간의 두뇌는 지금까지 수많은 시간을 두고 테스트 되어왔다. 링컨이나 아인슈타인과 같은 인간의 뇌는 정치 및 과학적인 분야에서, 엽기적인 살인범이나 교활한 사기범들의 뇌는 잔인성과 교활성의 분야에서, 마이클 조던이나 타이거우즈나 이승엽이나 박지성과 같은 운동선수의 뇌는 순간적인 판단을 요하고 또한 자신의 육체와의 협응을 요하는 분야에서, 그 외에도 나폴레옹이나 레오나르도 다빈치나 케플러나 피카소 같은 사람들의 뇌는 그들이 속한 다양한 분야에서 인간의 뇌가 무엇을 해 낼 수 있는지를 표출해왔다. 개구리나 뱀장어나 금붕어나 닭의 뇌였다면 어림도 없을 것을 인간의 뇌였기에 이러한 방식의 지성을 발휘할 수 있었을 것으로 추정된다. 인간을 한 개체로 파악하지 않고 하나의 종으로 파악하였을 때, 지금까지 인간의 뇌는 다양한 방식으로 시험을 받아왔고 또 그 능력과 한계를 보여 왔다.

인간의 시각에 관한 연구는 수천 년 이상의 역사를 가지며 그 연구자만 하더라도 Plato, Aristotle, Copernicus, Leibniz 등 인류역사에 길이 빛나는 현자들로 이루어져 있다. 그 만큼 시각적 현상은 인간에게 경외심을 심어준 놀라운 현상이며 시각을 가진다는 것 자체가 하나의 축복으로 보여 졌던 것이다.

시각과 관련된 현대의 연구는 해부학, 뇌 과학, 컴퓨터과학, 심리학 등의 발달에 힘입어 실증적이고 역동적인 형태로 이루어지고 있다. 특히 시각을 기계에게도 부여하고자 하는 로보틱스 과학은 시각의 세계를 디지털적 수치와 연산의 형태로까지 변형시킬 수 있음을 보여주고 있다.

다만 이러한 현대적 기술과 과학의 비약적 발전에도 불구하고 시각적 현상의 본질을 과학적으로 구성하고 재현하기에는 하잘 것 없고 미비하기 짝이 없다. 아주 어린 아이들도 쉽게 해내는 '인형놀이'와 같은 간단한 창조적 시각적 상상을 컴퓨터로 하여금 실현하도록 하는데 걸리게 되는 연구의 시간은 상상이 되지 않을 정도로 길 것만 같은 생각이 든다.

시각지능과 관련된 연구는 이제 막 시작인 것으로 보이며 시각지능의 의식적 활용을 위한 연구 또한 초보적인 단계에 있는 것으로 보인다. 인간의 능력을 슬기롭게 활용하는 것이 인류의 번영을 위한 길이라고 보았을 때 시각지능은 어쩌면 인간이 자신 속에서 발견할 수 있는 가장 커다란 황금광산일지도 모르는 일이다.

참고문헌

김인수 (2009). 교육적 맥락에서 환상의 구성요소와 구현원리에 관한 연구. 서울대학교 박사학위 논문.

김세리 (2006). 이러닝 학습환경에서의 텍스트 축약에 관한 연구. 서울대학교 박사학위 논문.

나일주 (2003). 시각지능. 서울대학교 교육행정연수원 강의자료.

나일주 (2004). 비쥬얼, 언어, 그리고 문화. 서울대학교 교육공학연구회 특강 자료.

나일주 (2005). Human Visual Intelligence. 서울대학교 교육공학전공 읽기자료집.

박소영 (2010). 웹기반 문제해결학습에서 시각적 스캐폴딩과 시각화 경향성이 학업성취도에 미치는 효과. 서울대학교 석사학위 논문.

성은모 (2009). 이러닝 학습환경에서 텍스트 구조의 시각 표상 설계원리 개발 연구. 서울대학교 박사학위 논문.

신용선 (2006). 웹기반 학습에서 학습자의 시지각 수준에 따른 시각적 조직자의 학습 효과. 서울대학교 석사학위 논문.

이다예 (2006). 웹 기반 학습에서 사용자 인터페이스 그래픽 메타포 유형이 학습 및 사용편이성에 미치는 영향. 서울대학교 석사학위 논문.

이선화 (2006). 교수법으로서의 시각적 이미지 연상 유도에 대한 질적 연구. 서울대학교 석사학위 논문.

이운지 (2006). 텍스트 난이도와 시각적보조물의 내용 이해에 대한 상호작용효과에 대한 연구. 서울대학교 석사학위 논문.

진성희 (2009). 구조이해 및 내용이해 증진을 위한 디지털 텍스트의 시각적 변형 연구. 서울대학교 박사학위 논문.

하미리 (2006). 웹 기반 텍스트의 그룹화 기법이 내용구조파악 및 이해에 미치는 효과. 서울대학교 석사학위 논문.

한안나 (2006). 웹 기반 학습에서 시각적 조직자의 설계원리 개발 및 활용에 관한 연구. 서울대학교 박사학위 논문.

허균 (2006). ICT활용교육을 위한 언어정보 시각화 과정의 프로토콜 분석 연구. 서울대학교박사학위 논문.

Gardner, H. (1999). *Disciplined Mind: What All Students Should Understand*, New York, NY; Simon & Schuster.

Gibson, J. J. (1979). *The Ecological Approach to Visual Perception.* Boston: Houghton- Mifflin.

Palmer, S. (1999). *Vision Science: Photons to Phenomenology.* Cambridge, MA: MIT Press.

Rha, I. (2004). Human Visual Intelligence in Digital Millennium. In the Proceedings in 2004 International Conference on Educational Research in Seoul.

Rha, I. (2007). Human visual intelligence and the new territory of educational technology research. *Educational Technology International, 8*(1), 1-16.

chapter

7

커뮤니케이션 이론
(Communication Theory)

1. 이론의 배경 및 맥락

Communication(커뮤니케이션)은 개체 간에 공동의 상징체계를 통해 의미를 주고받는 것을 의미한다(Communication, 2006). 이는 인간이 공동체 속에서 바람직한 사회생활을 영위하며 생존해 나가기 위해 외부적으로 나타내는 의사표시로, 인간에게 특수한 상호작용이다. 물론 일부 동물에게서도 미숙한 형태의 커뮤니케이션을 볼 수 있다. 그러나 동물은 생리적 요구에 의한 자동화된 상호작용을 공유할 뿐이다. 꿀벌의 움직임은 꽃이 있는 방향과 거리를 알려주는 본능적인 커뮤니케이션 행위로, 생리적인 차원에서 확정된 자극과 반응을 야기하는 것이다. 이런 점에서 동물의 생리적 요구에 의한 자동적인 상호작용과 구분하여, 커뮤니케이션은 인간의 고유한 본성이라고 할 수 있다. 인간은 커뮤니케이션을 행하는 가운데 관계를 형성시키고 발전시켜 왔으며, 이는 곧 역사와 문화로 이어져 왔다.

커뮤니케이션이 학문의 주제로서 관심의 대상이 된 것은 고대 그리스 시대부터이다[1]. 참여 민주주의였던 정치적 상황에서, 타인을 설득하기 위해 논리 정연한 언어구사 능력이 중요했다. Aristotle(아리스토텔레스)는 그의 저서 <수사학(The Rhetoric)>에서 커뮤니케이션에 대해 언급하며, 기본 요소로 화자(Speaker), 논점(Argument), 스피치(Speech), 청중(Audience)을 제시하였다. 이후 커뮤니케이션 이론은 더 이상 확대되지 못하고 20세기에 과학기술의 진보로 매스미디어가 등장하기 전까지 다른 학문에 통합되어, 하나의 전문분야이기보다는 선천적으로 주어진 행위로 간주되었다.

20세기에 등장한 가장 극적인 발명품은 전신기와 전화였다. 이후 라디오, 텔레비전, 활동사진 등의 계속적인 출현은 커뮤니케이션에 대한 관심을 증폭시켰으며, 심리학자, 사회인류학자, 정치 · 경제, 수학자들 등에 의해 커뮤니케이션이 다각적으로 탐구되기 시작했다. 심리학자들은 커뮤니케이션이 이루어지는 상황에서

1) 학문의 주제로 관심을 받기 시작한 것은 고대 그리스 시대부터이지만, 원시시대에서 이미 사실적인 그림과 형상이 커뮤니케이션을 위한 체계로 이미 사용되고 있었다. 기호를 통한 전달 형태는 예부터 지금까지 가장 대표적인 의사교환 수단으로 남아있다.

의 행동과 심리상태과 관련하여, 사회학자들은 세대를 통해 전달되는 생활양식과 관습의 전승과 관련하여, 정치 · 경제학자들은 커뮤니케이션에 내재되어 있는 규칙의 탐구와 관련하여, 수학자들은 커뮤니케이션을 할 때 활용되는 정보의 질과 양의 측정과 관련하여 다양한 시도가 이루어졌다. 이 시기에 각 분야의 연구자들은 자신들의 고유 영역에 대한 관심을 확장시키며 커뮤니케이션 이론 체계를 정립해 나갔다. 사실, 20세기가 시작되었을 때 인류가 접할 수 있었던 매스미디어는 매우 제한적이었다. '전송수단(Means of Communication)'으로서 미디어는 출판이 주류였고, '표현수단(Means of Expression)'으로서 미디어는 신문, 잡지, 책뿐이었으며, 20세기 초반이 되어서 방송이라는 전송수단이 등장함으로써 표현수단은 라디오, 텔레비전으로까지 확대되었다. 1960년대에 들어서 McLuhan(맥루한)은 '미디어는 메시지다(McLuhan et al., 1967)'라는 아이디어를 통해 수많은 영화관계자, 사진사, 예술가 들을 자극했고, 그의 미디어에 대한 시각은 동시대의 사회를 인쇄 문화에서 시각 문화로 이동시키는 발판이 되었다. 이어, 본격적인 매스미디어 시대(1970～80년대)를 지나면서 매스 커뮤니케이션의 효과에 관한 이론들이 활발하게 탐구되었다.

그 이후 1990～2000년대에는 컴퓨터와 첨단 정보통신기술을 바탕으로 한 다양한 형태의 새로운 미디어가 등장함으로써 이질적인 커뮤니케이션 양식들의 융합과 정보의 디지털화, 시각화, 종합화, 그리고 정보전달의 상호작용성과 비동시성으로 특징 되는 새로운 미디어 환경이 대두되었다. 커뮤니케이션 기술에 있어서 이 같은 중요한 진전은 인간의 커뮤니케이션에 있어서도 변화를 예고하였으며, 새로운 미디어의 속성을 기반으로 한 다양한 이론들이 등장하게 되었다.

2. 이론 개요

완성된 형태로서의 커뮤니케이션은 송신자가 의미를 전하기 위해 특정한 형태의 자극(신호)을 의도적으로 일정한 상대(송신자)에게 전달할 때 성립된다. 많은 연구자들이 커뮤니케이션 현상을 규명하고자 노력을 기울여왔다. 이에, 커뮤니케이션 이론은 선형적 모델에서 시작하여 비선형적 모델로 커뮤니케이션의 복잡성을 반영하며 전개되었다.

(1) Harold Lasswell(라스웰)의 모델(1948)

[그림 7-1]
Harold Lasswell
(1902~1978)

Lasswell(라스웰)의 모델은 커뮤니케이션 과정의 주요 요소들을 가장 명확하고 간결하게 보여준다. Lasswell(라스웰)은 "누가(Who), 누구에게(Say What), 어떤 채널로(in Which Channel), 어떤 효과로(with What Effect) 말하는가?"라는 질문을 던짐으로써 선형적인 커뮤니케이션 행위를 모델화하였다. 이 모델은 커뮤니케이션을 설득을 위한 메시지의 전달 과정으로 보았으며, '효과'를 중요시하였다. 여기서 효과란 관찰과 측정이 가능한 수신자의 변화를 말하는 것으로 과정의 요소 가운데 하나를 변화시키면 효과 역시 변한다는 가정을 바탕으로 한다.

커뮤니케이션을 일방향의 선형적 과정으로 설명하고 있는 Lasswell(라스웰)의 모델은 복잡한 커뮤니케이션 현상을 화자, 메시지, 매체, 청자, 효과라는 5개의 중요한 변인으로 단순화시킴으로써 커뮤니케이션이 어떻게 이루어지고 있는지에 대한 이해를 좀 더 쉽게 했다는 특징을 갖고 있다. 반면에 매스 커뮤니케이션 같은 선형적(linear), 일방향적 커뮤니케이션을 설명하기에는 적절하지만, 인간 커뮤니케이션이 가지고 있는 상호작용성과 피드백 요소를 충분히 고려하지 못한다는 단점을 지니고 있다(나일주, 정인성, 1996).

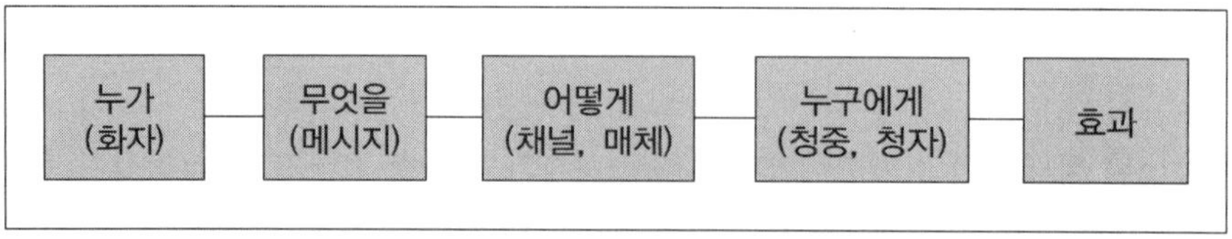

[그림 7-2] Lasswell(라스웰)의 모델

(2) Claude Shannon & Warren Weaver(쉐논과 위버)의 모델(1949)

Shannon & Weaver(쉐논과 위버)의 '커뮤니케이션의 수학적 이론(Mathematical Theory of Communication)'은 커뮤니케이션 연구를 발전시킨 중요한 모델이다. 정보원(Information Source)이 전달하고자 하는 메시지를 선택하면, 이 메시지가 송신기(Transmitter)에 의해 신호(Signal)로 변환되어, 채널을 통해 수신기(Receiver)에서 다시 메시지로 변환되어 목적지(Destination)로 전달되는 과정을 제시했다.

[그림 7-3]
Claude Shannon
(1916~2001)

Shannon & Weaver(쉐논과 위버)의 모델은 막연한 상황이 분명해지기 위해서 필요한 정도의 정보량을 측정하기 위한 것이다. 막연한 상황을 '엔트로피(Entropy)'라고 하고 이를 분명하게 하기 위해 얼마정도의 반복이 필요한가를 수학적으로 계산하고자 하였다. 정보의 양을 산출할 때, 고려해야 하는 중요한 요소가 소음(Noise)이다. 잡음은 채널 자체에서 나는 기계적 소음과 정보를 받는 측에서 해석을 잘못하여 일어나는 의미론적 소음으로 구분된다.

[그림 7-4]
Warren Weaver
(1894~1978)

이 모델은 정보원에서 출발한 메시지가 보낸 사람의 의도대로 해석될 것이라는 기계적 통념을 '소음'이라는 개념을 도입함으로써 바꿨다는데 의의가 있으나 커뮤니케이션을 선형적인 과정으로 설명한다는 단점을 가지고 있다. 따라서 전화, 텔레비전 등의 기계적 커뮤니케이션 과정이 아닌 인간 커뮤니케이션을 완전하게 설명하는 데에는 무리가 있다(나일주, 정인성, 1996).

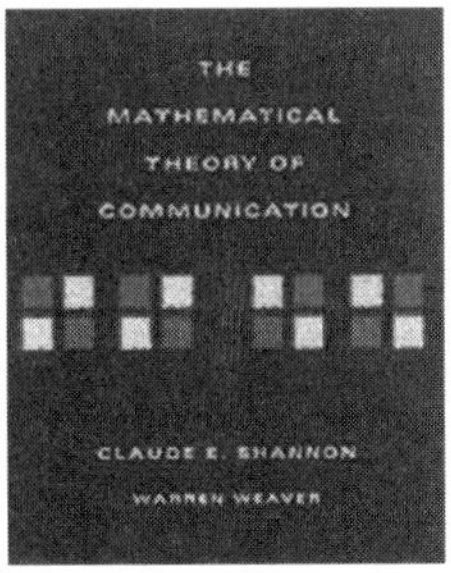

[그림 7-5]
커뮤니케이션의
수학적 이론

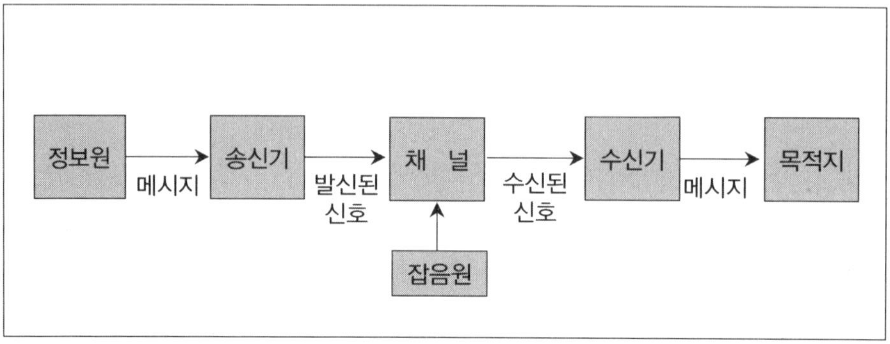

[그림 7-6] Shannon & Weaver(쉐논과 위버)의 모델

(3) Claude Shannon & Wilbur Schramm(쉐논과 쉬람)의 커뮤니케이션 모델(1964)

[그림 7-7]
Claude Shannon
(1916~2001)

[그림 7-8]
Wilbur Schramm
(1907~1987)

Shannon & Schramm(쉐논과 쉬람)의 커뮤니케이션 모델(Shannon & Schramm, 1964)은 초창기의 선형적, 일방적 커뮤니케이션 개념을 탈피한 새로운 시각의 출현이라는 평가를 받는다. 송신자(Sender; Source)가 보내는 메시지가 통신경로를 통하여 수신자(Receiver; Destination)에게 전달되는 과정을 부호화(Encoding), 해독(Decoding), 경험의 장(Field of Experience), 잡음(Noise)과 피드백(Feedback)의 개념을 사용하여 설명하였다.

이 모델에서 주요한 요소는 피드백이다. Shannon & Schramm(쉐논과 쉬람)은 Shannon & Weaver(쉐논과 위버)의 모델에서 제시된 잡음의 문제를 해결하기 위해 피드백이 필요하다고 보았다. 아울러 수신자가 발신자를 향해 피드백을 보내게 되면 발신자와 수신자의 역할이 바뀌어 수신자가 이제는 발신자의 역할을 하게 됨에 따라 커뮤니케이션을 송신자와 수신자의 쌍방적 통신과정을 강조하고 있는 이들의 모델은 공유된 정보가 피드백과 더불어 지속적으로 순환하는 과정을 표현하였다.

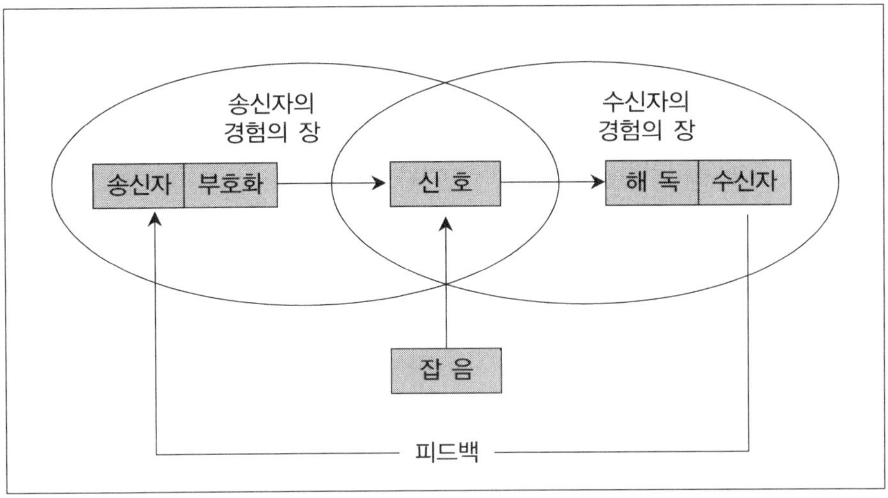

[그림 7-9] Shannon & Schramm(쉐논과 쉬람)의 의사소통 모형

(4) Everett Rogers & Lawrence Kincaid(로저스와 킨케이드)의 모델(1981)

Rogers & Kincaid(로저스와 킨케이드)의 의미 수렴 모델(Convergence Model)은 비교적 최근의 시각을 대표하는 것이다. 이 모델은 정보의 중요성을 강조하고 정보를 통해 인간들 사이에 네트워크가 형성되는 기제에 관심을 두었다. 사람들은 정보 공유를 통해 상호 이해를 증진시키고 이런 과정을 반복함으로써 상대방과 의미 수렴을 이루어 낸다. [그림 7-12]는 이러한 정보공유의 과정을 잘 나타내고 있다. 즉 한 사람(A)이 자신의 사상과 의견을 전달하고(Ⅰ-1) 이에 대한 반응으로 상대방(B)이 의사 표현(Ⅰ-2)을 한다. 그리고 이러한 상호작용은 논의 중인 의제에 대해서 서로 상대방이 가지고 있는 생각에 만족스러운 정도로 수렴하는 상호 이해가 일어날 때까지

[그림 7-10]
Everett M. Rogers
(1930~)

[그림 7-11]
Lawrence Kincaid
(1945~)

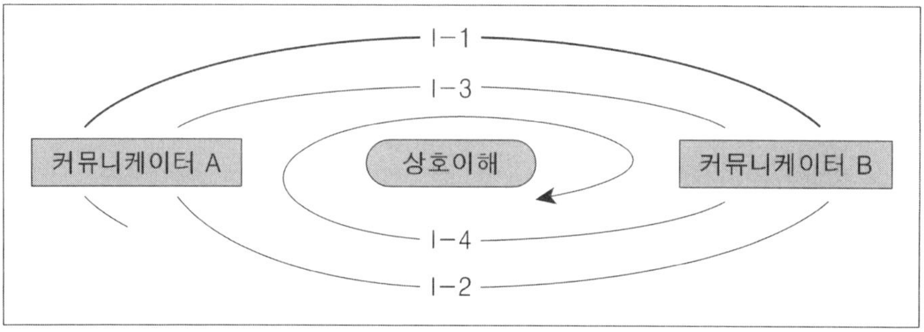

[그림 7-12] Rogers & Kincaid(로저스와 킨케이드)의 커뮤니케이션 모델

계속해서 진행된다는 것이다.

이 모델은 정보의 교환을 통한 의미 수렴을 강조하고 있다. 커뮤니케이션 참여자들은 정보 교환을 통해 상호이해를 증진시키고 이러한 정보교환의 순환 과정을 여러 차례 반복함으로써 상대방과 의미 수렴을 이루어낸다.

지금까지 다양한 커뮤니케이션 모델 가운데 대표적인 몇 개의 모델을 중심으로 커뮤니케이션에 대한 시각이 어떻게 변해 왔는지 살펴보았다. Lasswell(라스웰)의 모델과 Shannon & Weaver(쉐논과 위버)의 모델은 커뮤니케이션을 일방향으로 제시하였다. 반면 Shannon & Schramm(쉐논과 쉬람)의 모델은 커뮤니케이션을 순환적인 과정으로 설명함으로써 종전의 개념을 변화시켰다. Rogers & Kincaid(로저스와 킨케이드)는 이에 한 발 더 나아가 커뮤니케이션 참여자들이 정보교환을 통해 상호이해를 증진시키고 이러한 정보 교환의 순환 과정을 반복함으로써 상대방의 의미 수렴을 이루어냈다. 이처럼 커뮤니케이션 연구는 일방향적인 시각에서 상호작용을 중시하는 시각으로 관심의 초점이 변해왔다고 할 수 있다.

3. 관련 연구

정보통신기술의 발달은 우리 주변의 모든 정보를 디지털 신호로 바꿔 네트워을 타고 빠른 속도로 유통시키고 있다. 디지털 미디어는 정보의 디지털화를 통해 영상이나 음성, 문자 등 서로 다른 이질적인 형태의 정보를 하나의 미디어 시스템 내에서 통합적으로 처리하고 전송하기 때문에 신문과 방송, 통신이 하나로 통합되는 미디어 융합 현상을 초래하고 있다.

이는 지금까지의 커뮤니케이션 패러다임에 새로운 도전을 제기하고 있다. 성동규와 라도삼(2000)은 새로운 커뮤니케이션 패러다임으로 다음의 5가지를 꼽는다.

① 물리적 시공간에서 가상의 네트워크로 전환

② 일방적 전달에서 상호작용적 과정으로 전환

③ 선형적 흐름에서 비선형적 하이퍼텍스트로 전환

④ 단일미디어에서 통합미디어로 전환

⑤ 소비자에서 생산소비자로 전환

패러다임의 변화에 따라, 커뮤니케이션의 최근 연구는 시공간을 초월한 동시적, 그리고 비동시적 커뮤니케이션과 긴밀한 관련을 맺고 있다. 그 첫째로, 집단간의 문화적 연대 구성을 위한 가상 공동체 형성에서 물리적 거리감과 사회적 거리감을 극복할 수 있는 커뮤니케이션에 대한 연구가 있다.

둘째, 다양한 구성원의 동시적 참여와 상호작용적 관계 형성을 통한 공동체 문화 형성에 대한 연구가 있다. 특히 메시지를 수신하면서 자신의 의견을 전달하는 것은 물론 자신이 생산한 정보를 메시지 발신자 또는 다른 수신자에게 보내는 것도 가능하며, 이 같은 형태의 커뮤니케이션은 Prosumer(Provider + Consumer)라는 신조어를 낳았다.

그렇다면, 새로운 매체를 받아들이면서 이전의 커뮤니케이션 매체와 이론들은 사라졌는가? 그렇지는 않다. Rogers(로저스, 1986)의 말을 빌어 대답을 하자면, "새로운 테크놀로지는 이전의 커뮤니케이션 매체들에 대해 중요한 영향을 미치기는 하였지만, 그것들을 전적으로 대체하지 않았으며, 결국 커뮤니케이션의 역사는 계속 '이어지는' 이야기"이다. 덧붙여, 로저스는 "개개의 새로운 매체는 이전 매체의 기능을 변조시킬 수는 있지만 결코 소멸시키지는 못한다"고 지적하며 커뮤니케이션 이론의 영속성을 옹호하였다.

참고문헌

강인애 (2000). 또 다시 McLuhan인가? : 커뮤니케이션이론과 교육공학의 관계 모색. 교육공학연구, 16(3), pp. 59～79.

김우룡 (1992). 커뮤니케이션 기본이론. 서울: 나남출판.

나일주, 정인성 (1996). 교육공학의 이해. 서울: 학지사.

박성익, 임철일, 이재경, 최정임 (1999). 교육방법의 교육공학적 이해. 서울: 교육과학사.

성동규, 라도삼 (2000). 인터넷과 커뮤니케이션. 서울: 커뮤니케이션북스.

오미영, 정인숙 (2005). 커뮤니케이션 핵심이론. 서울: 커뮤니케이션북스.

한정선 (2000). 교수-학습과정에서의 새로운 커뮤니케이션 모형과 접근. 교육공학연구, 16(3), pp. 81～94.

홍순이, 홍용기 (1996). 커뮤니케이션론. 서울: 한올출판사.

Burbules, N. C. Technology: What We Haven't Worried About-New technologies are changing communication-and us. *Education Digest, vol.62.*

Communication (2006). Encyclopedia Britannica. Retrieved, on March 8, 2006 from http://search.eb.com/eb/article-21929

Fisher, B. A. (1978). *Perspectives on Human Communication.* NY: Macmillan.

Fiske, J. (1990). *Introduction to Communication Studies.* London: Routledge.

Harris, T. A. (1969). *I'm OK You're OK : A Practical Guide to TA.* NY: Harpar & Row.

Johnson, F. C. & Klare, G. R. (1961). General models of communication research : a survey of a decade, *Journal of Communication, 11,* pp. 13～26.

Lasswell, H. D. (1948). The structure and function of communication in society, In B. Lyman (Ed.), *The communication of ideas* (pp. 37～52). NY: Institute for Religious and Social Studies.

Littlejohn, S. W. (1996). *Theories of Human Communication.* CA: Wadsworth.

Luthans, F. (1992). *Organizational Behavior.* NJ: McGRAW HILL.

McLuhan, M., Fiore, Q., & Agel, J. (1967). *The Medium is the Massage: An Inventory of Effects.* New York: Bantam Books.

Newcomb, T. M. (1961). *The Acqaintance Process,* NY: Holt.

Palloff R. M., & Pratt, K. (1999). *Building learning communities in cyberspace : effective strategies for the online classroom.* SF: Jossey-Bass.

Pea, R. (1996). Seeing what we build together: Distributed multimedia learning environments for transformative communications. In T. Kschmann (Ed.), *CSCL: Theory and practice of an emerging paradigm.* (pp. 171 ~ 186). NJ: Lawrence Erlbaum.

Poster, Mark (1990). *The mode of information: poststructuralism and social context.* London: Polity Press. 김성기 역(1994). 뉴미디어의 철학. 서울: 민음사.

Rogers, E, M., & Kincaid, D. H. (1981). *Communication Networks.* NY: Free Press.

Rogers, E. M. (1986). Communication Technology: The New Media in Society, Free Press, 김영석 역 (1988), 현대사회와 뉴미디어. 서울: 나남.

Shannon, C. E. & Schramm, W. (1964). *The mathematical theory of communication.* IL: University of Illinois Press.

Shannon, C, E. & Weaver, W. (1949). *The mathematical theory of communication.* IL: University of Illinois Press.

chapter

8

수행공학 이론
(Human Performance Technology)

1. 이론의 배경 및 맥락

수행공학(HPT; Human Performance Technology)은 인간과 조직의 수행을 증진시키기 위하여 문제를 해결하는 체제적이고 체계적인 과정이다. HPT의 'H(Human)'는 행동의 주체가 기계가 아닌 인간임을 의미하고, 'P(Performance)'는 행동의 성과, 획득한 결과 또는 수량화된 결과를 뜻하며, 'T(Technology)'는 실제 문제해결을 위해 과학적 연구와 실제적 경험에서 나온 절차를 적용하는 것을 말한다. 용어를 구성하는 각 단어의 의미가 암시하듯이 수행공학은 인간이나 조직의 행동이 그 작업 환경에서 추구하는 가치를 얼마나 경제적이고 효율적으로 수행하는가에 목적을 두고 있다.

대체적으로 수행공학은 교육훈련이 갖는 제한점들을 극복하려는 교수공학에서 발전한 것으로 그 근본적인 유래는 인간행동이 자극에 의해 변화될 수 있음을 주장하는 행동주의에서 찾을 수 있다. 수행공학의 근간을 이루고 있는 것은 인간수행문제에 대한 철저한 분석을 통한 정확한 진단과 계획, 중재의 선택, 실행, 평가 그리고 피드백을 통한 수정 등 과학적이고 체계적인 접근이다. 이때 부적절한 인간수행에 대한 진단과 분석 과정에서 그 원인을 제공하고 있는 자극을 찾으려는 수행공학의 접근은 기본적으로 행동주의의 개념과 일치한다(Stolovitch & Keeps, 1999).

그러나 지금까지 교수공학에서 다루었던 교수체제설계(ISD)가 수행의 문제를 교육으로 해결하고자 했다면, 수행공학(HPT)은 기업에서 나타나는 여러 가지 수행의 문제를 교육뿐만 아니라 조직, 기업문화 등의 보다 다차원적이고 전체적인 관점에서 해결하고자 한다. 실제 기업현장에서는 교육을 통한 학습 성과보다 경영적 요구와 연계될 수 있는 수행의 향상이 더욱 중요시되기 때문이다. 수행공학은 교육공학의 범위를 넘어 업무성과에 초점을 두고 경영성과에 영향을 미치는 수행 문제를 분석하여 원인을 해결하기 위한 체계적이고 합리적인 접근이다.

따라서 교수공학을 비롯하여 기업의 조직, 경영, 업무성과와 관련한 여러 학문분야가 수행공학의 바탕이 된다. 일반체제 이론, 커뮤니케이션 이론, 응용심리학,

교수체제개발, 교수공학, 정보공학, 조직 이론, 수업체제, 수행지원체제, 유인체제, 직무설계, 조직설계 및 개발 등의 이론들이 수행공학을 구성하는데 기여한다(정재삼, 2000). 이처럼 학제적 성격의 수행공학은 기업 현장에서 인간의 수행을 향상시키기 위해 노력하는 다양한 실무 전문가들의 경험, 사고, 지식의 결과를 발전시켜 이론화 한 것으로 매우 실용적인 분야라 할 수 있다.

수행공학은 다양한 각도에서 인간의 수행 문제를 해결할 수 있는 방법을 제시함으로써 교육현장에서 실제적으로 적용 가능한 체계적인 접근법을 보여준다는 점에서 교육공학 관련 이론으로서의 가치를 갖는다.

2. 이론 개요

(1) 수행공학의 정의

수행공학의 정의는 학자들마다 다양하다. Jacobs(제이콥스)는 수행공학을 조직과 개인의 목적을 달성하기 위해 체제접근을 활용하여 인간 수행 시스템을 개발, 관리하는 것으로 정의하였다(Jacobs, 1987). Harless(할레스)는 수행공학을 현재와 바람직한 수행상태의 격차를 분석하여, 비용 효과적이며 효율적인 해결책을 설계함으로써, 수행을 개선하는 기술적 접근이라고 말하였다(Harless, 1995). Rothwell(로스웰)은 수행공학은 교육 및 훈련을 포함한 다양한 해결책으로 기업의 목적 및 전략을 달성하기 위해 종업원의 능력과 경영전략 및 목적을 연계하는 체계적인 과정이라고 주장하였다(Rothwell, 1996). 정재삼(이화여대 교수)은 수행공학을 인적자원과 조직의 문제를 교육훈련의 관점에서만 보는 것이 아니라, 교

[그림 8-1]
Jacobs, R. L.

[그림 8-2]
Rothwell, W.

육훈련의 한계를 초월하여 인간과 조직의 문제를 해결하는 매우 유용한 수단으로 보고 있다(정재삼, 2000). Stolovitch(스톨로비치)와 Keeps(킵스)는 수행공학을 직장에서 인간의 수행을 증진시키려는 실천가들의 경험, 반성 및 개념화의 결과로 발전되어온 실제의 한 분야라고 설명한다(Stolovitch & Keeps, 1999).

[그림 8-3] 정재삼

[그림 8-4] H. Stolovitch와 E. Keeps

수행공학에 대한 학자들의 의견은 조금씩 차이가 있지만, 다음의 네 가지 점에서는 공통된 견해를 보이고 있다. 첫째, 수행공학은 사람에 관한 것으로 그 목적은 인간 수행의 개선에 있다. 둘째, 수행공학은 과학적이고 체계적인 과정이다. 셋째, 수행공학은 새로운 지식이나 진리를 창출해나가는 학문이라기보다는 발견되어 있는 과학적 지식들을 적용해가는 분야이다. 넷째, 수행공학은 수행문제의 해결에 있어서 고객, 작업환경, 그리고 경제성이라는 준거들에 의해 운영된다(이상수, 2000).

(2) 수행공학과 교수공학

수행공학은 과정에서 교수공학적 요소들이 많이 반영되고 있어 교수공학과 같은 것으로 생각하기 쉽다. 이는 교수공학(IT/ISD)이 수행공학(HPT)의 영역에서 차지하는 비중이 크고, 기본적으로 체제적 접근에 바탕을 두고 있기 때문이다.

그러나 교수공학과 수행공학은 분명한 차이가 있다. 교수공학은 지식과 기능의 부족에 주된 초점을 맞추고 학습을 통해 인간의 수행능력을 향상시키기 위해 노력한다. 반면, 수행공학은 교수공학에서 다루는 지식과 기능뿐만 아니라 직무수행과 경영성과에 영향을 미치는 조직, 환경, 동기 등을 포괄하여 문제를 진단하고 종합적인 해결책을 제시한다. 즉, 수행공학은 교육훈련의 한계를 초월하여 인간과 조직의 문제를 해결하는 유용한 수단이 된다.

〈표 8-1〉 교수공학과 수행공학의 비교(정재삼, 2000)

	교수공학(IT/ISD)	수행공학(HPT)
과정	체제적(Systemic), 체계적(Systematic), 순환적(Iterative) 과정	
목적	지식과 기능의 습득 및 활용	수행의 개선 및 Business Impact
활동	교육훈련	다양한 해결책(Intervention)의 활용
분석	교수분석(지식, 기능의 gap)	전단분석, 수행분석(인간 수행의 gap)
실시	교육훈련, Job Aids	Intervention들의 통합, 계열화, 종합
평가	교육훈련의 효과	Intervention의 효과, Job Performance 조직의 성과

(3) 수행공학의 모형 및 핵심 과정

수행공학에 관한 세계적인 기관인 ISPI(International Society for Performance Improvement, http://www.ispi.org)에서는 수행공학의 보급, 확산과 현실적용을 위해 수행공학의 일반 모형을 [그림 8-6]과 같이 제시하고 있다. 이 모형은 수행을 개선하는 과정으로 수행분석, 원인분석, 해결책의 선정 및 설계, 실행 및 변화관리, 결과의 평가 등의 다섯 단계를 제시하고 있다.

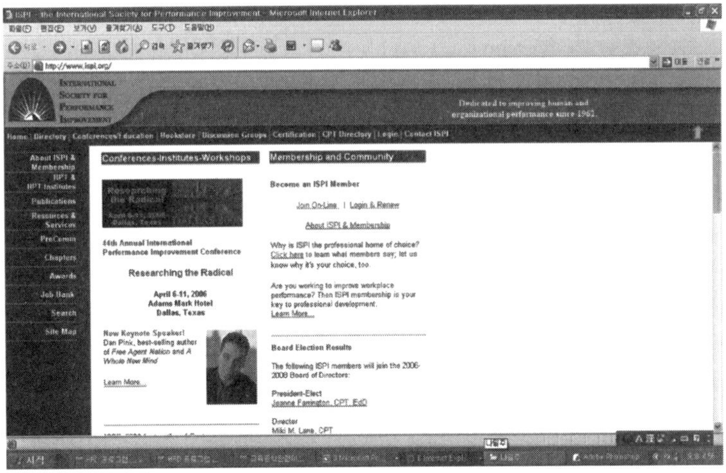

[그림 8-5] ISPI 웹사이트

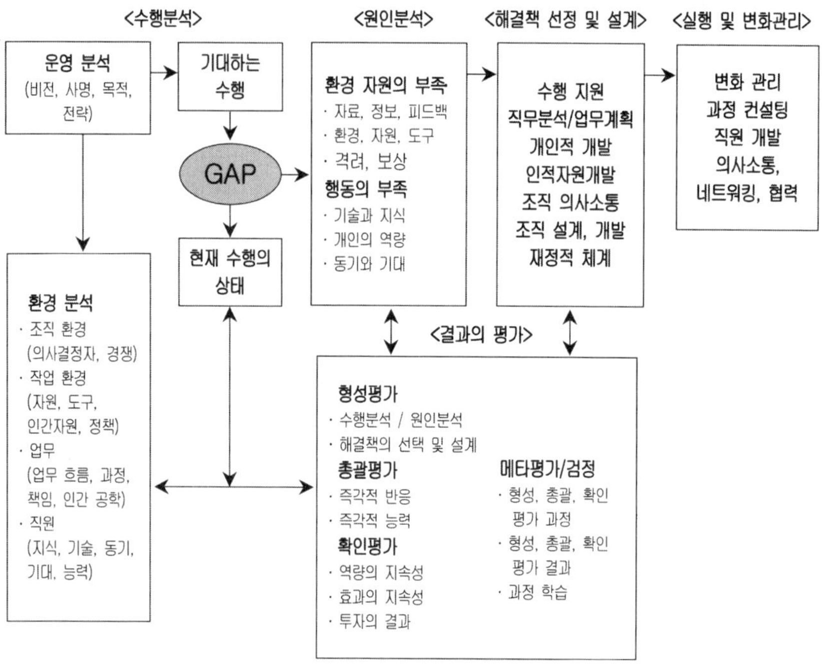

[그림 8-6] ISPI의 수행공학 일반모형
(Van Tiem, Moseley, & Dessinger, 2004)

1단계 : 수행분석(Performance Analysis)

수행분석은 전단분석(Front-End Analysis)이라고도 하며, 수행의 차이(gap)를 구체적으로 비교, 진술하는 것이다. 수행분석의 목적은 바람직한 수행과 실제 수행 사이의 차이를 측정하는데 있다. 이를 위해 기업조직의 정보와 문서 검토뿐만 아니라, 내용전문가와 고객 및 수행자들과의 인터뷰, 초점집단 활동, 관찰 등의 다양한 기법과 도구들이 사용된다. 실무자들은 이러한 수행수준의 차이를 없애기 위한 합리적인 해결책들을 결정하게 된다.

2단계 : 원인분석(Cause Analysis)

원인분석 단계는 수행분석 이후에 발견된 수행의 차이를 줄이거나 없앨 수 있도록 특정의 요인들을 확인하는 과정이다. 수행분석 단계를 통해 파악되는 것은 주로 문제의 징후들이기 때문에 그 문제들의 원인을 찾아내는 원인분석 과정이 필요하다.

수행불일치의 근본 원인들은 결과에 대한 보상동기의 결핍, 자료 · 정보 · 피드백의 결핍, 환경적 지원의 결핍, 개인의 역량 결핍, 지식과 기능 결핍 등에 기인하는 경우가 많다. 원인 분석을 위해서 근본 원인 분석(Root Cause Analysis), Ishikawa의 원인 결과 그림을 사용하는 접근(Ishikawa Fishbone Diagram), 포트폴리오 분석(Portfolio Analysis), 파레토 차트(Pareto Chart) 등의 여러 가지 기법이 사용된다. 경우에 따라서는 인터뷰, 설문조사, 관찰, 문서검토, 초점집단 활동과 같은 자료수집 방법도 활용된다.

3단계 : 해결책 선정 및 설계

수행분석, 원인분석의 결과를 바탕으로 하여 문제의 원인이 밝혀지면 다음 단계에서는 수행차이를 줄일 수 있는 구체적 방안을 마련해야 한다. 수행 문제를 해결하기 위한 해결책들은 매우 다양하다. ISPI가 제시한 일반적인 수행공학적 해결책으로는 평가체제, 경력개발, 코칭(coaching), 문화변혁, 보상제도, 문서화, 환경공학, 건강복지향상, 정보체제, Job Aids, 직무설계, 지도력 향상, 조직설계, 수행지원체제, 직원채용, 감독, 팀 빌딩(Team building), 교육훈련 등이 있다. Rosenberg(로젠버그, 1990)는 인적자원개발(HRD)영역, 조직개발(OD)영역, 인적자원관리(HRM)영역, 환경공학(EE)영역의 분류를 바탕으로 4가지 영역의 하위에 각각의 해결책을 제시하기도 하였다.

대부분의 수행문제는 원인이 복합적이기 때문에 이를 해결하기 위해서 한 가지 이상의 해결책이 필요할 수 있고, 여러 해결책이 결합되어 시행될 때 수행개선이 훨씬 성공적이고 지속적일 수 있다.

4단계 : 실행 및 변화관리

해결책의 실행에는 많은 시간과 노력, 주의 깊은 계획이 필요하다. 수행자, 수행자의 관리자, 과정의 소유자, 주요 관계자들이 모두 프로그램의 실행을 통해 성취될 성과를 명확히 이해하고 스스로의 활동 계획을 가지며, 실행에 필요한 재능을 집결하고 장기적인 몰입과 함께 계속 감독할 마음을 가져야 한다. 또한 해결책의 성공적인 실행을 위해서는 조직의 변화관리가 이루어져야 한다. 조직의 변화는 혁신의 가치, 조직의 준비성, 지도층의 지원, 사용자의 수용에 따라 결정된다. 이때 변화에 대한 기술과 지식을 가진 수행공학자의 자질이 특히 중요하다.

수행의 변화에 있어서 저항은 장애물이 될 수 있으므로, 지도층과 사용자는 변화를 적극적으로 수용할 수 있도록 상호간에 도움을 주어야 한다.

5단계 : 결과의 평가

해결책의 실행 이후에는 해결책이 수행개선에 주는 효과와 조직에 미친 영향을 평가해야 한다. 해결책의 평가는 수행공학적 전략(해결책)으로 인해 어떠한 변화가 있는지, 얼마나 큰 변화가 일어나는지, 그 변화에 어떠한 가치를 부여할 수 있는지, 가치의 정도가 얼마나 큰지 등을 알아보기 위하여 실행되며, 이러한 평가를 위해 형성평가, 총괄평가, 확인평가, 메타(meta)평가 등을 행할 수 있다.

Rothwell(로스웰, 1996)은 Kirkpatric(커크패트릭)의 반응(Reaction)-학습(Learning)-행동(Behavior)-결과(Result)에 이르는 교육훈련의 평가에 기초를 두고 수행의 증진과 변화에 초점을 두어 수행공학의 4 수준 평가를 개발하였다. 1 수준에서 직원의 만족도, 2 수준에서 작업결과, 3 수준에서 작업환경의 결과, 4 수준에서 조직 환경적 결과를 평가하여 해결책의 각 전략들이 얼마나 수행의 개선과 변화에 도움을 주었는지를 평가한다. 이를 통해 전략적 효과(Strategic Impact)뿐만 아니라 최종적인 결과(Bottom-Line Results)를 측정하고 있다.

3. 수행공학의 미래

수행공학은 본래 출발점이 기업 현장이었으며, 실제 산업 현장에 적용하여 응용, 발전시킬 수 있는 무한한 가능성을 가지고 있다. 기존의 교수공학과 체제설계가 교육에만 초점을 두어 '교육을 위한 교육'을 행해왔다고 한다면, 수행공학은 수행과 성취의 측면에 초점을 두고 '성과를 내는 교육'을 가능하게 함으로써 기업의 현실적인 요구에 부응한다.

수행공학의 이론은 2000년대에 들어오면서 역량중심의 교육적 사고에 지대한 영향을 미쳤다. 국가의 교육을 '인적자원'이라는 관점에서 보면 그 인적자원의 개발과 관리가 바로 수행공학의 대상이 되기 때문이다. 이 분야의 연구는 학문적 정교화보다는 수많은 기업 교육의 사례 보고를 중심으로 이루어져 왔다. 수행공학의 현장 적용을 위해 필요한 조직, 환경, 동기 등 다양한 문제를 다룬 효과적 수행 컨설팅, 컨설팅을 담당하는 수행공학자의 총체적인 역량 등에 대한 연구들이 중심을 이룬다. 수행공학자들에게는 개인과 조직의 수행을 향상시키기 위해 수행공학에서 요구하는 체제적인 사고(Systems Thinking)와 변화에 대해 능동적으로 대처할 수 있고 조정・관리해 나갈 수 있는 능력이 요구된다. 체제적 사고와 변화의 실천을 통한 수행공학 연구와 적용은 급변하는 현대 사회에 있는 기업교육의 활성화에 공헌할 수 있을 것이다.

참고문헌

나일주 편저 (1994). 산업교육의 이론과 실제. 서울: 한국능률협회.

나일주 외 편저 (2003). 기업교육론. 서울: 학지사.

정재삼 (2000). 수행공학의 이해: 기업교육 리엔지니어링의 틀. 서울: 교육과학사.

정재삼, 장정훈 (1999). 수행 컨설턴트의 역량모형 개발을 위한 델파이 연구: 조직문화 변화 해결책을 중심으로. 교육공학연구, 15(3), pp. 99～127.

이상수 (2000). 수행공학 이론의 현장적용을 위한 사례연구: 미국 F주의 세무부서(HRSP)를 중심으로. 기업교육연구, 2(1), pp. 157～175.

Harless, J. (1995). Performance technology skills in business. *Performance improvement Quarterly, 8*(4), pp. 75～88.

ISPI: International Society for Performance Improvement. Retrieved January 31, 2006, from Web site: http://www.ispi.org/

Jacobs, R. (1987). *Human performance technology: A systems-based field for the training and development profession.* Columbus, OH: The National Center for Research in Vocational education.

Mager, R. (1997). *Making instruction work.* Belmont, CA: Lake.

Robinson, D. & Robinson, J. (1996). *Moving from training to performance: A Practical Guidebook.* San Francisco: Berrett-Koehier.

Romiszowski (1981). *Designing instructional systems.* New York: Nichols.

Rosenberg, Marc J. (1990). Performance Technology: Working the system. *Training, 27*(2), pp. 42～48.

Rossett, A. (1992). Analysis of human performance problems. In H. Stolovitch & E. Keeps *Handbook of human performance technology.* San Francisco: Jossey-Bass/Pfeiffer.

Rothwell, W. (1996). *ASTD models for human performance improvement.* Alexandria, VA: ASTD.

Stolovitch, H. D., & Keeps, E. J. (1999). What is Human Performance Technology?. In H. D. Stolovitch, & E. J. Keeps, *Handbook of human performance technology: improving individual and organizational performance worldwide*(2nd ed.), pp. 3～13. San Francisco: Jossey-Bass/Pfeiffer.

Van Tiem, D. M., Moseley, J. L., & Dessinger, J. C. (2004). *Fundamentals of Performance Technology* (2nd ed.). International Society for Performance.

chapter

9

교수설계 이론
(Instructional Design Theory)

1. 이론의 배경 및 맥락

교수설계(instructional Design)[1]란 교육의 한 측면 즉, 교수의 과정을 이해하고 개선하려는 학문영역이며, 교수설계자가 보다 효과적으로 교수체제를 설계할 수 있도록 교수의 조건과 결과의 인과관계를 처방적으로 제시하여 과학적인 설계활동의 지침을 제공해주는 이론으로 교육공학의 가장 핵심적인 연구영역이라 할 수 있다.

어떠한 종류이든 설계활동의 목적은 바람직한 목적을 달성하기 위하여 적절한 수단(optimal means)을 강구하는 것이다. 학문으로서 교수설계는 학습자의 지식과 기술에 바람직한 변화를 가져오기 위하여 적절한 교수방법을 처방하는데 우선적 관심이 있다(Reigeluth, 1983). 또한, 교수-학습과 관련된 문제를 해결하기 위해, '분석-설계-제작-평가'의 과정을 거쳐, '최적의 교수체제 및 방법을 처방'하는 과정으로, 이는 동시에 학습자에게 바람직한 교육적 경험을 만들어주는 과정일 뿐만 아니라, 동시에 교수와 관련된 '체계적, 과학적 지식을 이론, 모델, 원리의 형태로 생성' 하는 과정이기도 하다.

초기의 교수설계 이론의 발달에 가장 큰 영향을 미친 학자로는 Skinner(스키너), Bruner(브루너), 그리고 Ausubel(오수벨) 등을 꼽을 수 있다. 특히 Skinner(스키너)는 교수현상의 탐구과 학습의 탐구를 다른 것으로 분류하고 행동주의적 입장의 경험적 교수모델을 제공하여 교수활동을 설명하고 처방하는 원리들을 제공하였다. 반면 Bruner(브루너)와 Ausubel(오수벨)은 인지주의적 입장에서 각각 발견학습의 교수 이론과 인지구조에 관한 교수 이론을 설계하였다.

이들 초기 교수 이론가의 연구에 바탕을 두고 Glaser(글래서)와 Gagné(가네) 등은 교수설계 이론의 성립에 크게 기여했는데, 특히 Glaser(글래서)의 '규칙과 예'의 교수모델, '교수심리학의 4요소'와 가네의 '학습의 조건', '학습위계' 등에 관한 이론은 이후 본격적인 교수설계 이론의 발달에 큰 공헌을 하였다.

학습심리에 바탕을 두고 발달한 교수 이론은 1970년대 이후 교수 이론가와 교

---

1) 교수설계 이론에 대한 보다 자세한 내용은 '정인성과 나일주(1999). 최신교수설계 이론. 서울: 교육과학사'를 참조하기 바란다.

육공학자들에 의해 정교화되어져 왔다. Atkinson(아트킨슨), Anderson(앤더슨), Davis(데이비스), Ely(일리), Olson(올슨), Resnick(레스닉) 등 많은 학자들이 교수설계 이론 발달에 기여하였다.

1980년대에 들어오면서 인지심리학적 지식을 처방화시키면서 행동주의나 여타 학문의 경향을 교수설계의 체계적 접근에 통합하여 이론화하려는 움직임이 본격화되었다. 복합적인 학습심리의 배경을 가지고 발달한 교수설계 이론에는 Merrill(메릴)의 구인전시 이론, Reigeluth(롸이거루스)의 정교화 이론, Landa(란다)의 알고-휴리스틱 이론 등이 꼽히고 있으며, 그 외에도 가네의 수정 보완된 교수이론, 학습 이론과 교수 이론을 연결시킨 Snelbecker(스넬베커), 컴퓨터 교수체제설계에 기여한 Trillip & Allesi(트로립과 알레시), Hannafin(하나핀) 등의 이론이 있다. 정의적 측면에서 동기설계의 이론으로는 Keller(켈러)의 ARCS 모델이 유명하다. 아울러 교수설계의 과정을 체계화한 Dick & Carey(딕과 케리)의 교수설계모형이 널리 활용되고 있다. 이 장에서는 교수설계가 어떻게 교육전반과 연결되는지, 교수설계의 성격이 무엇인지, 그리고 교수설계를 위한 이론에는 어떤 것들이 있는지를 중심으로 살펴보기로 한다.

2. 교수설계 이론의 개요

교수설계는 인간이 축적하여 온 학습에 관한 이론이나 지식을 교수의 과정을 개선하기 위하여 활용하는 "연계과학(linking science)"이라고 말할 수 있다(Reigeluth, 1983). 즉, 교수설계는 교수의 목적을 달성하기 위한 바람직한 교수활동을 처방해 주도록 인도하는 지식체계이기 때문에 교수의 질을 개선하고 이해하기 위해서는 절대적으로 필요한 학문한 학문분야라고 할 수 있겠다.

(1) 교육과 교수설계

Beauchamp(뷰켐, 1968)은 교육의 영역에 속하는 지식의 체계를 과정, 카운슬링,

행정, 평가, 교수의 5가지로 나누고 있다(Reigeluth, 1983). 여기서 교수(instruction)는 과정(curriculum)과 구분되는 학문의 영역으로서 과정이 '무엇'을 가르칠 것인가에 관심이 있는 반면, 교수는 '어떻게' 가르칠 것인가에 관심이 있는 학문영역이다. 물론 많은 학자들은 '무엇'과 '어떻게'를 실제로 구분할 수 있느냐에 대하여는 의문을 제기하여 왔으며, 또한 교수의 영역이 '무엇' 즉, 교육의 목표나 내용에 대하여 보다 명백한 논의를 하려는 의도에서, 교수란 '어떻게' 가르칠 것인가에 대한 학문의 영역으로 규정짓고자 한다. 이렇게 교수의 개념을 한정한다면 이 영역에는 흔히 5가지의 하위 영역이 존재한다. 즉, 설계(Design), 개발(Development), 전개(Implementation), 관리(Management)와 평가(Evaluation)가 그것이다.

[그림 9-1]에서 보는 바와 같이 교수에 속하는 5개의 영역은 각각 '전문적 활동'을 뜻하는 동시에 그러한 활동들과 관련된 학문의 영역이라고 할 수 있다. 이중에서 교수설계 영역의 개념과 주요활동을 살펴보면, "교수설계는 교수의 방법을 이해하고 개선하는데 관심이 있다(Reigeluth, 1983)." 교수설계를 교사나 교수설계자들에 의한 전문적 활동으로 본다면 여기에는 학습자의 특성과 교수내용에 맞는 교수방법을 고안하여 최대의 교수 효과를 보려는 노력의 과정이 포함된다. 이 노력의 과정에서 교수설계 활동가들의 역할은 특정 학습자집단에게 특정내용을 가르치기 위한 적절한 교수방법들의 처방전을 산출해 내는 것이다.

교수설계를 전문가들에 의한 전문적 활동으로 보는 시각 이외에도 이것을 교수방법의 적절한 처방법에 관한 '지식'을 생산해내는 학문 영역으로 볼 수 있다. 이때 학문으로서의 교수설계가 생산해 내는 지식은 여러 가지 교수의 방법들과 그 방법들을 특정조건에서 어떤 방식으로 엮어 사용할 것인가를 제공하는 원리나 이

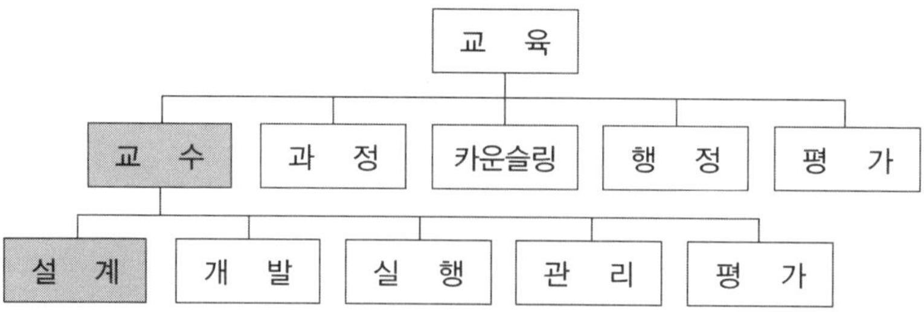

[그림 9-1] 교육의 연구영역과 교수설계와의 관계(Reigeluth, 1983)

론, 각종 모델 등을 포함한다. 학문적 영역으로서의 교수설계와 전문적 활동으로서의 교수설계는 한 동전의 양면과 같이 "어떻게 가르칠 것인가"라는 하나의 질문에 대한 관련된 접근방식으로 이해되어야 할 것이다.

(2) 교수설계의 변인

교수 이론가들이 관심을 갖는 다양한 교수의 변인들을 체계적으로 살펴보기 위한 방법으로 Reigeluth & Merrill(롸이거루스와 메릴, 1978, 1979)은 교수의 변인을 세 가지 범주로 분류한다. 이 세 가지의 범주는 조건(conditions), 방법(methods), 결과(outcomes)로 명명되었다.

조건

교수방법과 상호작용을 하지만 교수설계자나 교사에 의해 통제될 수 없는 제약조건을 뜻한다(Reigeluth & Merrill, 1979; Reigeluth, 1983).

방법

서로 다른 조건하에서 다른 결과를 성취하기 위한 다양한 길을 뜻한다.

결과

서로 다른 교수의 조건하에서 사용된 여러 가지 교수의 방법들이 어떤 면에서 어느 정도의 효과가 있었는지를 나타내는 교수활동의 최종산물이다.

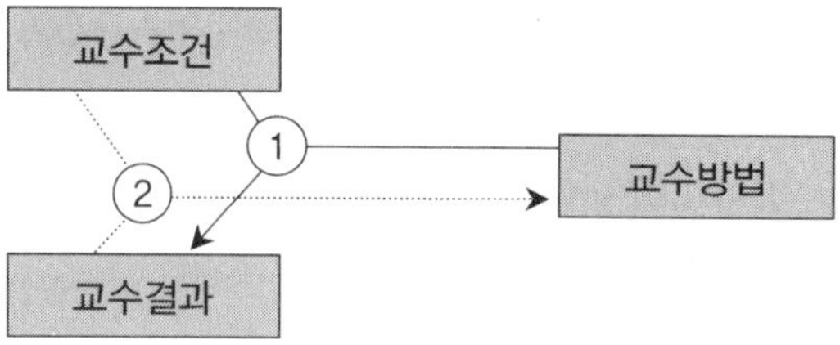

[그림 9-2] 교수변인의 세 가지 범주와 이들 범주 사이의 두 가지 상호관계

① 기술적(descriptive) 이론: 교수연구자에게는 조건과 방법의 변인들이 독립변인들이며 그 변인들의 매개변수들은 상호작용하여 종속변인인 결과변인의 일관성 있는 효과를 산출한다.

② 처방적(prescriptive) 이론: 교수설계자에게는 바람직한 결과와 조건이 독립변인이며 상호작용하는 매개변수들은 좋은 교수의 방법이라는 종속변인을 처방해주는데 사용된다.

교수설계 이론을 비롯한 처방적 이론들(prescriptive theories)은 기술적(descriptive) 지식을 이용하여 변인들 사이의 관계를 파악하며 교수의 방법을 처방하고자 한다. 위에서 소개한 세 가지 교수변인의 범주, 즉 조건, 방법 및 결과를 구성하는 각각의 변인들의 요소와 관계를 나타낸 것이 [그림 9-3]이다.

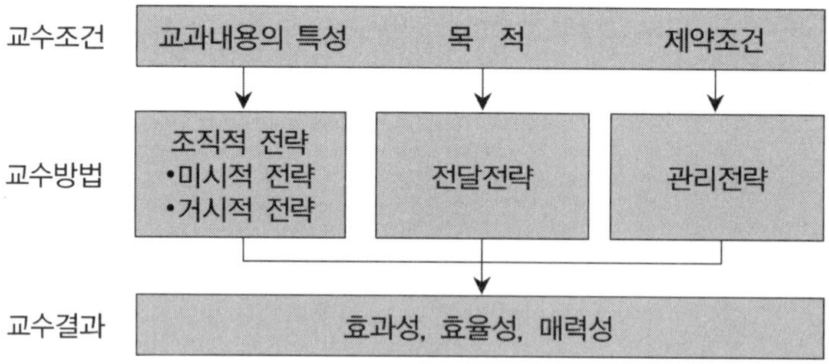

[그림 9-3] 교수의 조건, 방법, 결과 변인들의 요소와 상호관계(Reigeluth, 1983)

교수의 조건

교수설계의 입장에서 보면 조건이란 방법에 영향을 미치는 교수의 한 영역이다. 그림에 타나난 바와 같이 교수방법의 요소에 영향을 미치는 교수의 조건으로서 Reigeluth & Merrill(롸이거루스와 메릴, 1979)은 크게 교과내용의 특성, 목적, 학습자특성, 제약조건을 들고 있다.

교수의 방법

교수방법은 여러 가지 방식으로 구분될 수 있는데 Reigeluth(롸이거루스)는 상호배제적 영역으로 분류하여 조직, 전달, 관리의 세 가지 전략적 측면으로 구분하였다.

조직적 전략변인들은 교수의 내용을 조직하기 위한 기본적 방법들을 포함한다. 미시적 조직전략은 단 하나의 아이디어를 가르치고자 할 때 그 아이디어에 관한 교수를 조직하는 방법이고, 거시적 조직전략은 복합적인 여러 아이디어를 가르치고자 할 때 여러 아이디어를 선택, 계열화, 요약, 종합하도록 교수를 조직하는 방법이다.

전달전략변인들은 교수의 과정을 이끌어가기 위한 방법들을 포함한다. 그리고 교수의 관리전략변인들은 교수과정의 어느 부분에서 어떠한 조직, 전달 전략의 요소들을 사용할 것인지를 결정하도록 도와주는 교수방법의 변인들이다.

교수의 결과

교수의 결과는 효과성, 효율성, 매력성으로 나뉘어질 수 있다. 교수의 효과성이란 여러 가지 교수의 내용을 어느 정도 획득하였는가에 의해 측정되게 된다. 반면, 효율성은 그러한 효과가 교사나 학습측면에서 어느 정도의 노력이나 시간, 비용을 들여 나타났느냐에 관심이 있다. 교수의 매력성은 흔히 학습자가 더 공부를 계속하길 원하느냐의 정도에 따라 결정된다. 또한 학습자가 교과내용에 흥미를 느끼고 교수의 여러 전략들을 이해하고 있느냐도 교수의 매력성의 측면을 가늠해 보는 좋은 척도라고 할 수 있다.

(3) 교수설계의 특성[2)]

교수설계(Instructional Design) 또는 교수개발(Instructional Development)은 교육공학에서 가장 핵심적인 연구영역이자 전문활동으로 인식되고 있으나, 그 구체적인 의미는 학자마다 서로 다른 각도에서 강조점을 가지고 조금씩 달리 이해되고 있다. 이는 교수설계 자체가 복합적 특성을 지닌 활동이라는 데에서 그 원인을 찾아볼 수 있다. 지금까지 교수설계의 특성에 관한 여러 논의를 살펴보면, 교수설계는 크게 예술(Art), 기능(Craft), 과학(Science)의 세 가지 특성을 복합적으로 포함하고 있는 활동으로 이해된다. 교수설계의 각 특성을 살펴보면 다음과 같다.

예술로서의 교수설계

교수설계란 무엇인가에 대하여 몇몇의 교육공학자들은 그것이 지닌 예술적 측면을 강조한 나머지 교수설계를 과학적 지식이나 기술에 의존하여 최적의 교수체제나 가장 좋은 교육의 방법을 찾는 활동이라기보다는 학습과 관련된 수행활동을 돕기 위한 경험의 창조과정이라고 본다. Davies(데이비스, 1981)는 교수설계의 예술적 측면을 강조하면서 예술로서의 교수설계 특성을 열거하였다.

첫째, 수단은 목적 혹은 결과 속에 이미 존재하고 있는 것으로 볼 수 있다.

둘째, 계획과 전개는 분리관계 또는 전후관계에 있는 것이 아니라 점진적으로 함께 실행되는 것이다.

셋째, 교수설계의 목적은 바람직한 수행활동을 이끌 수 있는 경험들을 창조해내는 것이다.

교수설계를 예술활동으로 보는 입장은 교수설계의 시행과정에서 과업들이 기능적으로 단절된 채로 진행되지 않으며 교수설계에 참여하는 사람들의 상호관계와 환경 속에서 새로운 경험이 창조되는 측면을 강조하고 있다.

2) 교수설계의 특성에 대한 보다 자세한 내용은 "나일주와 정인성(1996). 교육공학의 이해. 서울: 학지사"를 참조하기 바란다.

기능으로서의 교수설계

이 입장에서는 교수설계를 예술로 생각하는 것은 값비싸고 예언할 수 없는 것이라고 비판하면서 교수설계는 신뢰할 수 있는 기능이어야 한다고 주장한다. 여기서 기능이란 "일관되게 높은 질의 결과물을 만들기 위한 체계적 방법의 창조적 적용"으로 규정된다. 또 체계적 방법이란 과학적 원리를 실제적으로 활용하되 논리적 · 객관적 전략을 사용한다는 것이다.

기능으로써의 교수설계는 단계별로 그 과정을 나누어 체계적으로 진행되고, 교수설계 과정의 결과물은 분석, 설계, 개발, 실행, 평가 작업을 체계적으로 거치면서 만들어지며 일관된 질적 보장으로 연결된다. 지금까지 설계된 교수설계의 과정모델들의 대부분이 바로 기능으로서의 교수설계의 개념을 반영하고 있다.

과학으로서의 교수설계

교수설계의 과학적 접근방식은 과정으로서의 과학과 결과로서의 과학에 의존한다. 교수설계를 과학으로 이해하는 학자들은 과학적 접근방식을 교수 이론과 모델, 과학적 원리들의 생성이라는 측면과 이러한 이론, 모델, 원리들의 효율적 적용이라는 측면으로 나누어 설명하고 있다.

첫째, 교수설계를 과학으로 보고 접근하는 방식은 보다 나은 교수설계활동과 그에 대한 이해를 돕기 위하여 교수와 관련된 지식을 생성해내는데 노력을 기울인다. 이때 교수와 관련된 지식은 교수 이론, 모델, 원리 등의 형태로 나타나며 처방적 성격을 지닌다.

둘째, 과학적 접근방식은 교수설계에서 과학적 지식을 활용하는 데 있어서 과학적 과정을 도입할 것을 요구한다. 일반적으로 과학적 과정은 관찰-가설화-실험의 단계를 거치는데, 교수설계에서는 전미분석, 교수전략의 처방, 형성평가의 단계로 나타나게 된다.

과학으로서의 교수설계는 전문지식을 생성하는 과학활동 그 자체를 강조한다는 입장으로 반영하고 있다.

(4) 교수설계를 위한 이론

교수설계는 구체적으로 교수목적을 달성하기 위한 방법에 관한 지식을 제공해 주는 학문영역이자 그 지식을 체계적으로 이용하는 전문적 활동이다. 교수방법에서 체계적 지식은 이론이나 모델의 형태로 나타나 특정상황에서 특정대상 및 내용에 적절한 방법을 처방할 수 있게 된다.

이 절에서는 그 대표적인 교수설계의 이론 두 가지에 관해 간략히 소개하는데, Reigeluth(롸이거루스)의 정교화 이론이 교수설계의 거시적 접근이라면, 메릴의 구인전시 이론은 보다 미시적인 관점에서 교수설계에 관한 이해를 제공하고 있다.

교수설계 이론인 롸이거루스의 정교화 이론과 메릴의 구인전시 이론에 관해 간략히 살펴보기로 한다.

Reigeluth(롸이거루스)의 정교화 이론

정교화 이론(Elaboration Theory)은 교수내용을 '선택(selecting)하고, 계열화(sequencing)하며, 종합(synthesizing), 요약(summarizing)' 하기 위한 방법을 제공하는 이론으로(Reigeluth & Stein, 1983; Reigeluth, 1987; Reigeluth, 1992), 수업의 정수(epitome)라 불리는 수업의 전체 윤곽을 제시하는 것으로 시작하여, 점차 구체화되고 세부화 되면서 이미 제시되었던 일반적이고 간단하면서 기초적인 내용을 정교화시켜 나가야 한다고 주장하는 이론이다(정인성과 나일주, 1992).

[그림 9-4]
Reigeluth, C. M.

이 이론은 우리가 사물을 카메라로 관찰할 때, 사물의 주변이나 전체 상황과 주요 부분을 대략적으로 살펴본 후, 부분 부분의 세부 사항을 자세히 관찰하는 것과 마찬가지로(Reigeluth & Stein, 1983), 교수설계 역시 수업을 교수내용의 가장 기본적이고 간단하면서도 일반적인 전체 개요로부터 시작하여 개요를 이루는 각 부분의 구체성과 상세성을 더해가는 형태로 조직해야 한다고 주장한다. 즉, 학습자가 우선 학습내용의 전체적인 큰 그림을 그리도록 부분들의 관계와 중요성을 전체적 맥락에서 파악하도록 도와준 후, 주어진 기간 동안 학습자에게 적절하고 의미 있는 복잡성의 수준까지 상세히 공부할 수 있도록 지침을 제공하는 것이다. 따라서 학습자가 학습의 첫 단계부터 너무 복잡한 수준의 내용을 학습하여 그 전체적인 의미를 깨닫지 못하는 것을 막고, 간단한 것부터 시작하여 복잡한 것으로 이어가도록 함으로써 나무와 숲을 함께 볼 수 있도록 하는 설계 이론이다. 이를 위한 정교화 이론의 기본 전략은 다음의 일곱 가지로 소개될 수 있겠다.

첫째, 정교적 계열화(elaborative sequencing)는 교수내용을 단순한 것에서 복잡한 것으로 조직하는 것으로 Ausubel(오수벨, 1986)의 이론에 기초하고 있되, 정수의 개념을 활용한다. 정수(epitome)란 교수내용을 대표하는 몇 개의 일반적이고 간단하면서도 구체적인 아이디어나 원리로 정의될 수 있고, 정수화는(epitomize) 일반적이고 기본적인 아이디어를 구체적이고 의미 있는 적용수준에서 제공하는 것을 말한다. 정교적 계열화의 원리는 교수가 정수로부터 시작하여 점점 그 복잡성을 더해가면서 나열되어 계열화 되어야 한다는 것이다.

둘째, 계열화의 처방(prescriptions for sequencing)은 앞서 설명한 정교적 계열화에 관한 법칙을 제공한다. 그 법칙은 아래와 같은 간단한 원리로 구성된다.

- 가장 익숙한 내용이나 개념을 조직화 하는 것으로 교수를 시작하라.
- 조직화 바로 뒤에 이를 설명하는 내용을 배치하라.
- 새로운 내용 전에 선수학습 내용을 배치하라.
- 관련 개념을 그룹화 하라.
- 절차를 가르치기 전에 원칙을 가르쳐라.

셋째, 요약자(summarizers)의 적절한 사용은 이미 공부한 내용을 체계적으로 검토 복습할 수 있는 설명, 사례, 연습문제를 제시하는 것을 의미한다.

넷째, 종합자(synthesizers)의 사용은 개개의 아이디어를 서로 연결, 통합시켜 그 속에서 새로운 의미와 맥락을 깨닫게 하기 위한 전략요소이다.

다섯째, 비유(analogies)의 활용은 새로운 정보를 친숙한 아이디어로 연결시켜 이해를 도와주는 전략요소로 예를 제시하거나 혹은 예 같아 보이지만 실은 예가 아닌 비예(non-example)를 제시하는 방법이 있을 수 있다.

여섯째, 인지전략 자극자(cognitive strategy activator)는 학습자가 자신의 인지전략이나 과정에 대해 인식하고 스스로 조절하여 보다 능동적으로 학습에 참여하도록 도와주는 전략으로 그림 · 도표 · 비유 · 암기법 등을 직접 제시하거나, 학습자가 스스로 만들어 보도록 유도하는 것이 포함된다.

일곱째, 학습자 통제(learner-control)의 적절한 양식 채택은 학습자가 자신이 학습할 내용과 학습전략을 선택하는 데 있어 얼마나 스스로 결정할 수 있게 하는 것을 정하는 것과 관련이 있고, 이는 학습자의 수준에 따라 적절한 양식을 부여하도록 하는 전략이라 할 수 있겠다.

Merrill(메릴)의 구인전시 이론

Merrill(메릴)의 구인전시 이론(Component Display Theory)은 학습 대상을 몇 개의 구성요소(components)로 나누고, 그 학습의 수준을 정한 다음, 이를 전시(display)하는 교수방법을 처방하는 이론이다. 이는 교수설계의 거시적 접근으로서의 롸이거루스의 정교화 이론과 대조적으로 교수설계의 미시적 수준의 교수전략을 처방하는데 초점을 맞추고 있다. 즉, 한 단위의 수업이나 하나의 아이디어를 교수하는 방법을 처방하는 이론으로, 학습의 대상이 되는 아이디어들을 몇 개의 종류로 구분하여 그 각각을 교수하기 위한 방법을 구체적으로 제시한다. 이 이론에서 중요하게 다루고 있는 세 요소를 대략적으로 소개하면 다음과 같다.

첫째, 구인전시 이론에서는 수행-내용 매트릭스를 통해 학업수행의 수준을 세 가지로 나누고 학습내용을 네 가지로 나누어 그들의 관계를 나타내고 있다.

[그림 9-5]
Merrill, M. D.

학습자가 수행해야 하는 과제에 따라서 기억(remember), 활용(use), 발견(find)의 다른 수준에 걸쳐 학습내용이 습득되는데, 기억이란 사실(fact)이나 개념(concept), 절차(procedure), 원리(principle)를 그대로 암기했다가 재생해 내는 것이고, 활용이란 이들을 실제로 이용할 수 있는 정도까지 익히는 것이며, 발견이란 이를 스스로 찾아내는 것을 뜻한다. 이렇게 내용의 4범주와 3개의 수행 수준을 매

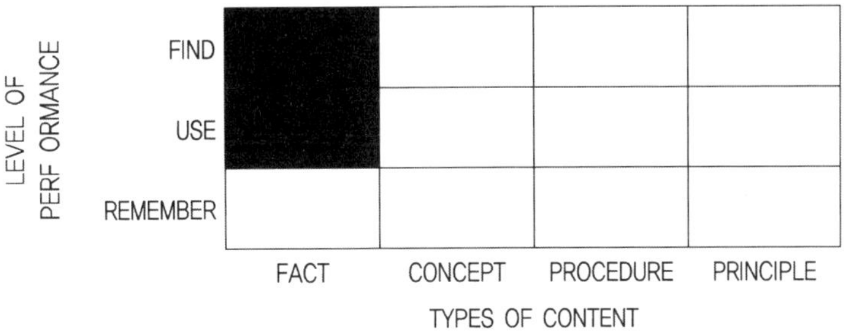

[그림 9-6] 수행내용 매트릭스

트릭스로 표현하고 있다.

둘째, 구인전시 이론은 수행 내용 매트릭스에서 보여주는 학습 대상의 여러 종류 및 수준 별로 그에 가장 효율적인 제시를 처방하기 위한 것으로 제시형(presentation form)을 설명한다. 이는 교사에 의한 전달이나 학습 매체 등을 통하여 학습자들에게 제시되는 교수의 형태를 말하고, 일차 제시형과 이차 제시형으로 구분되어 설명하고 있다. 일차 제시형이란 어떤 대상물을 학습하기 위하여 반드시 제시되어야만 하는 교수의 형태로 규칙, 예, 반복, 연습이 이에 속하고, 이차 제시형이란 반드시 제시될 필요는 없지만 일차 제시형과 함께 제시되면 학습효과가 증진되는 것으로 사전지식, 도움, 목적, 피드백 등이 이에 속한다.

셋째, 앞서 설명한 두 요소를 연결시키는 원칙으로 일관성의 원칙이 있다. 즉, 일관성의 원칙이란 "이러이러한 교과내용을 이러이러한 수준에서 학습자가 수행하도록 하려면 이러이러한 제시형을 제시하여야 한다."는 처방으로 구인전시 이론의 궁극적인 지향점이라고 할 수 있다.

이상에서 살펴본 메릴의 구인전시 이론은 학습의 결과를 수행과 내용의 두 가지 차원에서 분류하여 일차와 아차 제시형의 일관성 있고 적절한 활용을 안내하는 지침을 제공하는 이론이다. 이는 교수설계에 관한 인지적 영역에서 미시적 수준의 전략을 제시하여 현장에서 직접 활용할 수 있는 통합적이고 다면적인 처방을 제시하고 있다고 평가되고 있다.

3. 관련 연구

교수설계 이론은 교육공학, 원격교육, 수행공학, 기업교육 등 프로그램개발을 위한 기저 이론으로서 행동-인지-구성-맥락적 기능주의 등의 시대적, 사회적 변화의 요구에 따라 다양한 모습을 가지게 되었다. 더욱이 첨단 테크놀로지의 발달은 이러한 변화를 가속화 시키는 촉매 기능을 수행하고 있다.

최근에는 교수설계 이론의 개선과 다양한 교수-학습환경의 설계를 위한 노력들이 이루어지고 있다. 기존 교수설계의 패러다임은 행동주의, 인지주의 학습 이론이 지배적이었다면, 요즘에는 구성주의, 기능적 맥락주의 학습 이론에 기반한 교수설계 원리의 적용과 이러한 학습 이론을 구현하기 위한 교수-학습환경의 설계 및 프로그램 개발 등이 주를 이루고 있다. 특히, 컴퓨터 및 인터넷과 같은 첨단 테크놀로지의 발달은 다양한 학습환경에서 구성주의적 교수설계 원리를 적용할 수 있는 가능성을 풍부하게 하고 있다.

이렇듯 교수설계 이론은 인간의 문화와 생활방식의 변화와 시대적, 사회적 요구에 따라 지속적으로 변화할 수밖에 없는 특성을 지녔다고 하겠다.

참고문헌

나일주, 정인성 (1996). 교육공학의 이해. 서울: 학지사.

정인성, 나일주 (1992). 최신교수설계이론. 서울: 교육과학사.

Ausubel, D. P. (1968). *Educational Psychology: A cognitive view.* NY: Holt, Rinehort & Winston.

Beauchamp, G. A. (1968). *Curriculum Theory*(2nd ed.) Wilmette, IL: Kegg Press.

Davies, I. K. (1981). Instructional development as art: One of the three faces of ID. *Performance and Instruction. 20*(7).

Merrill, M. D. (1983). Component Display Theory. In C. Reigeluth (ed.), *Instructional Design Theories and Models. Hillsdale,* NJ: Erlbaum Associates.

Reigeluth, C. M. (1987). Lesson blueprints based on the elaboration theory of instruction. In C. M. Reigeluth (Ed.), *Instructional theories in action: Lessons illustrating selected theories and models,* (pp. 245～288). Hillsdale, NJ: Lawrence Erlbaum Associates.

Reigeluth, C. M. (1992). Elaborating the elaboration theory. *Educational Technology Research and Development, 40*(3), 80-86.

Reigeluth, C. M. & Stein, E. S. (1983). The elaboration theory of instruction. In C. M. Reigeluth (Ed.), *Instructional design theories and models: An overview of their current status,* (pp. 335～381). Hillsdale, NJ: Lawrence Erlbaum Associates.

Reigeluth, C. M. & Merrill, M. D. (1978). A knowledge base for improving our methods of instruction. *Educational Psychologist, 13*(1), 57-70.

Reigeluth, C. M. & Merrill, M. D. (1979). Classes of instructional variables. *Educational Technology, 19*(3), 5-24.

Reigeluth, C. M. (Ed.) (1983). *Instructional design theories and models: An overview of their current status.* Hillsdale, NJ: Lawrence Erlbaum Associates.

chapter

10

원격교육 이론
(Distance Education Theory)

1. 이론의 배경 및 맥락

'원격교육'이라는 용어는 1982년 국제통신교육협회(International Council for Correspondence Education)가 국제원격교육협회(International Council for Distance Education)로 바뀌면서부터 사용되었다(정인성과 나일주, 2004).

원격교육은 인간들 간의 의사소통을 대신할 수 있는 통신수단의 발달에 따라 세 가지 국면을 거치면서 발전해오고 있다. 제1기는 우편제도를 이용한 통신교육의 시대, 제2기는 라디오 및 방송 등 대중 전파매체를 이용한 산업화된 원격교육의 시대, 제3기는 컴퓨터 및 인터넷 등의 발달된 정보통신 기술을 활용한 상호작용적 원격교육 혹은 가상교육 시대로 나누어 볼 수 있다(정인성과 나일주, 2004).

제1기 통신교육의 시대는 우편제도를 활용한 비조직적이고 개인 사업 차원에서 시작되어, 대학의 확장프로그램으로 제공되면서 교육의 형태가 발달되어 왔다. 대상도 성인에서 고등학생 및 초등학생에게까지 확대되었다. 개별적 차원에서 시작된 통신교육으로 1833년 스웨덴에서 통신을 통해 시작한 작문교육에서 그 근원을 찾아볼 수 있다. 영국에서는 1840년 피츠만이 우편제도를 통한 속기교육을 실시하여 1843년에 통신교육기관을 설립하였다. 미국에서는 1891년 신문사 편집자였던 포스터가 광산예방 프로그램을 통신으로 제공하였으며, 이후 통신학교로 발전하였다. 최초의 원격대학은 1946년 남아프리카공화국대학으로 기존 교육에 통신교육을 병행하는 방식에서 출발하여 51년에는 통신교육을 통해 학위를 수여하기 시작하였다.

초기에 성인만을 대상으로 하던 교육은 초・중・고등학생을 대상으로 확대되었다. 미국에서는 1920년대 미시간 주에서 고등학생을 대상으로 한 직업교육을 실시하고, 6년 뒤 네브라스카 대학은 고등학생을 대상으로 한 통신강좌를 제공하기도 하였다. 제2차 세계대전이 임박해 옴에 따라 프랑스에서는 국립 통신 교육센터를 설립하고 어린이를 위한 통신교육을 제공하였다(임철일, 2005). 이렇게 발전해온 초기 원격교육의 발전은 대중매체의 발달과 함께 또 다른 국면을 맞게 된다.

제2기는 대중매체를 이용한 원격교육 시대로 라디오, 텔레비전 등 다량의 정보를 다수의 시청자에게 전달할 수 있는 대중 전파매체를 통해 보다 많은 사람들을 대상으로 하는 원격교육이 가능하게 되었다. 이러한 대중매체의 출현은 1920년 라디오, 1937년 텔레비전이 등장하였으나, 본격적인 이용은 1960년 이후로 볼 수 있다. 영국의 개방대학(Open University)이 1970년대 교육용 인쇄매체에 대한 보조적인 도구로 청각 매체인 라디오와 오디오 카세트를 도입하였으며, 추후에 BBC방송과 협력하여 텔레비전을 통해 영상을 제공하였으며, 비디오도 보완적인 원격교재로 활용하기 시작하였다. 이러한 대중매체 활용방식은 다른 나라의 원격교육기관들에게 성공 운영 사례로 소개되었다(정인성과 나일주, 2004).

이와 더불어 '전화'의 등장은 학생들에게 개별적으로 피드백을 제공해주는 것을 통해 대중매체의 일방성에서 벗어나도록 돕는 보조적인 역할을 수행하게 되었다. 실제로 미국 텍사스 주의 TI-IN Network를 통해 제공된 전화 콜백 시스템(call-back system)은 학교, 교사 및 학생들로부터 교육의 질적 수준을 유지하는데 기여한 것으로 좋은 평가를 받았다(임철일, 2005). 대중매체를 통한 원격교육은 다수의 사람들에게 교육의 기회를 확대시켜 주었으며, 또한 시청각 자료 및 영상매체를 통해 내용 전달의 다양화를 꾀할 수 있었으나, 여전히 일방향적인 전달체계에 머무는 한계를 가지고 있었다.

제3기는 쌍방향 커뮤니케이션이 가능해진 원격교육 시대이다. 컴퓨터, 인터넷, 위성통신망, 모바일 테크놀로지, 쌍방향 케이블 텔레비전, 각종 원격통신회의체제 등 쌍방향 커뮤니케이션을 지원하는 정보통신 기술의 발달로 기존의 원격교육매체들이 가지고 있는 일방성의 한계에서 벗어나 면대면 상호작용을 보완할 수 있는 뉴미디어 체제를 갖추게 되었다. 또한 1990년대 중반에 이르러서는 컴퓨터 매개 통신 체제 기반 원격교육 방식으로 가상대학이 설립 운영되어 오고 있다. 특히, 쌍방향 원격교육체제라고 하는 이러닝 시스템은 한 교육프로그램을 수강하는 각각의 개별 학생들이 비동시적으로 원하는 때에 원하는 장소에서 자유롭게 인터넷에 접속하여 자신의 수준에 맞춘 학습이 가능하게 하였다.

최근 유비쿼터스 통신 기기로 불리는 모바일 기기들의 등장으로 이동을 하면서도 학습할 수 있게 되었다. 이러한 모바일 기기가 갖는 이동성과 즉시성의 특성은 학습자가 알고 싶은 것을 궁금한 때에 바로 학습할 수 있고, 실시간 설문조사를 통하여 다양한 자료를 수집할 수 있고, 교사들은 학생의 수행에 대하여 바로 수행 평가를 실시할 수 있는 등 학습에서의 매체의 활용을 더욱 용이하게 만들어가고 있다.

이렇듯 원격교육은 정보통신 매체의 발달과 함께 변화하고 발전해왔으며, 새로 등장한 매체가 학습에 활용되는 시점을 빠르게 앞당기면서 계속적으로 발전할 것이다.

2. 이론 개요

원격교육에서 '원격(遠隔, distance)'의 의미는 공간적인 거리가 분리된 것을 의미한다. 여기서 공간적 분리는 가르치는 곳과 학습이 일어나는 곳의 분리를 말한다. 따라서 원격교육을 한마디로 정의하면 '가르치는 곳과 분리된 곳에서 일어나는 학습'을 총칭하는 용어이다. 이러한 공간적 분리의 개념은 점차 시간적 분리의 개념을 포함하게 되었다. 원격교육을 시간 및 공간에 따라 구분지어 보면 <표 10-1>에서와 같이 살펴볼 수 있는데, 특히 순수한 의미의 원격교육은 시간 및 공간이 모두 분리된 상황에서 일어나는 것으로 본다(Simonson et al., 2003).

〈표 10-1〉 시간과 공간 측면에 의한 교육 실제의 구분(임철일, 2005, p23)

		공간	
		동일	상이
시간	동일	전통적인 교실 교육	동시적 원격교육 (인공위성을 통한 원격교육)
	상이	미디어 센터, 컴퓨터 Lab	비동시적 원격교육 (예, 인터넷의 활용)

위의 분류는 시간 및 공간 요소를 통해 표면적인 특징만을 구분지어 본 것으로 원격교육의 의미를 설명하기에는 다소 부족하다. 따라서 원격교육의 교육적 및 기능적인 측면을 고려한 특징을 토대로 살펴보자. 원격교육에 대하여 다양한 정

의를 시도한 학자들이 제시한 요소들을 포괄하고 있는 Keegan(키간, 1996)의 정의는 원격교육이 하나의 교육체제로서 갖추어야 할 구성 요소들을 다섯 가지로 정리하여 제시하고 있다. 첫째, 교수자의 교수매체 제작과 학습자의 학습공간 및 시간이 분리되어야 하며, 둘째, 제도적인 차원에서의 학습 지원이 이루어져야 하고, 셋째, 교육내용의 전달매체로 인쇄, 방송, 컴퓨터 등, 기술적 매체를 활용해야 하며, 넷째, 쌍방향 커뮤니케이션을 통한 상호작용이 이루어져야 하고, 마지막으로 개별학습을 하면서 학습자들이 선택적으로 학습 커뮤니티를 구성할 수 있어야 한다(정인성과 나일주, 2004).

[그림 10-1]
D. Keegan

하지만 이러한 정의 역시 기술의 발달과 시대적인 요구에 따라 도전을 받고 있다. 특히 최근 들어, 협동 학습(collaborative learning)의 중요성이 부각됨에 따라 원격교육에서도 개별학습과 더불어 협동적 학습지원을 필요로 하고 있다. 또한 제도적인 지원을 토대로 하여 표준화된 교재를 대량 생산 및 대량 소비하는 체제에서 지역적 개인적 요구를 반영한 교재의 필요성이 부각되면서 원격교육의 개념이 점차 변해가고 있다(정인성과 나일주, 2004). 이렇듯, 원격교육에 대하여 한 가지 개념으로 정리하는 것은 어려운 일이라고 할 수 있다. 원격교육의 개념적 정의는 하나의 고정불변한 개념이 아니라 기술의 발달과 교육적 패러다임의 전환의 영향을 받으며 변화하고 확장해갈 것이다.

(1) 독립성과 자율성 이론

원격교육의 가장 기본적인 특징은 교수자와 학습자의 시간적 및 공간적인 분리인데, 이러한 특징이 독립성 및 자율성 이론과 관련된다. 다시 말하면, 교수자가 교수 내용을 제작하고 자료를 준비하는 과정이 학습자가 학습을 하는 시간 및 공간으로부터 독립되어 있다는 것이다. 이로 인해 학습자는 언제, 어디서, 어떤 내용을, 어떻게 학습할지에 대한 의사결정권을 가지며, 자율적으로 학습할 수 있게 된다.

독립성과 자율성 이론을 주장한 학자들로는 Delling(델링), Wedemeyer(웨더마이

[그림 10-2]
C. Wedemeyer

[그림 10-3]
M. Moore

어), Moore(무어)를 들 수 있다. 독일의 원격교육연구소의 Delling(델링)은 원격교육에 대하여 '학습 지원을 담당한 조직에서 매체를 이용하여 학습자와 상호작용을 통해 이루어지는 교육'이라고 정의하며, 교수자의 존재를 배제하였다. 따라서 원격교육에서의 학습은 학습자가 스스로 알아서 공부하는 독립성과 자율성을 강조한 것이라고 보고 있다. 특히, 학습자의 자율성이 강조되었던 점은 원격교육의 대상자가 주로 '성인'이었기 때문이다.

미국 위스콘신 대학의 원격교육학자인 Wedemeyer(웨더마이어)는 독립학습(indepentdet study) 강조하면서 원격교육에서 학습자의 자율성과 독립성을 중요한 특징으로 부각시켰다. 교수자는 학습교재를 계획적으로 잘 만들어 낼 책임이 있으며, 학습자는 학습목표, 내용, 방법에 대한 선택권이 있으며, 스스로 학습해야 할 책임이 있다는 것이다. 따라서 학습지원 조직과 교수자는 학습자가 교재를 통해 효과적으로 학습할 수 있도록 학습자의 독립성과 자율성을 보장해야 한다고 주장한다.

미국과 영국의 원격교육기관에서 가르치고 연구하면서 원격교육 이론 개발에 기여해온 Moore(무어)는 원격교육 프로그램의 독립성과 자율성 간의 관계를 '구조화(structure)정도와 상호작용(이를 '대화-dialog'로 표현함)정도'의 요소를 들어 설명하였다. 구조화된 프로그램의 경우, 학습자들은 학습과정에서 표준화된 지원과 피드백을 받는 반면, 개별화된 지원을 받는 것이 어려우며 학습자 개인의 요구 반영이 미흡하다. 덜 구조화된 프로그램의 경우, 개별적인 상호작용과정을 통해 학습자의 개별적인 요구를 반영할 수 있으므로, 학습자의 자율성이 반영된 프로그램이라고 설명한다. 따라서 학습자의 독립성을 강조한 원격교육 프로그램의 경우 구조화 되었으며, 자율성이 강조된 경우는 덜 구조화된 것으로 볼 수 있다. 이렇듯 독립성과 자율성이 동시에 존재하기 보다는 서로 대비되는 개념으로 설명하고 있다.

독립성과 자율성 이론은 기존의 전통적인 교육방식과 두드러진 차이로 나타나는 교수자와 학습자가 분리된 특성을 통해 교수자로부터 분리된 학습자의 '독립성'과 이를 통해 수반된 '자율성'을 강조한 이론이라고 볼 수 있다.

(2) 교수의 산업화 이론

독일의 원격교육학자인 Peters(피터즈)[1]는 원격교육의 교재개발 과정이 산업화된 생산 과정과 유사한 특성을 가지고 있다는 것에서 착안하여 원격교육의 산업화 이론을 설명했다. 그가 주장하는 원격교육의 산업적인 특징으로 다음의 네 가지를 들 수 있다. 첫째, 원격교육의 교수과정인 기획, 설계, 개발, 제작, 전달, 평가의 각 단계가 분화되어 운영되는 점은 산업현장의 분화된 작업과정과 유사하다. 둘째, 각각의 분화된 개발 과정은 표준화되어 운영되며, 이로 인해 다량 생산을 할지라도 각각의 산출물이 일정 수준의 질을 유지하는 것을 보장할 수 있다는 것이다. 셋째, 원격교육의 시스템이 교수자 없이 매체를 통해 자동화되어 운영되는 점이 마치 공장에서 사람의 손을 거치지 않고 기계가 알아서 일을 수행하는 자동화 과정과 유사하다는 점이다. 넷째, 산업 현장에서 생산물에 대한 품질관리를 하는 것과 마찬가지로, 원격교육에서는 교수-학습과정에서 생길 수 있는 문제점을 해결하기 위해서 교재나 개발된 매체를 지속적으로 평가하고, 감독하고 관리하는 과정을 거친다.

[그림 10-4]
O. Peters

교수의 산업화 이론은 원격교육의 교재개발과정 및 전체적인 시스템 관리와 관련된 과정에서 나타나는 특성을 당시 사회가 가진 산업화의 특성에 빗대어 설명한다. 원격교육의 매체 및 운영 관리와 관련된 과정의 합리적인 관리를 위해 적용된 산업화된 성격을 잘 반영하고 있다.

1) 독일 원격교육대학인 페른 대학의 초대 총장을 역임했으며, 2004년 현재 페른대학 원격교육방법학과의 명예교수임.

(3) 상호작용과 커뮤니케이션 이론

상호작용 및 커뮤니케이션 이론이란 원격교육에서 교수자, 학습자, 학습교재 간의 상호작용이 학습에 중요한 요인임을 주장하는 이론이다. 이 이론을 주장한 학자로는 스웨덴의 Holmberg(홈버그), Baath(바쓰), 캐나다의 Daniel(다니엘), 영국의 Swart(스워트) 등을 들 수 있다.

스웨덴의 원격교육학자인 Holmberg(홈버그)는 교육은 가르치는 사람과 배우는 사람 간의 상호작용을 통해서 일어나는 것이며, 원격교육은 이러한 상호작용이 '교재 혹은 매체'를 통해 이루어지는 커뮤니케이션 활동으로 본다. 따라서 원격교육이 잘 이루어지기 위해서는 상호작용의 매개가 되는 교재나 매체가 효과적으로 제작되어야 한다. 효과적으로 제작되어야 한다는 것은 학습자가 교수자와 대화를 하듯 내용을 이해할 수 있도록 구어체로 제공되어야 함을 의미한다.

Holmberg(홈버그)의 상호작용 이론은 일곱 가지 기본 가정에 기반을 두고 있다. 이는 (1) 교수자와 학습자간의 개인적인 관계가 학습의 동기를 증진시키며, (2) 이러한 개인적 관계를 통한 특별한 느낌은 잘 개발된 교재와 쌍방향 상호작용의 영향을 받아 더욱 증진될 수 있으며, (3) 궁극적으로 학습목표 성취에 긍정적인 영향을 미치고, 스스로 적합한 학습방법을 사용할 수 있게 도와줄 수 있다는 것이다. 추가적으로 (4) 구어체로 쓰인 용어나 친절한 말투는 개인적인 느낌을 증가시키고, (5) 우호적인 분위기 속에서 이루어진 대화는 정보의 기억을 도우며, (6) 이러한 기법은 원격교육을 통해서도 가능하고, (7) 이러한 대화는 목적을 가지고 있어야 하며, 이러한 목적에 도달하기 위한 조직적인 학습이 필요하다는 것이다.

[그림 10-5]
B. Holmberg

그가 주장하는 원격교육의 정의를 다시 정리하면, 원격교육은 교육목표에 도달하도록 구성되고 구어체로 잘 정리된 교재(elaborative text process)를 학습자가 읽어나가면서 교수자와 대화하듯 학습내용을 내면화(internalized conversation)해가는 것으로 본 것이다. 이러한 상호작용 이론은 배움에 있어 교수자와 학습자 간의 상호작용의 중요성이 원격교육의 매체 개발에도 반영되어야 함을 강조한 이론이다. 최근 협동 학습의 중요성이 부각되고 쌍방향 통신 기기의 발달로 인해 그 중요성이 더욱 부각되리라고 본다.

(4) 학습공간 확장 이론

정인성과 나일주(2004)는 원격교육을 보는 새로운 관점의 필요성을 주장하면서, '학습공간의 확장'(Expansion of Learning Space)이라는 개념을 토대로 한 새로운 원격교육의 이론화를 제안하였다. 그들은 앞에서 살펴본 원격교육 이론들이 더 이상 지지되기 어려운 개념적 명제들을 바탕으로 하고 있음을 지적하며 새로운 방식의 이론화를 제안한다.

기존 이론들의 개념적 명제와 그 비판

기존 이론들이 가지고 있는 개념적 명제는 다음과 같다.

- 원격교육이 소외계층이나 환경적, 경제적으로 불리한 계층을 위한 대안적 교육방식이라는 것
- 원격교육이 대량 교육서비스를 통한 경제적으로 저비용의 산업화된 형태라는 것
- 원격교육에서 구조를 강조하면 대화가, 대화를 강조하면 구조가 부실해지는 약점을 가진다는 것
- 원격교육은 거리상으로 멀리 떨어진 학습자를 위한 서비스라는 점

하지만, 이러한 명제들은 정보통신 테크놀로지의 비약적 발달, 교육에 대한 관점의 변화, 그리고 현대의 사회 문화적 환경으로 인하여 더 이상 지지되기 어려운 것으로 보인다. 몇 가지 중요한 이유는 다음과 같다.

첫째, 현재의 원격교육은 소외계층 등 소수를 위한 대안적 교육이 아니라, 형식교육이나 제도권의 교육에서도 얼마든지 활용하는 여러 교육 형태 중의 하나가 되어가고 있으며, 오히려 질적인 수월성을 위해서나, 시간적 제약을 극복하고 교

육대상을 확장하기 위한 대안으로 인식되고 있다.

둘째, 원격교육이 저비용의 산업화된 형태로 만들어지고 제공된다는 명제 역시 도전을 받고 있다. 일대일 혹은 일대소수의 개별화된 서비스 형태로 제공되는 고가의 웹 기반 원격교육을 찾아보기란 그리 어렵지 않은 현실이다.

셋째, 기존 원격교육에서는 거의 불가능하였던 학생들끼리의 상호작용적 대화가 오히려 새로운 원격교육의 핵심이 되고 있는 것이다. 특히 시간이 지날수록 웹의 자료들은 보다 풍부하게 구조화되는 것을 볼 수 있으며 상호작용 또한 그 질적인 수준이 높아짐을 알 수 있다.

마지막으로 웹 기반 원격교육이 오히려 기존캠퍼스 중심 학교들에서 활발하게 통합되고 있음을 보면 그것이 거리상으로 멀리 떨어진 학습자를 위한 서비스라는 명제 역시 받아들이기 어렵다는 것을 알 수 있다.

새로운 이론을 위한 명제와 비판

이렇듯 전통적 원격교육 이론의 성립 배경이 되었던 여러 가지 전제들이 더 이상 그 정당성을 견지하기 어렵게 됨에 따라서 새로운 방식의 이론화가 절실한 시점이 되었다. 정인성과 나일주(2004)는 원격교육을 4개의 학습공간 확대 개념으로 설명한다.

- 정보 습득 공간의 확대: 기존 원격교육에서 학습자가 새로운 정보를 습득하는 공간은 원격교육의 인쇄교재나 오디오, 비디오 교재를 통해서였다. 즉 제한된 공간에서 미리 확정된 정보를 얻게 되는 구조였다. 그러나 새로운 원격교육에서 학습자가 정보를 습득할 수 있는 공간은 무한정적으로 확대될 수도 있다. 웹에서 제공되는 다양한 정보를 습득할 수 있게 됨은 물론이고, 자유로이 연결될 수 있는 대화 공간을 통하여 더 발전된 수준의 정보를 습득하는 것이 가능하기 때문이다.

[그림 10-6] 정인성 (Insung Jung)

- 정보 활용 공간의 확대: 기존 원격교육에서 학습자가 습득한 정보는 자신의 학습력 향상을 위해서 활용되는 것이 대부분이었다. 즉 일 개인 학습자의 학습 공간에서만 정보가 활용되어온 것이다. 현재의 발달된 원격교육 환경에서는 습득된 정보는 보다 넓은 공간에서 활용될 수 있다.
- 학습 대화 공간의 확대: 기존 원격교육에서의 학습 관련 대화는 극히 제한적으로 이루어져 왔다. 특히 대화의 상대는 교수자에 국한되어 왔으며, 시간적, 공간적, 물리적 제약은 대화의 공간을 더욱 좁혀온 것이 사실이었다. 그러나 새로운 원격교육 환경의 등장은 학습대화의 공간을 무한정으로 확대한다.

[그림 10-7] 나일주 (Ilju Rha)

- 지식 구성 공간의 확대: 기존 원격교육에서 거의 불가능하거나 어려웠던 부분이 습득된 정보를 이용하여 고차원의 지식을 구성하는 것이었다. 새로운 원격교육 환경은 학습자가 지식 구성을 할 수 있는 공간을 확대시켜주었다. 즉, 학습자는 다른 학습자와의 협동적 학습활동을 통하거나 개별적으로 현실적인 문제를 해결하기 위한 지식을 보다 손쉽게 구성해 나아갈 수 있게 되었다.

이들은 원격교육이 나아가야 할 방향은 새로운 정보공학적 환경을 기반으로 한 보다 유연하고 융통적이며 장차 자유로운 상태의 학습이 가능하도록 학습환경을 조성하는 것이며, 이는 원격교육에 '학습공간의 확장'이라는 개념을 도입함으로써 가속화 될 수 있다고 주장한다.

3. 관련 연구

원격교육 관련 연구는 원격교육의 학습자에 관한 연구, 성공과 실패 요인에 관한 연구, 효과와 질에 관한 연구, 교재 개발과 매체에 관한 연구들로 나누어 볼 수 있다. 여기에서는 관련 연구들의 결과 중심으로 보고하고자 하며, 보다 상세한 내용은 정인성과 나일주(2004)를 참조하기 바란다.

(1) 학습자에 관한 연구

원격교육 학습자 연구의 중요한 주제 중의 하나는 왜 캠퍼스 중심의 기존 대학에서 공부하지 않고 원격교육을 선택하는가 하는 동기 요인에 관한 것이다.

원격교육을 왜 선택하는가에 관한 많은 연구들이 원격교육이 가진 매력적 특성을 찾는다는 시각보다는 기존 캠퍼스 교육에 참여하는 것을 막는 장애 요인이 무엇일까를 밝히는 입장에서 행해져왔다. 이 연구들은 학습자가 원격교육을 선택하는 것은 지리적으로 캠퍼스에서 멀리 떨어져 있거나 가정, 직장의 사정상 캠퍼스에 출석하기 어렵기 때문이며, 이는 성인 학습자가 여러 역할을 하여야 하는 상황에서 학습을 위하여 출석해야 하는데 시간적인 제약이 있다는 주장이다. 신체적 장애 요인 역시 상황적 제약 조건에 해당하는 것으로 이로 인하여 학교에 출석할 수 없기 때문에 원격교육을 선택할 수밖에 없다는 연구 결과도 있었다(정인성과 나일주, 2004).

기존 캠퍼스 교육 기관들의 제도적 장애 요인이 원격교육을 선택하는 동기가 되는 것과 관련된 연구 결과 불충분한 학습자 지원, 융통성이 결여되고 관료화된 정책, 강의 시간과 장소의 불편함 등이 지적되었다. 원격교육 선택에 개인의 성향적 요인이 관여한다는 연구들은 여성이 남성에 비하여 성향에 있어 장애 요인에 더 직면하게 된다는 결과를 보고하고 있다.

캠퍼스에 출석할 수 없어서 원격교육을 선택하게 되었다는 시각이 아닌 원격교육의 매력적 특성 때문에 선택하게 되었다는 시각에서 수행한 연구들은 원격교육의 긍정적인 측면들을 제시하고 있다. 이들은 원격교육이 학습 속도와 시간에서 융통성이 있고, 집에서 공부할 수 있기 때문에 선택하게 되었다는 학습자의 반응을 보고하였다.

(2) 원격교육의 성공과 실패 요인에 관한 연구

원격교육에서 또 다른 중요한 연구 주제는 원격교육에서 성공하거나 실패하는 요인에 대한 것이다. 이 분야 연구들의 초점은 주로 학습자 변인에 맞추어져 있다. 즉, 같은 원격교육 과정을 듣는 학습자라고 할지라도 어떠한 특성을 가진 학습자인가에 따라 성공하기도 하고 실패하기도 하는 현실을 바탕으로 한 연구들이 수행되어온 것이다.

대부분의 연구들은 성공적으로 원격교육 과정을 수료한 학생들은 원격교육기관에 들어왔을 때, 보다 높은 수준의 교육 경험이 있었으며, 높은 성적을 받기를 기대하고 있다고 보고하였다. 또한 강의를 성공적으로 수료한 학생의 경우에는 사람들을 인터뷰하거나 상담하는 활동이 포함된 강좌 내용을 선호한 반면, 미수료자의 경우에는 사람이 아닌 사물을 다루는 내용을 선호한 것으로 밝혀졌다. 기존 연구들은 원격교육에 입학하기 전의 학습 준비도, 시간적 여유와 가족의 지원 등이 원격교육의 성공과 만족도에 영향을 미치는 주요한 요인이라고 밝히고 있다.

이러닝 환경에서 학습자의 성공과 실패 요인을 조사한 연구들이 1980년대 후반 이후 보고되고 있다. 초·중등학교 학생들을 대상으로 컴퓨터 매개 통신을 이용한 원격교육의 효과 변인을 논의한 연구들에서 보면, 첫째, 개인적인 특성으로서 사용자가 갖고 있는 능력이 컴퓨터 통신의 사용 빈도와 형태에 영향을 준다는 점이 지적된다. 둘째, 개인이 갖고 있는 선입견과 태도가 컴퓨터 통신의 사용에 직접적인 영향을 주는 것으로 밝혀지고 있는데, 컴퓨터 통신을 많이 사용하는 학습자는 컴퓨터 통신을 사용하는 것이 도움이 된다는 것을 인지하고 있으며 계속해서 이를 많이 이용한다는 것이다. 셋째, 학습환경 변인에 관한 연구들은 원격교육의 학습자가 집이나 사무실에 자신의 컴퓨터 시스템을 갖고 있는 경우에 컴퓨터 통신을 더 많이 사용한 것으로 보고하고 있다. 넷째, 온라인 원격수업의 시작 전에 받은 워크숍, 세미나, 또는 학교현장에서 배웠던 컴퓨터 통신에 관한 사용 경험이 컴퓨터 통신의 사용에 영향을 줄 수 있다는 것이다. 다섯째, 컴퓨터 통신 체제를 사용하는 것에 대한 심리적 지원과 도움이 중요한 요인이 된다는 점이다. 여섯째,

심리적인 지원체제와 아울러 컴퓨터 통신사용 시 기술적인 문제가 발생했을 때 이를 해결하기 위한 물리적 지원체제가 통신의 사용에 영향을 준다.

(3) 원격교육의 질과 효과에 관한 연구

원격교육이 많은 사람들에게 교육 기회를 개방하는 데 기여하여 오는 과정에서 끊임없이 원격교육의 질과 효과에 관한 문제가 제기되어 왔다.

Robinson(로빈슨, 1999)은 원격교육에서의 질을 평가하는 모델을 제시하면서, 질 평가의 핵심이 학습자가 가진 '학습경험의 질(Quality of the learning experience)'이어야 함을 지적하고 있다. 원격교육 환경에서 학습자가 가진 학습경험의 질은 교육기관이 제공하는 학습 자료 및 강좌, 인적 자원, 학습 지원 서비스, 연구와 행정 등 원격교육체제를 구성하는 여러 요소들의 질을 평가함으로서 평가될 수 있는 것으로써 보고 있는 것이다.

원격교육에서의 질의 문제는 사회에서 원격교육을 바라보는 시각과 연관되어 전통적 방식의 교육에서의 질 문제보다 어려움이 있어 왔다. 실제 영국, 오스트레일리아, 미국, 캐나다, 뉴질랜드 등 원격교육이 발달한 많은 나라에서는 전통적인 교육 기관들이 세운 교육과정, 평가, 질의 기준 등을 그대로 원격교육에 적용하면서 사회로부터 원격교육의 질이 전통적 교육의 질과 비교할 만함을 인정받아 왔다. 즉, 좋은 교육이라면 갖추어야할 공통의 기준을 그대로 원격교육에 적용하면서, 구체적인 평가 기준들을 발전시켜온 것이다. 다행히 최근 들어 국가간 원격교육을 통한 학점 교류, 학위 교류 등이 늘어나기 시작하면서 이러닝을 포함한 원격교육의 질에 관한 연구가 보다 활성화되고 있다.

(4) 원격교육 교재 개발 및 매체 연구

원격교육의 기본적인 특성은 교수-학습이 일어나는 대부분의 기간 동안 가르치는 사람과 배우는 사람이 서로 떨어져 있다는 것이다. 이러한 특성은 시간과 장소에 구애됨이 없이 교육행위가 일어날 수 있도록 해 줄 매체의 체계적 활용을 필요로 한다. 따라서, 매체를 선정하고, 활용하며, 그 효과를 파악해 내는 방법에 관한 연구는 오랫동안 원격교육의 중요한 연구 분야 중의 하나가 되어 왔다.

원격교육의 매체 선정과 관련하여 과거의 경험을 잘 정리하면서 간결한 모델을 제시하고 있는 학자는 Bates(베이츠, 1995)이다. 베이츠는 기존의 교수매체 선정에 관한 모형들이 전통적 학습 상황을 고려한 것이어서 원격교육 환경에는 적절하지 못함을 지적하면서 특히 원격교육 환경에서 적절한 매체 선정의 준거로 'ACTIONS' 모형을 제안하고 있다. ACTIONS 모형이란 원격교육에서 매체를 선정할 때 고려하여야 할 7가지 요소의 영어 첫 글자를 따서 지은 이름으로, 여기서 7가지 매체 선정의 고려 요인에는 접근성(Access), 비용(Costs), 교수와 학습(Teaching & learning), 상호작용과 학습자 친화 정도(Interactivity and user-friendliness), 조직적 특성(Organizational issue), 참신성(Novelty), 그리고 신속성(Speed)이 포함된다.

교육공학의 분야에서 특정 매체의 효과와 매체들의 효과를 비교한 연구들이 축적되어온 바 그 결론은 대체로 일치하고 있다. 즉, 교육에 이용된 매체 자체가 학습 효과에 차이를 가져오는 것은 아니며, 오히려 교수설계 변인이 학업 성취에 차이를 가져올 것이라는 점이다. 이러한 잠정적 결론에도 불구하고, 새로운 매체가 등장하면 매체의 효과 비교 연구가 이루어지곤 하였는데, 이들의 결과 중 대다수가 특정 매체가 학습에 더 효과적이라는 주장을 뒷받침하고 있지 않다.

이러한 결과와는 달리 인터넷을 비롯한 첨단교수매체가 원격교육에서 성공적으로 이용되었다는 보고가 여러 문헌에 나타나 있다. 이들 연구들은 컴퓨터 네트워크를 비롯한 상호작용적 첨단교수매체를 사용하였을 경우 교수자의 수업 준비가 더욱 철저해지며, 다양한 전문가들이 수업에 함께 참여하였고, 다양한 학습자원에의 접근이 가능해지면서, 학습자와 교수과정에 대한 피드백과 평가가 실시되어 전반적으로 원격교육의 질이 향상되었음을 지적하고 있다. 아울러 인터넷 등 상호작용적 첨단교수매체를 이용하여 온라인 학습을 하는 학습자들은 전통적인 교수법에 의해 학습을 하는 학습자들보다 더 나은 학습효과를 얻거나 적어도 동일한 학습효과를 얻는다는 결과가 보고되었다. 여러 연구 결과에 의하면 상호작용이 가능한 온라인학습이나 이러닝에 참여하고 있는 학습자와 교수들은 그들이 접한 학습경험에 대해 긍정적인 태도를 가지고 있었으며(Jung & Rha, 2000), 쌍방향 상호작용이 시간과 장소에 구애됨 없이 가능하도록 운영하기 때문에 강의실에서 부족하기 쉬운 교육적 토론 기회를 증가시켜 교육의 질을 높일 수 있다.

원격교육에서 첨단매체의 사용이 가져올 수 있는 긍정적인 효과에 대한 보고와 아울러 여러 연구들은 상호작용적 첨단교수매체 자체가 교육의 효과를 가져오는 것이 아니라 어떻게 설계되었고 활용되는지에 따라 그 효과가 다르다는 점을 명백히 시사하고 있다.

참고문헌

신수경 (2004). 웹기반 원격교육의 현황 및 분석. 정보통신정책, 16(7), pp. 18~39.

임철일 (2005). 원격교육과 사이버교육 활용의 이해. 서울: 교육과학사.

정인성, 나일주 (2004). 원격교육의 이해. 서울: 교육과학사.

정인성, 쿠보타, 나일주 (2006). 원격교육과 이러닝의 이해. 동경: 북대로서방.

Bates, A. W. (1995). *Technology, open learning and distance education.* London: Routledge.

Jung, I. S., & Rha, I. (2000). Effectiveness and cost-effectiveness of online education: A review of literature. *Education Technology, 40*(4), 57~60.

Moore, M. G., & Anderson, W. G. (2003). *Handbook of Distance Education.* Mahwah, NJ: Lawrence Erlbaum Associates.

Robinson, B. (1999). *International trends in quality assurance for open and distance learning in higher education.* A paper presented at the Distance Education Seminar in Seoul on the 8th of April.

Simonson, M., Smaldino, S., Albright, M., & Zvacek, S. (2003). *Teaching and Learning at a Distance: Foundations of Distance Education*(2nd ed.). Upper Saddle River, NJ: Prentice Hall.

chapter 11

구성주의 이론 (Constructivism Theory)

1. 이론의 배경 및 맥락

1980년대 이후 교육현장에 구성주의가 새로운 패러다임으로 등장하게 되었지만, 교수설계 및 학습환경 설계에 있어 본격적으로 논의된 것은 1990년 이후이다. 특히 교육공학관련 전문지 등을 통하여 객관주의의 문제와 구성주의의 대두에 대한 소개, 구성에 대한 이해와 그것을 교수-학습환경 설계에 적용하려는 노력 등이 표면화되었다.

구성주의가 등장하게 된 배경은 사회 · 역사적인 변화에 기인한다. 산업화 시대에 강조되었던 집단화, 표준화, 보편화, 확실성의 개념들이 정보화 시대에 이르러 개인화, 다양성, 창의성, 불확실성으로 대체되었다. 이러한 사회적 인식의 변화들은 포스트모더니즘[1]의 개념으로 설명할 수 있다. 정보화 시대로의 진행은 단방향적 커뮤니케이션에서 쌍방향적 커뮤니케이션의 상태로 전환되어 주체와 객체의 대상이 허물어지면서 개인과 개인의 관계는 수평적이고 다원적인 관계로 변화되었다.

교육현장 또한 이러한 시대적 변화를 거스를 수 없었다. 지식의 본질은 무엇인가와 지식이 어떤 과정을 거쳐 습득하고 형성되는가에 대한 철학적 견해, 즉 앎에 대한 인식론(epistemology)의 논의가 이루어졌다. 기존의 학습에 대한 개념은 외부에 존재하고 있는 지식을 잘 구조화하여 학습자에게 전달하고, 학습자는 전달된 지식을 그대로 받아들이게 하는 객관주의적 인식론이었다. 그러나 이러한 학습에 대한 개념의 반전은 '구성주의(constructivism)'라는 학습 이론의 등장과 함께 더욱 활발해졌다(Duffy & Jonassen, 1992; von Glasersfeld[2], 1989). 구성주의의 관점에서 학습은 외부에 존재하고 있는 지식을 학습자에게 전달하는 것이 아니라

---

1) 포스트모더니즘(post-modernism)은 서양의 근대적 정신과 문화, 그리고 근대사회적 구조와 체계가 재구성되는 과정을 설명하는 이론적-사상적 경향을 의미한다. A. Toynbee(토인비)가 처음으로 이 말을 사용하면서 초근대적 시대에 임하면 절대주의적 사고나 신념의 붕괴, 권위주의적 제도나 행동에의 저항, 전체주의적 체제나 지배의 거부를 의미하는 동시에 다양성, 다원성, 무정부상태, 비합리성, 불확실성 등의 경향을 보인다고 하였다(서울대학교 교육연구소, 1994).

2) von Glasersfeld. E. http://www.univie.ac.at/constructivism/EvG/index.html

이미 학습자들의 내부에 존재하고 있는 자신의 지식을 능동적으로 구성한다는 상대주의적 인식론을 견지하고 있다. 즉, 구성주의에서 학습을 위한 지식구성은 인지적 주체(cognitive subject)로서의 개인이 어떤 특정 경험이나 현상에 대한 인지적 작용의 결과로써 개별적 의미부여와 해석이라 할 수 있다.

[그림 11-1]
E. von Glasersfeld

[그림 11-2]
Thomas M. Duffy

구성주의는 시대의 변화에 따른 객관주의 인식론의 한계와 문제점으로부터 출발하여 대안적 인식론으로 제시되었다. 즉, 학습에 있어 지식의 획득과 구성에 대한 새로운 관점으로서 요구된 대안적 인식론이 바로 구성주의(constructivism)이다.

2. 구성주의 이론의 개요

구성주의는 절대적인 의미를 가지고 있는 실체나 현상은 존재하지 않으며, 각 개인이 자신에 내재하고 있는 경험과 신념에 입각하여 의미를 해석하고 구성한다는 입장에서 이론의 출발점을 찾는다. 특정 개인은 인식에 있어 개인적 경험과의 상호작용을 통해 나름대로 독특한 실재를 생성・조직한다는 전제와 관련하여 학습과정을 해석하는 인식론(epistemology)으로 정의할 수 있다(Duffy & Jonassen[3], 1992; Hanafin, Hannafin, Land, & Oliver, 1997). 따라서 구성주의는 어떻게 가르칠 것인가에 대한 이론이라기보다는 지식이 어떻게 형성되는 것이며, 학습은 어떻게 이루어지는가에 대한

[그림 11-3]
David H. Jonassen

3) http://tiger.coe.missouri.edu/~jonassen/

이론이라 할 수 있다(Duffy & Jonassen, 1992; 강인애, 1997).

구성주의적 인식론적 관점에서 학습이란 '학습자가 지식을 내부로 표상하여 자신의 경험적 해석을 통해 구성해 가는 과정'으로 다른 지식구조가 부가될 때 그 기본구조와 형태가 변화된다. 이에 학습은 의미 있는 경험을 토대로 발전하는 활발한 구성화 과정으로서 실제 세계를 반영하고 있는 맥락 속에서 상황화되어야 한다는 것이다. 즉, 구성주의는 학습자가 어떻게 지식을 구성하느냐에 일차적 관심이 있다.

이에 구성주의에 대해 보다 심도 있는 이해를 위해 구성주의의 철학적, 이론적 논의, 구성주의의 두 흐름인 인지적, 사회적 구성주의, 그리고 구성주의의 관점을 반영한 교수설계 및 학습환경 설계에 대하여 살펴보기로 한다.

(1) 철학(인식론)으로서의 구성주의

인식론인 객관주의는 보편적이며 객관적인 세계를 가정하고 있기 때문에, 세계가 사람들의 외부에 객관적으로 존재하며, 실체의 의미는 경험 외부에 존재하는 것이므로 세계를 조직하고 이해하는 데에 경험의 역할은 미미하다는 가정을 하고 있다(Duffy & Jonassen, 1991; 나일주와 정인성, 1999). 즉, 경험은 세계를 구축하는데 별로 중요한 역할을 하지 않으며, 경험과 의미는 완전히 떨어진 세계에 존재하는 것으로 인식하고 있다. 그러나 인식론으로서의 구성주의는 객관주의가 견지하는 인식주체와 별도로 존재하는 지식의 절대성 및 객관적 실재성을 부정한다. 대신에 지식은 자신의 경험을 해석한 산물로서 우리 인간에 의해 부여되고 구성되는 것으로 본다.

지식은 개인의 독특한 개별적 경험에 의한 해석에 따라 의미가 결정되기 때문에 하나의 옳은 의미나 객관적인 실체로서의 지식은 존재하는 않는다. 지식은 인간의 외부 세계로부터 유입되거나 전달되는 것이 아니라, 개인의 경험에 의한 해석에 따라 개별적 지식을 재구성하고 창조하는 것이다. 결국 각 개인의 경험이 다른 만큼 인간은 외부세계에 대한 지식을 서로 다른 방식으로 인식하며 이해한다. Knuth와 Cunningham(크누쓰와 커닝함, 1993)에 의하면 구성주의에서 지식구성은 개인의 경험을 기반으로 해서 외부의 세계를 해석해가는 역동적인 과정으로 설명하고 있다.

이는 정신에 의하여 경험이 외부 세계의 실재를 해석한다는 뜻이며, 이렇게 해석된 의미들은 개별적 지식을 구성하기 때문에 미리 정해진 의미를 전달하거나 획득할 수 없다는 것이다. 따라서 인식론으로서의 구성주의는 인간이 어떤 방식으로 경험으로부터 지식을 구성하여 개별적인 지식모델을 구축하는지에 관심을 갖는다.

(2) 학습 이론으로서의 구성주의

객관주의적 관점에서 학습은 외부 세계 속에 객관적으로 존재하는 실체로서의 지식을 획득하거나 받아들이는 일이다. 지식은 실체가 지니는 속성이나 실체들 사이의 관계를 나타내는 객관적 실체의 구조이기 때문에, 학습자라면 누구나 객관적인 지식을 파악해야 하는 것이다. 따라서 학습은 학습자의 외부에 존재하는 객관적 지식을 파악하여 학습자 내부로 받아들이는 과정이고, 교수는 그 객관적 지식이 학습자에게 제대로 전달하는 과정이다. 교수과정에서 학습자에게 전달되는 지식은 객관적 법칙과 같이 학습자가 알아야 할 내용으로 선정되며, 학습자들이 그 지식을 잘 파악할 수 있는 방식으로 조직된다(Knuth & Cunningham, 1993).

그러나 학습 이론으로서의 구성주의는 객관적 실체를 부정하고 있기 때문에 학습자가 외부에 존재하는 지식의 습득과정이 아닌 학습자들이 스스로 의미를 부여하는 지식의 구성과정에 관심이 있다. 따라서 학습은 개인적 경험과 상호작용에 기초하여 외부의 세계에 대한 개인적 해석을 내리는 과정이다. 구성주의에 의하면, 인간은 본래 목표 지향적이며 정보의 역동적 처리자이기 때문에 설계에 대한 개인적 이해를 구성하기 위하여 모든 정보를 정교화하고 해석한다. 교수는 이러한 학습자를 도와주고 지식 구성의 지속적인 과정을 촉진할 수 있도록 학습환경을 창조하는 과정이다. 즉, 교수자는 객관주의에서 관심이 있는 가르칠 내용으로서의 지식을 선정 · 조직하는 것이 아니라, 학습자들의 역동적이며 자발적인 학습활동 참여를 허용하고 촉진시킬 수 있는 환경을 마련해야 하는 것이다.

(3) 인지적 구성주의와 사회적 구성주의

[그림 11-4] 강인애

지식의 구성과정에서 학습자의 인지과정에 초점을 두느냐 아니면 학습자가 속한 사회와 문화의 인지과정에 초점을 두느냐에 따라 인지적 구성주의(cognitive constructivism)와 사회적 구성주의(social constructivism)로 나누어진다(강인애[4], 1997).

인지적 구성주의는 지식의 구성과정에서 학습자의 개별적 인지작용을 가장 중요 요인으로 보는 관점으로 Jean Piaget(삐아제, 1970)의 발달심리 이론에 이론적 근거를 두고 있다. Piaget(삐아제)의 이론에 의하면, 인간의 지식구성의 과정은 인간의 정신 속에서 동화(assimilation)와 조절(accommodation)이라는 인지적 기능을 통한 평형화(equilibrium)의 과정이다. 평형화란 외부세계에 대한 개인의 이해와 해석이 그가 가지고 있는 인지구조에 비추어 모순이 없을 때를 말한다. 만약 모순이 발견되어 인지적 혼란이 생기면 외부세계를 기존의 인지구조로는 이해나 해석할 수 없으며, 개인은 다시 평형화를 이루기 위하여 동화와 조절이라는 인지적 과정을 통하여 외부 세계에 대한 개인적 이해와 해석을 내리게 되며 결과적으로 인지구조의 변화, 즉 학습이 일어난다. 이때 인지적 구성주의는 인지적 혼란의 원인을 규

[그림 11-5] Piaget(삐아제)의 어린시절 모습

[그림 11-6] Piaget(삐아제)의 청년시절 모습

[그림 11-7] Piaget(삐아제)의 노년시절 모습

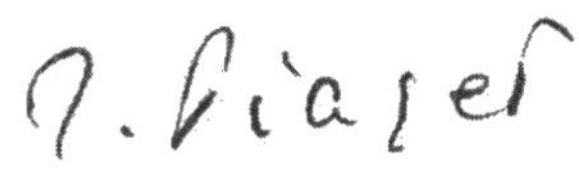

[그림 11-8] Piaget(삐아제)의 친필

4) 강인애 교수의 홈페이지 http://iakang.net

명하기 보다는 깨어진 평형상태를 복귀시키는데 관심을 둔다.

[그림 11-9]
Vygotsky, L. S.

사회적 구성주의는 지식의 구성과정에서 사회적 상호작용이 우선적으로 고려되어야 한다는 관점으로 Lev Semenovich Vygotsky(비고츠키, 1978)의 발달심리 이론에 이론적 근거를 두고 있다. Vygotsky(비고츠키)의 이론에 의하면, 인간의 인지적 발달과 기능은 사회적 상호작용이 개인 속에 내면화(internalization of social interaction)되어 이루어진다고 본다. 그 개인이 태어나서 자란 세계로서 사회가 지닌 독특한 사회적 · 문화적 내용과 양식이 인지발달에서 중요한 역할을 하는 것으로 이는 개인과 사회의 상호의존성을 강조하는 것이다. 따라서 지식의 구성에서 개인의 내면적 인지작용과 사회적 관계를 서로 분리시켜 생각하지 않는다. 학습은 이처럼 사회적으로 맥락화된 지식을 자신의 시각에 의하여 내면화하는 과정이며, 이 과정은 동료들이나 주변 인물들의 상호작용을 통하여 촉진된다. Vygotsky(비고츠키)의 근접발달영역[5](the zone of proximal development)은 학습에서 사회적 참여 또는 사회문화적 상호작용의 중요성을 보여준다. 또한 인지적 혼란에 대해서도 인지적 구성주의의 시각과는 달리 인지적 혼란의 원인 규명과 그 원인으로써 사회적 상호작용에 관심을 둔다.

〈표 11-1〉 인지적 구성주의와 사회적 구성주의의 비교(Cobb, 1994; 강인애, 1995)

	인지적 구성주의	사회적 구성주의
인지적 발달의 기원	개인의 머리 속에	사회관계에 참여하는 개인
학습이란	적극적인 인지적 구조의 재편성	관련 공동체에서의 문화적 동화
최종목표	개인 경험의 사회문화적 타당성 검증	개인들 간의 활발한 상호작용에 의한 사회·문화적 관습 습득

5) Vygotsky(비고츠키)의 근접발달영역(the zone of proximal development)에 대해서는 이 책의 19장을 참고.

	인지적 구성주의	사회적 구성주의
이론적 관심	개인의 인지적 발달 과정	사회·문화적 동화 과정
분석내용	사회적 상황에 의거한 인지적 재구성 과정	관련 공동체에 참여를 통한 사회문화적 행동양식 습득 및 동화 과정
학습환경	교사와 학습자간의 문화조사	공동체의 문화를 반영하는 학습교육의 실태조사
그룹간의 환경	상이성 강조	동질성 강조

(4) 구성주의 교수설계

구성주의는 '실재란 학습자의 마음속에 존재한다'고 주장한다. 학습자는 그의 경험에 바탕을 두고 실재를 구성하며, 따라서 각 개인의 경험이 다르듯이 구성된 실재의 모습이나 의미도 다르다고 본다(Duffy & Jonassen, 1991). 여기서 지식은 경험으로부터 구성되고, 이를 조직하고 이해하는 방식은 다양할 수 있으며, 하나의 옳은 의미, 객관적 실체는 존재하지 않는다고 본다.

극단적인 구성주의자들은 우리가 추구해야할 교수목적을 학습자가 사실이나 개념, 원리 등 어떤 지식의 요소를 알도록 하는 것이 아니라 오히려 학습자에게 세상에 대한 그들 스스로의 이해를 어떻게 하는가를 보여주는데 있다고 주장한다(Cunningham[6], 1992). 그것을 보여주기 위한 방법을 설계자가 미리 정해놓을 수는 없으며 학습과정에서 개발되어야 한다는 것이다. 구성주의에서 주장하는 교수목적을 달성하기 위해서는 현실세계와 동일한 복잡한 문제 상황 속에서 사건이나 사물, 개념 등이 활동되고 해석되어야 하며, 학습이 실제로 이루어졌는지의 평가는 지식을 이용하여 문제를 해결하는 과제의 수행과정과 그 수행여부에서 자연스럽게 파악될 수 있다.

[그림 11-10]
Cunningham, D. J.

6) Cunningham, D J. http://php.ucs.indiana.edu/~cunningh/

따라서 구성주의 입장에서 교수설계란 교수를 구조화시키는 것이 아니라 학습이 일어날 수 있는 환경을 설계하는 것으로, 이때의 환경은 실제와 같은 복합적이고 역동적인 상황과 문제가 제시되어 있으며, 다양한 관점을 개발·평가할 수 있는 협조체제가 있고 학습을 안내할 수 있는 학습환경이어야 할 것이다. 나일주와 정인성(1999)이 제시한 구성주의의 교수설계 원리를 제시하면 <표 11-2>와 같다.

〈표 11-2〉 구성주의 철학을 기반 교수설계 원리(나일주와 정인성, 1999, p.59 수정)

	교수설계원리
1. 교수의 목적	•세상에 대한 스스로의 해석을 어떻게 하는가 보여주는 것
2. 교수의 내용	•현실세계와 동일한 복잡한 문제 상황 속에 지식 제공
3. 내용의 조직	•복잡한 현실과 다양한 관점이 포함되는 환경으로 설계
4. 주요 교수전략	•다양한 문제 상황 속에서의 지식활용 기회 제공 •스스로의 의미구성의 기회 제공 •학습자의 능동적 참여 조장
5. 교수의 평가	•학습과정에서 지식을 이용하여 문제를 해결하는 수행여부 파악
6. 설계의 핵심	•현실상황의 복합성을 나타내는 환경 구성 •발생적 지식생성의 환경구성

구성주의 입장에서 이상적인 학습환경은 문제의 맥락이 복합적이고 역동적으로 제시되어 학습하고자 하는 개념이 언제 어떻게 사용되는지를 실제로 경험할 수 있도록 구성되어야 한다(Spiro, et al., 1992). 이러한 환경은 보다 많은 인지적 융통성을 부여하기 때문에 실제 문제 상황을 이해할 때 그러한 관점에서 지식을 재구성할 수 있다. 이에 구체적인 구성주의 학습환경 설계에 대해 살펴보기로 한다.

[그림 11-11]
나일주(우), 정인성(좌)

(5) 구성주의 학습환경 설계

구성주의 학습환경(CLEs: Constructive Learning Environments)은 기본적으로 학습자 중심의 학습환경을 의미한다. 학습자가 학습활동에 자발적이고 주도적으로 참여하여 의미 있는 학습환경을 경험하여 지식을 능동적이며 자발적으로 구성할 수 있도록 조성된 학습환경을 의미한다. 구성주의에서 지식은 학습자의 경험 또는 이전 지식과 환경과의 상호작용을 통하여 새롭게 의미를 구성해가는 과정이기 때문에 교수설계는 지식구성을 촉진시킬 수 있는 풍부한 학습환경을 설계하는 것이 된다(Jonassen, 1999; 한국교육공학회, 2005).

David Jonassen(조나센, 1999)은 구성주의 학습환경을 설계하는데 고려해야 할 6개의 요소들과 학습자의 학습활동을 지원하는 3개의 교수활동을 [그림 11-12]와 같이 제안하고 있다.

구성주의 학습환경 설계 모형은 학습자들이 수행하게 되는 학습활동과 이들을 지원하기 위한 지원체제 및 교수자의 교수활동으로 구성되어 있다. 우선, 학습자

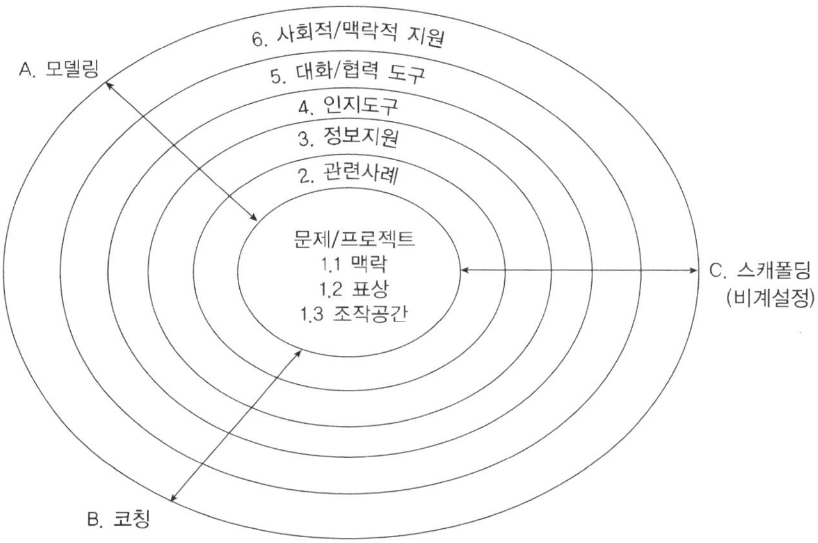

[그림 11-12] 구성주의 학습환경 설계 모형(Jonassen, 1999, p.218)

들이 수행하게 되는 학습활동과 이들을 지원하는 지원체제를 살펴보면, 이 모형은 문제중심학습(PBL: Problem-Based Learning) 또는 프로젝트중심학습(Project-Based Learning) 등의 학습환경을 지원하도록 구성하고 있다. 그 주변에는 다양한 해석적 및 지적 지원체제를 가지고 있으며, 학습자의 목표는 문제를 해석하거나 해결, 또는 프로젝트를 완성하는 것이다. 관련된 사례나 정보자원은 문제에 대한 이해를 돕거나 학습자들의 기억을 향상시키기 위한 비계를 설정하여 해결 가능한 방안을 제안한다. 인지도구는 학습자로 하여금 문제의 제 측면에 대한 해석과 조직을 돕고, 대화/협력도구는 학습자 공동체를 중심으로 문제에 대한 의미에 대해 협상하게 하고 구성(construct)하게 한다. 사회적/맥락적 지원체제는 학습자가 구성주의적 학습환경을 실행하도록 돕는다.

다음, 구성주의 학습환경에서 교수지원 활동으로 모델링(modeling), 코칭(coaching), 그리고 비계설정(scaffolding)을 제시하고 있다. 이 모형에서 모델링(modeling)은 가장 쉬운 교수전략으로 전문가의 수행 행동에 초점을 맞춘다. 모델링은 외현적 행동에 대한 행동모델링(behavioral modeling)이고 다른 하나는 내재적 인지과정에 대한 인지모델링(cognitive modeling)이다. 행동모델링은 활동구조에서 확인된 활동을 어떻게 수행할지 시연해 주며, 인지모델링은 학습활동을 하는 학습자들이 사용해야 하는 사고(행동중의 반성적 사고)를 명료화한다. 코칭(coaching)은 학습자가 어떻게 수행하는가에 초점을 맞춘다. 학습자의 동기를 부여하고, 이들의 수행을 분석하여 피드백을 제공함으로써 수행방법에 대해 학습하는 방법을 조언해 주며, 배운 내용에 대한 반성적 사고와 명료화를 유발한다. 마지막으로 비계설정(scaffolding)은 학습자가 수행하는 과제에 초점을 두고 학습자의 수행을 체계적으로 지원하는 것이다. 비계설정은 학습과 학습자의 능력을 넘어서는 학습자들의 수행을 지원하기 위한 임시적 틀을 제공한다.

구성주의적 학습을 지원하기 위한 학습환경 설계가 모든 학습결과에 적합한 것은 아니다. 하지만 학습자로 하여금 개인적이거나 협력적 지식구성과 문제해결 결과에 참여시키는 학습환경을 설계하려면 이러한 모형을 고려할 만하다.

3. 관련 연구

최근에는 구성주의가 학습 이론인가 아닌가 하는 논의와는 별도로 구성주의가 표방하는 공통의 철학적 관점을 공유한 학습 이론들이 새롭게 등장하고 있다. 활동 이론(activity theory), 상황학습 이론(situated learning theory), 분산인지 이론(distributed cognition theory), 학습의 생태심리학(ecological psychology of learning) 등이 있다. 이 이론들은 학습 현상에 대하여 지식의 맥락성과 상대적 성격의 이유를 철학이 아닌 학습 이론으로서 설명하고 있다. 따라서 구성주의가 강조하는 학습자 중심의 학습환경의 구현 및 정당화가 가능하게 되었다(한국교육공학회, 2005).

또한 구성주의의 영향 아래 많은 학습모형들이 학습자 중심의 모형들을 설계하고 구축하는 것을 목적으로 하고 있다. 학습자로 하여금 자발적이고 주도적으로 학습활동에 참여하도록 도와주는 것이 학습효과를 높이기 때문이다. 학습모형들은 학습 현상의 설명이 아니라 학습발생의 처방에 관심이 있다는 점에서 학습 이론과 구분된다. 최근 등장하고 있는 대표적인 구성주의적 학습모형들은 문제기반학습, 목표기반시나리오 등이 있으며, 이 모형들은 교실수업에서 적용되거나 웹기반, 온라인, e-Learning 학습에서 교육 컨텐츠를 설계하고 개발하는 방법으로 지속적으로 주목받고 있다.

참고문헌

강인애 (1995). 인지적 구성주의와 사회적 구성주의에 대한 간략한 고찰. 교육공학연구, 11(2), pp. 3∼20.

강인애 (1997). 객관주의와 구성주의 : 대립에서 대화로. 교육공학연구, 13(1), pp. 3∼19.

나일주, 정인성 (1999). 교육공학의 이해. 서울: 학지사.

서울대학교 교육연구소 편 (1994). 교육학용어 사전. 서울: 하우.

한국교육공학회 (2005). 교육공학용어 사전. 서울: 교육과학사.

Cobb, P. (1994). Where is the mind? Constructivist and sociocultural perspectives on mathematical development. *Educational Researcher, 23,* pp. 13∼20.

Cunningham, D. J. (1992). In defense of extremism. In T. M. Duffy, & D. H. Jonassen(Eds.), *Constructivism and the technology of instruction: A conversation,* pp157-160. NJ: Lawrence Erlbaum Associates.

Duffy, T. M., & Jonassen, D. H. (1991). Continuing the dialogue: An introduction to this special issue. *Educational Technology, May,* pp. 9∼11.

Duffy, T. M., & Jonassen, D. H. (1992). Constructivism : New implications for instructional technology. In T. M., Duffy, & D. H., Jonassen(Eds), *Constructivism and the technology of instruction: A conversation.* Hillsdale, NJ: Lawrence Erlbaum Associates.

Hanafin, M. J., Hannafin, K. M., Land. S. M., & Oliver, K. (1997). Grounded practice and the design of constructivist learning environments. *Educational Technology Research and Development, 45*(3), pp. 101∼107.

Jonassen, D. H. (1991). Objectivism versus constructivism: Do we need a new philosophical paradigm? *Educational Technology Research and Development, 39*(3), 5-14.

Jonassen, D. H. (1999). Designing Constructivist learning environments. In C. M., Reigeluth (Ed.), *Instructional-design theories and models : A new paradigm of instructional theory.* Mahwah, NJ: Lawrence Erlbaum Associates.

Knuth, R. A., & Cunningham, D. J. (1993). Tools for constructivism. In T. M., Duffy, J. Lawyek, & D. H, Jonassen(Eds), *designing environments for constructive learning.* New York, NY: Springer-Verlag.

Piaget, J. (1970). *The development of thought : Equilibration of cognitive structure.* New York, NY: Viking Press.

Spiro, R. J., Feltovich, P. J., Jacobson, M. J., & Coulson, R. L. (1992). Cognitive flexibility, constructivism, and hypertext: Random access instruction for advanced knowledge acquisition in ill-structured domains. In T. M. Duffy, & D. H. Jonassen(Eds.), *Constructivism and the technology of instruction: A conversation,* pp57-76. NJ: Lawrence Erlbaum Associates.

von Glasersfeld, E. (1989). Cognition, construction of knowledge, and teaching. *Synthesis, 80,* pp. 121～140.

von Glasersfeld, E. (1995). *Radical constructivism : A way of knowing and learning.* London, UK: Falmer.

Vygotsky, L. S. (1978). *Mind in Society : The development of higher psychological processes.* New York, NY: Harvard University Press.

chapter

12

수용 및 확산 이론
(Diffusion Theory)

1. 이론의 배경 및 맥락

교수설계와 교육공학은 혁신(innovation)과 변화의 영역이다. 왜 새로운 테크놀로지가 등장할 때마다 어떤 것은 활발하게 사용되고, 어떤 것은 사용되지 않는가, 또는 새로운 테크놀로지가 어떠한 경로로 여러 사람들에게 전파되는가? 등과 같은 의문들에 대해 답변을 하고자 하는 노력이 바로 확산에 관한 여러 이론들이다.

혁신의 확산은 새로운 아이디어의 채택과 확산을 목적으로 계획적인 전략을 사용하는 의사소통의 과정이다(박용태, 1983). 그 중 대표적인 것이 바로 Everett Rogers(로저스)의 '혁신의 확산(diffusion of innovations)'에 관한 연구이다. Rogers(로저스)는 그의 유명한 저서「Diffusion of Innovations」(1962)에서 새로운 것, 즉 혁신(innovations)이 사람들에게 받아들여지고 널리 퍼지는 확산(diffusion)에 대한 이론을 전개했다. '혁신의 수용과 확산'에 관한 초기 연구들은 대부분 농촌사회학(rural sociology)의 영역에서 이루어진 것이다(Rogers, 1995). 그 당시 미국에서는 우유나 밀 등 농장의 생산성을 향상시키는 것에 큰 가치를 두고 있었기 때문에, 주(州) 농업국과 지역 대학의 후원 하에 새로운 종자가 농부들에게 어떻게 하면 빨리 확산될 수 있는가에 대한 많은 연구가 이루어졌다. 이외에도 혁신의 확산에 관한 연구들은 인류학, 교육학, 공공복지, 마케팅, 일반 사회학 등 다양한 영역에서 이루어졌다. Hall & Hord(홀과 호드) 역시 혁신과 확산 이론에 대한 선구자들로 인정받고 있는데 그들은 '관심기반 채택 모형'을 개발하여 체제적 변화 이론을 전개해갔다.

[그림 12-1]
G.E. Hall

[그림 12-2]
S.M. Hord

Rogers(1995)와 Hall[1] & Hord(홀과 호드, 1987)의 확산 이론의 공통점은

1) Gene E. Hall, University of Neveda, Las Vagas 교육학과 교수
http://www.unlv.edu/Colleges/Education/Educational_Leadership/faculty/hall.htm

'개인 수용자'(individual adopters)의 관점에서 혁신과 확산을 보고 양적 방법론에 의존하는 매우 객관주의적, 결정주의적 방법을 택하고 있다는 것이다. 이들의 모형에서는 혁신의 채택과 수용과정이 상당히 예측 가능하고 선형적이며 합리적이다. 그들은 혁신을 어느 정도 고정된 본질을 가지고 있는 테크놀로지라고 생각하는 듯하다.

[그림 12-3]
Everett M. Rogers

[그림 12-4]
Harbans Singh Bhola

여기에서는 이 분야의 대표 이론이라 할 수 있는 Rogers(로저스, 1931~2004)의 이론과 Bhola(볼라)의 이론을 주로 소개하고자 한다. Rogers(로저스)는 혁신의 확산 과정을 설명하는 모델을 제시했고, Bhola(볼라, 1982)는 혁신 자체를 계획적으로 확산할 수 있게 하는 "개혁적 변화(planned change)" 모형을 제시하고 있다.

2. 이론 개요

(1) Rogers의 모델

Rogers(로저스, 1983)는 확산을 '특정 사회체제 구성원들에게 시간을 두고 새로운 아이디어, 즉, 어떤 혁신(innovations)이 특정 통로를 통하여 의사소통 되는 과정'이라고 정의하고 있다. 그는 혁신의 확산을 개인, 집단 또는 다른 채택 단위에 의하여 어떤 혁신이 구체적인 의사소통의 채널을 통하여 시간을 두고 수용되어 그 수용자의 수가 확대되어 나가는 것으로 정의하였다. 정의에 사용된 용어들을 살펴보면, '의사소통'이란 상호이해에 도달하기 위하여 의사를 주고받는 당사자들이 정보를 창출해내고 공유하는 것을 말한다. '새로운 아이디어'는 그동안 존재하지 않았던 새로운 것을 의미하지만, 기존에 있었던 것이라 하더라도 당사자에게 새로운 것이라고 지각되는 아이디어도 포함된다. 예를 들어, 현재에는 인터넷이 일상화되어있지만 컴퓨터에 대해 전혀 모르던 중년의 남자가 컴퓨터 학원에서 컴퓨터와 인터넷을 배웠을 때 이것은 그 사람에게 깜짝 놀랄만한 혁신이 될 수도 있다는 것이다. 다시 말하자면 확산이란 혁신을 의사전달의 메시지로 하는 특수한 형태의 의사소통이라 말할 수 있다(나일주와 정인성, 1991).

Rogers(로저스)의 확산 이론은 세 가지의 특징을 갖는다. 첫 번째는 혁신의 확산을 시간의 흐름에 따른 현상으로 파악하고 있으며, 둘째는 첫 번째와 관련하여 혁신의 확산 과정을 개인 혹은 집단간의 의사소통의 과정으로 파악하고 있다는 점, 그리고 세 번째는 의사소통의 과정에서 '혁신성'이라는 개념을 변수로 사용하고 있다는 점이다.

Rogers(로저스)의 이론을 살펴보기 전에 우선 조직 내에서 어떻게 새로운 것이 전파되고 변화가 어떻게 받아들여지는가에 대한 일반적 논의들에 대해 살펴보기로 하자. 우선 대표적으로 변화에 대한 세력장 분석(force field analysis)이 있다. Lewin (르윈, 1951)은 변화의 억제력과 추진력이라는 두 힘 간에 평형이 깨어질 때 변화가 일어난다고 보았고, 해동, 변화, 재결빙의 3단계를 통해 새로운 것이 조직 내에서 확산되고, 제도화된다고 생각했다. 이 외에도 RD&D(Research, Development & Diffusion) 모형, 백신 모형 등 새로운 것을 도입할 때의 모형이 몇 가지 있으나, 확산을 체계적으로 설명한 Rogers(로저스)의 모형이 대표적이라고 할 수 있겠다.

Rogers(로저스)의 이론은 [그림 12-5]의 혁신에 대한 의사결정의 5단계, 수용자의 유형 분류와 S자 모양의 수용 곡선으로 요약될 수 있다.

혁신에 의한 의사결정의 5단계

Rogers(로저스)는 [그림 12-5]에서 보는 것 같이 혁신에 대한 의사결정과정을 5단계로 개념화하였다. 잠재적 수용자들은 이 과정을 거치면서 시간을 두고 혁신과 상호작용하는 단계를 밟아가게 된다. 제 1단계인 지식(knowledge)은 잠재적 수용자들이 혁신이 존재한다는 것을 알고 그것이 무엇이고 어떻게 작동하는지에 대한 기본적 이해를 습득하는 단계이다. 제 2단계인 설득(persuasion)은 잠재적 수용자들이 혁신에 대한 긍정적이거나 부정적인 인상을 갖게 되는 단계이고, 제 3단계

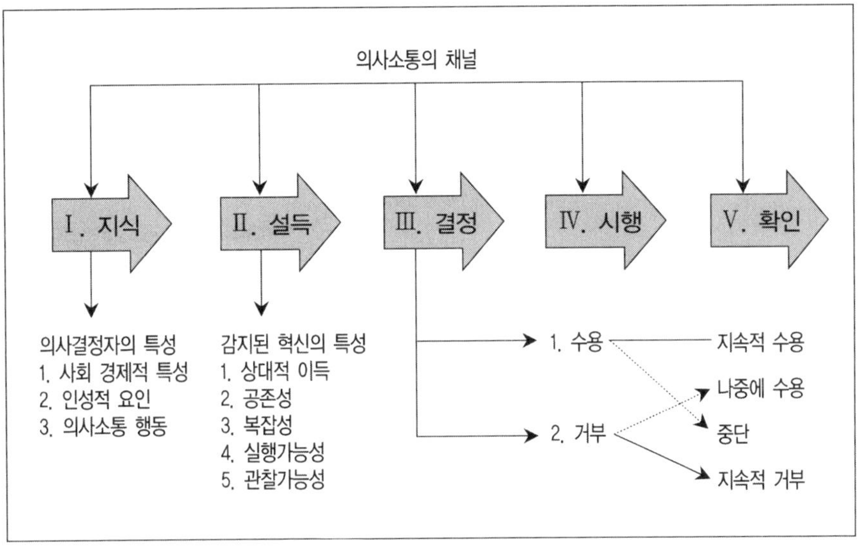

[그림 12-5] 혁신에 의한 의사결정의 5단계

인 결정(decision)은 혁신이 실제적으로 수용되거나 거부되는 단계이다. 제 4단계인 실행(implementation)은 혁신이 실제로 활용되는 단계이고, 마지막으로 제 5단계인 확인(confirmation)은 수용자들이 혁신을 사용한 결과를 피드백함으로써 혁신에 대한 평가와 정보를 갖고, 혁신의 사용을 계속하거나 중지하는 단계이다.

각 단계를 좀더 자세히 살펴보면, 지식의 단계가 시작되기 이전에 이미 존재하여온 사회적 상태가 있다. 과거의 경험이나, 현재 그 사회가 부딪히고 있는 문제점들이나, 변화를 필요로 하는 어떤 요구들 그리고 그 사회가 가지고 있는 규범 같은 것들이 그것이다. 또 특정 사회나 집단 또는 그의 구성원들이 특징적으로 지닐 수 있는 '혁신성'도 확산이 이루어지기 시작하는 이전단계의 전제된 조건들에 포함되는 것으로 보인다. 혁신성이란 혁신을 받아들이는데 민감한 정도를 뜻한다.

• 지식(knowledge) 단계에서는 "그것이 무엇인가", "어떻게 활용될 수 있는가?", "왜 좋은가?"라는 질문들에 대한 대답을 구하는 것이 중심과제가 되며 의사결정자의 사회 경제적 특성, 인성적 요인, 그리고 의사소통 유형에 따라

구체적인 해답을 구하는 행위와 방식이 달라지게 된다. 이 단계에서 변화를 가져오려고 중개하는 사람(Change-Agent)이 해야 할 일은 1) 변화에 대한 욕구를 증진시키는 역할, 2) 의사소통이 원활하도록 관계를 정립하는 일, 3) 의사결정을 해야 할 사람의 문제를 진단하는 일 등이 된다.

- 설득(persuasion) 단계는 감성적인 단계이다. 앞 단계의 지식을 바탕으로 하면서 감지된 혁신에 대하여 태도를 형성하게 된다. 혁신 자체가 가진 특성은 태도의 형성에 중요한 역할을 하게 된다. 상대적인 이득이 크고, 기존의 아이디어나 사물과의 공존가능성이 높고, 복잡성이 덜하며, 시도해보기 쉽고, 쉽게 관찰할 수 있다면 우호적 태도를 형성하는데 보탬이 된다는 것이 여러 학자들의 결론이다. 단, 이러한 특성들은 현실적으로 그래야 된다는 것이 아니며 의사결정자가 "느끼기에" 그러면 된다는 것이다. 변화 중재자의 역할은 의사결정자의 문제에 초점을 맞추어 혁신에 대한 이해를 증진시키고 동기를 부여하는 것이다.
- 결정(decision) 단계에서는 수용하거나 거부하는 행동을 하게 된다. 수용이란 혁신을 최선의 대책으로 받아들이는 것이며 거부는 받아들이지 않는 것이다. 여기에서 변화 중재자의 역할은 결정자의 필요와 요구에 바탕을 두고 그의 행동에 영향을 줄 수 있는 제언을 하는 것이다.
- 실행(implementation) 단계에서는 혁신을 실제로 활용하게 된다. 그 기간은 혁신이 혁신이라고 부르기 어려울 만큼 보편화되었을 때까지 계속된다. 혁신이 일상화, 정형화, 제도화되고 나면, 새로운 아이디어나 사물로서의 독특성을 상실하게 되는데 이 시점이 실행단계가 끝나는 시점이 되는 셈이다. 변화 매개자는 변화를 '고정화'시키고 변화가 중단되지 않도록 유도하는 역할을 하게 된다.
- 확인(confirmation) 단계는 이미 수용한 혁신에 대해 심리적 보상을 받는 단계이다. 시행을 통하여 고정화된 혁신은 이미 새로울 것이 없이 제도화되고 일상화된 보편적 상태이기 때문에 '재창조'(reinvention)라고 불리는 현상이 이 시기에 생겨나게 된다. 재창조란 최초에 소개된 혁신을 수용하거나 시행하는 과정에서 활용자가 그것을 변화시키거나 조정하여 받아들이는 것을 말한다.

수용자의 유형분류(adopter categories)와 S자 수용곡선

Rogers(로저스)는 어떠한 주어진 혁신이 있을 때, 수용자들이 갑자기 그것을 받아들이는 것이 아니라, 일정한 유형으로 나누어진다는 것을 발견했다. 즉, 사람들의 일정 퍼센트는 그것을 받아들일 준비가 되어 있지만 다른 사람들은 그러지 못한다는 것이다.

[그림 12-6]을 보면, 혁신자(Innovators)들 즉, 즉시 그리고 기꺼이 혁신을 받아들이는 사람은 전체의 2.5%정도이다. 초기 수용자(early adopters)들은 대개 인구의 13.5% 정도를 차지하고 대부분의 사람들은 초기 대다수그룹(Early Majority)과 후기의 대다수그룹(Late Majority)에 포함된다. 느림보(Laggards)는 끝까지 혁신을 거부하거나, 마지막에야 수용하는 사람들로 전체의 16%를 이룬다. 이 유형 분류는 모든 경우에 똑같이 적용될 수는 없겠지만, 수용자들이 대개 이러한 비율로 분류될 수 있다는 것을 보여준다.

S자 모양의 수용 곡선 또한 Rogers가 제시한 중요한 아이디어 중 하나인데, 확산이 느린 초기의 수용 단계 → 갑작스럽고 빠른 수용의 단계 → 마지막으로 점차적으로 평평하게 되는 안정기를 거친다는 것이다.

지금까지 살펴보았던 Rogers(로저스)의 확산 모델은 다음과 같은 제한점들이 지적되고 있다. 첫째, 지나치게 과정중심으로 직선적이라는 점, 둘째, 변화를 중개

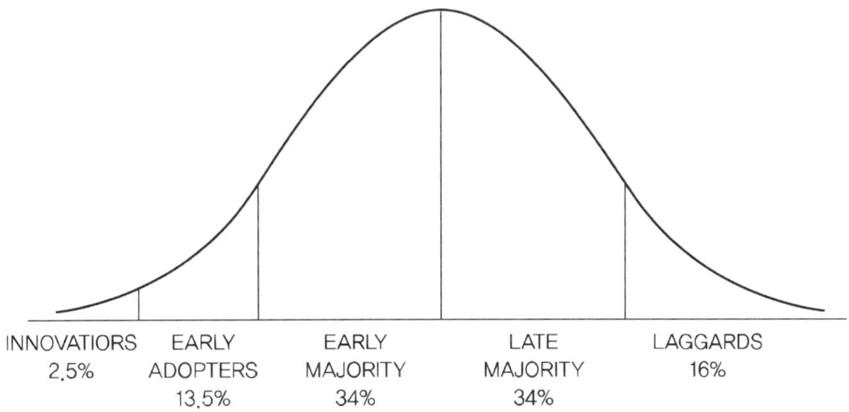

[그림 12-6] 가설적인 수용자 분류(Rogers, 1995)

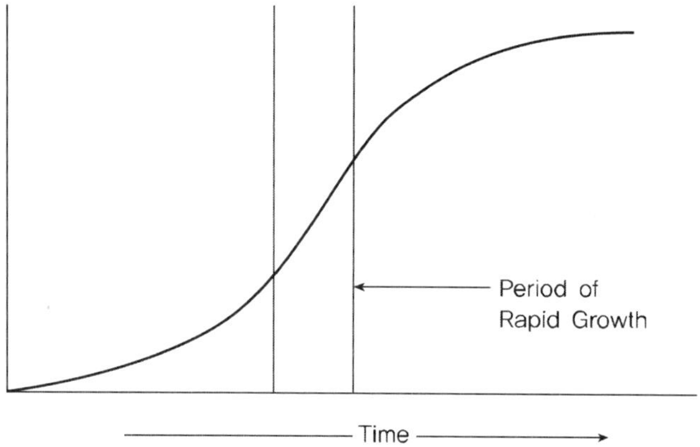

[그림 12-7] 확산의 과정(Rogers, 1995)

하는 사람과 받아들이는 사람을 구분하여 상명하달식의 확산개념을 가진다는 점, 셋째, 하드웨어적 혁신이 확산되는 과정을 설명하는 모델로서는 적합하나 소프트웨어적 혁신이 상호작용적으로(또는 변증법적으로)확산되는 과정을 기술하는 데는 적합하지 않다는 점 등이다. 그럼에도 불구하고 확산의 과정을 가장 알기 쉽게 보여주는 모델로서 널리 활용되고 있다(나일주와 정인성, 1991).

(2) Bhola(볼라)의 모델

앞서 언급했듯이 Rogers(로저스)의 모델에 비교해 볼 때, Bhola(볼라)의 모델은 확산을 설명하기 보다는 계획적으로 확산과 변화를 유도하기 위한 모형이다. 그는 변화를 계획하는 사람과 수용하는 사람이 있는 경우(Planner-Adopter System)를 가정하고, 특정한 혁신을 목적에 따라 확산시키는 것에 초점을 맞추고 있다. Bhola (1982)의 CLER 모델은 다음과 같다.

Bhola(볼라)는 혁신의 확산에는 4가지의 중요 요소가 있다고 보았다.

변화=f(C, L, E, R)

여기에서 C는 외형(configuration)을 나타내는 말로서 변화 추진 시스템과 변화 수용시스템을 망라하는 외형적 관계의 그물을 뜻한다. L은 연결점(linkages)을 나타내는 말로서 변화 추진 시스템과 변화 수용 시스템의 공식, 비공식적 연결점, 또 각각의 시스템 내부에서의 공식, 비공식 연결점을 뜻한다. E는 환경(environments)을 나타내는 말로서 변화 추진 시스템과 변화 수용 시스템을 둘러싸고 있는 우호적, 중립적, 저항적 환경을 뜻한다. R은 자원(resources)을 나타내는 말로서 변화 추진 시스템이 변화를 추진하는데 활용할 수 있는 자원과 변화 수용 시스템이 주어진 변화를 수용하고 편입하는데 활용할 수 있는 자원을 뜻한다. 다시 말하자면 Bhola(볼라)의 모델은 C, L, E, R로 표현되는 네 유형의 요소들에 의하여 변화의 방향과 변화의 정도가 결정된다는 것을 표현하고 있다.

CLER 모델은 계획적 변화를 가져오기 위해 상황이 갖고 있는 요소들을 정확히 기술하는 단계와 파악된 요소들을 변형하는 작업의 단계를 모두 보여준다. 변화를 가져오기 위해서는 우선적으로 변화의 목표를 기술하여야 한다. 그 다음으로는 변화 추진 시스템과 변화 수용 시스템을 구성하는 개인이나 단체에 대해 각각 기술해야 한다. Bhola는 변화 추진 시스템과 변화 수용 시스템을 구성하는 요소들을 외형(configurations)이라 부르며 이에 대한 정확한 기술은 CLER의 중요요소인 C부분에 대한 정보가 된다. 그 다음으로는 각 외형들(configurations)사이의 연결점들(linkages)을 파악하여야 한다. 그 연결점들은 추진 시스템이나 수용 시스템 내부에 한정된 것일 수도 있고 두 시스템에 걸쳐서 존재할 수도 있다. 연결점들은 성격상 공식적인 것일 수도 있고 비공식적인 것일 수도 있다. 환경(environment)에 대한 기술은 추진자가 처한 환경과 수용자가 처한 환경에 대한 기술의 두 부분으로 나뉘는데 대개의 경우 동일한 환경 조건이 되기 쉽다. 마지막으로 자원(resources)을 기술하게 되는데 자원에는 개념적 자원, 영향력, 물적 자원, 인적 자원, 제도적 자원, 시간 자원의 여섯 가지가 포함된다.

이렇게 CLER의 각 요소에 대한 기술이 끝나면 주어진 변화의 목적에 맞게 각 요소를 변형하는 작업에 착수하게 된다. 여기에서 현재 존재하는 단체를 없앤다거나 존재하지 않는 기관을 설립하는 것과 같은 C에 관계된 활동과, 공식 비공식적 연결점들을 맺고 끊으며 강화하고 늦추는 것과 같은 L 관련 활동, 보다 우호적인 환경을 조성하는 것과 같은 E 관련 활동, 활동 자원을 배분하고 보존하고 교환하고 확충하는 R 관련 활동 등이 포함되게 된다.

Rogers(로저스)의 모델이 기존의 사례들에 대해 기술하면서 내용을 분석해 나가는 기술적(descriptive) 특징을 지닌다면, Bhola(볼라)의 모델은 아직 실행되지 않는 혁신에 대한 비전과 사고틀을 제시하고 있다는 점에서 장점을 가진다. 다시 말하면, Bhola(볼라)의 CLER 모델은 계획적인 확산을 다루는 모형으로서 혁신 자체를 계획적으로 확산할 수 있도록 하는 개념적 틀을 제공해 줄뿐만 아니라 혁신의 종류와 혁신의 확산을 연관시켜 사고해 볼 수도 있는 유연한 사고의 틀이다. 하지만, 모델이 단순하여 틀이 확고한 만큼 추상적인 수준에서 연구가 진행될 수 있다는 단점도 동시에 가지고 있다.

3. 관련 연구

(1) 교육공학 관련 확산 연구

교육공학 영역에서 확산 이론은 주로 교수설계가 실행되는 단계(implementation)에서 이루어졌다. Ernest Burkman(버크만, 1987)은 특히 확산 이론과 교수설계, 교수 공학을 연결시킨 사람이다. Burkman(버크만)은 1980년대 중반 교수설계와 교수공학의 활용도 증진을 위하여 확산 이론에 눈을 돌렸다. 그는 Rogers의 이론 중 '감지된 혁신의 특성'을 잠재적 수용자(potential adopters)들에게 더 호소할 수 있는 교수매체를 개발하기 위한 방법으로 사용했다. 그는 이 새로운 접근을 "사용자 지향적인 교수개발(UOID, User-Oriented Instructional Development)"라고 불렀다. Burkman(버크만)의 UOID 모델은 5단계를 통해 사용자에게 더 빨리 확산될 수 있는 교수매체를 만드는 데 도움이 되는 가이드를 제공했다.

Burkman(버크만) 외에도 다른 연구자들이 확산 이론을 교육공학에 적용했는데, 예를 들어 Stockhill(스톡힐)과 Moorehouse(무어하우스, 1992)는 확산의 개념을 원격 학습과 다른 교육공학의 수용을 증가시키는데 고려해야 할 요소들의 체크리스트를 만들 때 사용했다. 한편 확산 이론을 조직 내에서 교수 혁신을 지원하거나 방해하는 요인을 확인하고 분석하는데 사용하거나(Farquhar & Surry, 1994), 확산 개념을 교사들에게 인터넷을 소개하는 프로그램을 평가하는 기초로서 사용하기도 했다(Sherry, Lawyer-Brook, & Black, 1997).

그리고 학교에서의 실행(implementation)을 가이드 하는데 사용되는 것이 Hall(홀)의 CBAM(Concerns Based Adoption Model)이다(Hall & Louks, 1975). 이 모델의 실행 단계에서 사용의 수준(LoU = Levels of Use)이 소개되었는데, 비사용(nonuse), 초기의 정보(orientation), 사용을 위한 준비(preparation to use), 기계적 사용(mechanical use), 상용화(routine), 정련(refinement), 통합(integration), 그리고 새롭게 하기(renewal)가 바로 그것이다. Moersch(모쉬, 1995)는 LoU를 변형하여 학교 교실에서의 컴퓨터 사용에 대한 측정을 바탕으로 LoTi(Levels of Technical Implementaion)를 개발하였다. 그는 Hall(홀)의 단계를 실행정도를 결정하는데 가이드를 제공하기 위한 7단계(Nonuse, Awareness, Exploration, Infusion, Integration, Expansion and Refinement)로 바꾸어 제시하고 있다.

(2) 확산의 방해요인에 관한 연구들

확산 연구의 또 다른 방향은 확산과 실행(implementation)을 가로막는 저항 요인들에 대한 연구이다. 그 중에서도 Zaltman & Duncan(짤트만과 던컨, 1977)의 연구가 대표적인데, 그들은 저항(resistance)을 "현재 상태를 변화시키려는 압력에 대항해 현재 상태를 유지하려는 행위"라고 정의했다. 그들은 저항의 유형을 알고 있다면, 그것을 다룰 수 있는 전략을 설계할 수 있다고 주장했다. 그들은 저항을 문화적, 사회적, 조직적 그리고 심리적 유형으로 분류했고, 저항의 특정한 부분을 극복하기 위한 전략이 개발되었을 때에만 실행이 성공적이라는 것을 지적하고 있다.

이 외에도 Poole(푸울, 1991)은 확산 연구에 공통적으로 나타나는 혁신의 장애요인으로, (1) 인성 및 심리요인, (2) 혁신 자체의 독특한 속성, (3) 일방적인 혁신 의사결정, (4) 실행단계에서의 문제, (5) 조직 및 사회적 체제의 문제, (6) 의사소통 네트워크의 부재, (7) 특유의 교사문화 등을 지적하고 있다. Fletcher(플레처, 1984)

는 (1) 자원 부족(특히, 혁신의 속성과 장점을 제대로 인식한 인력의 부족), (2) 경제적 장애요인, (3) 사회문화적 요인, (4) 교사 태도적 요인, (5) 정책적 자원의 부재와 비일관성 등을 혁신 확산의 방해요인으로 예시하고 있는가 하면, Havelock & Huberman (1977)은 (1)부적절한 계획, (2) 부적절한 리더십, (3) 빈약한 재정상태, (4) 전통고수를 주장하는 핵심집단의 반대, (5) 혁신확산 과정의 참여자간의 상호 의사소통의 결여 등을 방해요인으로 제시하고 있다. Garland(가란트, 1991)는 (1) 사람의 문제, (2) 문화적 전통, (3) 모험에 대한 반감, (4) 지식의 부족, (5) 사용자의 수용 저항, (6) 비용의 문제, (7) 하부구조의 문제 등을 지적하고 있다.

(3) 확산을 촉진하는 조건들에 관한 연구들

이제까지 교육공학에서의 실행(implementation) 과정에 대한 연구는 확산에 대한 방해 연구가 더 많았다고 할 수 있다. "혁신이 어디에서 수용되고 실행되는가? 그 과정을 촉진하는 조건은 무엇인가?"라는 질문은 우리의 관점을 저항으로부터 보다 긍정적인 곳으로 돌려놓으면서 후속 연구를 위한 길을 터주고 있다. 이에 대한 일련의 연구들은 "이러한 혁신들이 왜 성공적이었는가?" 란 질문에 대해 답하려고 했다. Ely(엘리, 1999)는 실행에 공헌하는 8가지 조건들에 대해 밝혀냈다.

(4) 최근의 연구들

인터넷 환경이 일반화된 오늘날에는 급속히 변화하는 기술의 특성상 이상에서 살펴본 고전적 확산 이론과 같이 선형적이고 고정적인 혁신의 수용과 확산과정이 일어난다고 보기 어렵다. 최근의 연구에는 Rogers(로저스)의 선형적 모형과는 다르게, 학습을 한 공동체 내에서 발생하는 사회적 과정으로 보고 혁신의 수용과 확산을 조직의 학습, 즉 시스템의 역동성에 중점을 두어야 한다고 주장(Schein, 1996)하고 있다. 이와 비슷한 관점에서 조직적 요인을 구체적으로 제시함으로써 테크놀로지 혁신의 채택을 저해하거나 증가시키는 요인을 분석할 수 있는 모형을 제공한 연구도 있다(Farquar & Surry, 1994). 이들은 테크놀로지 혁신의 채택을 방해하거나 증가시키는 요인을 검토할 때 사용할 수 있는 혁신채택의 분석도구 (Adoption Analysis Tool)를 개발했다. 그 외에도 Collis & Pals(콜리스와 팔스, 2000)는 문헌분석을 통해 원격 정보통신 테크놀로지의 교육적 활용과 확산을 예측할 수 있는 요인들을 6가지로 제시하고 있다.

참고문헌

김미량 (1998). 웹 활용 수업 확산의 장애요인 탐색을 위한 사례연구: 학습자의 지각을 중심으로, 교육공학연구, 14(3), pp. 55∼79.

김영호 (1973). 한국 교육 혁신의 방향. 교육 혁신 보급에 관한 이론적 기초. 서울: 한국교육개발원.

나일주, 정인성 (1991). CAI 개발과 활용. 서울: 교육과학사.

박병호 (2004). 교사들의 ICT 활용 촉진 요인 분석 및 제언. 정보교육학회논문지, 8(2), 271-282.

박용태 (1983). 혁신의 확산 과정, 서울: 고려원.

이상주 (1973). 교육혁신 전파의 과정: 세 가지 모형. 교육혁신 보급에 관한 이론적 기초. 서울: 한국교육개발원.

Bhola, H. S. (1982). Planning Change in Education and Development: The CLER Model in the Context of a Mega Model. *Viewpoints in Teaching and Learning, 58*(4), 1-35.

Bhola, H. S. (1988). The CLER model of innovation diffusion, planned change, and development: A conceptual and applications. *Knowledge, Technology & Policy, 1*(4), 56-66.

Burkman, E. (1987). Factors affecting utilization. In R. M. Gagne(Ed.), *Instructional technology: Foundations.* Hillsdale. NJ: Lawrence Erbaum.

Collis, B., & Pals, N. (2000). A Model for predicting an individual's use of a telematics application for a learning-related purpose. *International Journal of Educational Telecomunications, 6*(1), 63-103.

Ely, D. P. (1999). Conditions that facilitate the implementation of educational technology innovations. *Educational Technology, 32*(6), 23-27.

Farquhar, J. D., & Surry, D. W. (1994). Adoption analysis: An additional tool for instructional developers. *Education and Training Technology International, 31*(1), 19-25.

Hall, G., & Hord, S. (1987). *Changes in schools: Facilitating the process.* NY: SUNY Press.

Holloway, R. E. (1996). Diffusion and Adoption of educational technology: A critique of research design. In David H. Jonassen (Ed.), *Handbook of research for educational communications and technology.* NY: Simon & Schuster Macmillan.

Havelock, R. G., & Huberman, A. M. (1977). *Solving educational problems: The theory and reality of innovation in developing countries.* Paris: UNESCO.

Lewin, K., & Cartwright, D. (1951). *Field theory of social science: Selected theoretical papers.* New York: Harper & Brothers.

Reiser, R. A., & Dempsey, J. V. (Eds.) (2002). *Trends and issues in instructional design and technology.* OH: Merrill Prentice Hall.

Rogers, E. M. (1995). *Diffusion of Innovations* (4th ed.). NY: The Free Press.

Schein, E. H. (1996). Leadership and Organizational Culture. In F. Hesselbein, M. Goldsmith, & R. Beckhard (Eds.), *The leader of the future. San Francisco.* CA: Jossey-Bass.

Sherry, L., Lawyer-Brook, D., & Black, L. (1997). Evaluation of the Boulder Valley Internet Project: A theory-based approach to evaluation design. *Journal of Interactive Learning Research, 8*(2), 199-233.

Surry, D. W., & Brennan, J. P. (1998). *Diffusion of instructional innovations: Five important, unexplored questions.* NY: ERIC Clearinghouse on Information and Technology (ERIC Document Reproduction Service No. ED422892).

Zaltzman, G., & Duncan R. (1977). *Strategies for planned change.* New York: John Wiley & Son.

chapter

13

자기조절학습 이론
(Self-Regulated Learning Theory)

1. 이론의 배경 및 맥락

자기조절학습(self-regulated learning)은 '자기규제학습(self-controlled learning)'이라 하기도 하며, 때로는 '자기주도학습(self-directed learning)'과 혼용되어 사용된다. 자기조절학습이란 인간이 평생 동안 학습하며, 현대사회에서와 같이 지식정보가 범람하고 있는 시대에 학습활동이 단순한 정보의 획득이 아니라 학습자 자신에게 의미 있는 지식의 획득을 강조한다. 자기조절학습이란 능동적이고 적극적인 학습활동에 있어 학습자가 자신의 학습과정을 점검하고, 조절하여 보다 효과적인 학습이 이루어질 수 있도록 하는 학습방법(Zimmerman, 1989)이다. 자기조절학습 개념은 1986년 Contemporary Educational Psychology와 American Educational Research Journal에서 특집으로 게재되면서 본격적으로 착수되었고, Zimmerman(짐머만) 등을 중심으로 미국교육연구협회(AERA)의 연구자들이 그동안의 혼재된 이론의 틀을 정립하였다. 자기조절에 관한 연구는 일상생활에서의 인간이 자기통제(self control)나 자기조절(self-regulation)에 대한 연구로부터 출발되었다.

1970년대 당시 미국 교육개혁 관련, 교육연구자와 개혁가들은 어린이들이 목표설정, 자기강화, 자기기록, 자기지시와 같은 자기조절 과정들을 식사하기와 과제완성 등의 개인적인 통제 영역에서 활용하고 있었으며, 이를 학습자의 학습과정에 이용하고자 하는 의도에서 출발되었다. 또한 심리학 분야에서 Bandura(반듀라)를 필두로 한 자기통제에 대한 연구가 시작되면서 학습에 있어서 자기조절과 학업성취의 관련성에 대한 여러 응용 연구가 이루어 졌다. 일반적으로 학습자들이 수업상황에서 수동적이고 반응적인 역할을 하고 있다는 수업 이론을 바탕으로 한 교육개혁은 학생들의 주체적이고 적극적인 경험을 인정하지 않는다. 오히려 교사와 다른 교육자들의 역할을 더 많이 강조하며, 학생의 정신 능력과 사회 문화적 배경, 교육기준의 달성 등을 기초로 하여 수업을 강요한다. 이에

[그림 13-1] Contemporary Educational Psychology 1986

자기조절학습 이론은 학생들이 (1) 초인지적, 동기적 전략들을 선택적으로 사용함으로써 학습 능력을 개인적으로 향상 시킬 수 있고, (2) 유리한 학습환경을 적극적으로 선택하고, 구성하며, 심지어는 창조할 수 있으며, (3) 필요한 수업의 형식과 양을 선정할 때 중요한 역할을 할 수 있다고 가정하고 있다. Zimmerman(짐머만)을 중심으로 학자들이 '학습자가 어떻게 자신의 학습을 조절해나가는가'에 대한 집중적인 논의를 거듭하면서 자기조절학습 연구를 본격적으로 시작하였다. 아울러 효과적인 학습자가 어떤 방식으로 학습을 진행해 나가는지를 탐구하고자 하였다. Zimmerman(짐머만)이 자기조절학습을 메타인지적(metacognitive: 초인지 또는 상위인지)으로, 동기적으로, 행동적으로 학업성취를 촉진하는 실제적 촉진자라는 견해를 강조한 이후, Schunk(슝크), Pintrich(핀트리치), McCombs(맥콤), Winne(위니), Corno(코르노), Paris(파리스) 등이 다양한 관점에서 이론적인 발전을 꾀하고 있고, Bandura(반듀라)와 Ames(에임스)도 자기조절학습의 과정에 영향을 미치는 자아효능감, 흥미, 교육환경 등에 주목하고 있다.

[그림 13-2] Self-Regulated Learning-From Teaching to self-Reflective practice 1998.

자기조절학습에 대한 기존의 다양한 관점들을 Zimmerman & Schunk(짐머만과 슝크, 1989)가 다음의 여섯 가지 관점으로 정리하여 이론의 맥락적 이해를 돕고 있다. 1) 조작주의적 관점, 2)비고츠키의 관점, 3) 사회 인지적 관점, 4) 의지적 관점, 5)현상학적 관점, 6) 인지주의적 관점으로 그 중에서 연구의 큰 흐름을 이루고 있는 네 가지 관점을 정리하면 다음과 같다. 첫째, 조작주의적 관점은 Skinner(스키너)의 행동주의 원리를 중심으로 설명하는데, 학습자의 동기를 강화시키는 주요 원천으로 자기판단, 자기반응, 자기강화를 강조하며 자기기록과 자기강화를 사용하여 상당한 수준의 반응 효과를 나타낸다고 주장한다(Shapiro, 1984). 둘째, 비고츠키적 관점은 자기조절의

[그림 13-3] D. Schunk

동기능력으로서 내부 언어와 성인 아동의 상호작용을 강조하고 있다(Harris, 1990). 즉 외부에서 제시되는 언어가 자기중심적인 언어를 거쳐 내면화되어 내부 언어로 전환되는 과정에서 학습자의 동기능력이 발달되며, 이러한 동기능력과 함께 학습자의 인지기능을 활용하려 행동해 나가는 과정이 바로 자기조절요인이 발달하게 되는 과정이다(Rohrkemper, 1989). 셋째, 인지구성주의적 관점에서 Paris & Bynes(파리스와 비네스, 1989)는 자기조절학습 능력의 하위 요인으로 학구적 자아효능감, 노력, 학업과제, 도구의 전략 등을 들고 있으며, 도구적 전략은 자기조절학습에 있어 시간, 동기, 감정을 통제한다. 넷째, Bandura(반듀라)가 주장하는 사회인지주의적 관점에서 살펴보면, 인간의 행동은 개인과 환경간의 역동적 상호작용에 의하여 결정되며, 자기조절학습도 이러한 맥락에서 발생된다고 보고 있다. 대체로 학습자들은 학습초기에 독자적으로 학습하기 보다는 주위 환경들의 영향을 받고, 타인의 행동을 관찰하여 대리학습을 하면서 시작된다(김용수, 1998).

2. 이론 개요

(1) 자기조절학습의 개념

자기조절학습에 관한 견해는 연구자가 자기조절학습을 바라보는 이론적 관점의 차이에 따라 그 해석을 다르게 할 수 있으나, 그 정의를 규정하는 데 있어 공통적으로 학습자의 자발적인 학습 참여, 계획과 평가, 그리고 효과적인 학습전략의 수행을 그 주된 요소로 포함한다. 즉 학습자 스스로가 자기 능력을 객관적으로 인식하고 이에 알맞은 학습목표를 설정하며 이를 달성하기 위한 실천계획을 세워 스스로의 힘으로 학습 평가에 도달하는 것을 말한다.

자기조절학습(self-regulated learning)이란 사용하는 사람에 따라 "자기조절학습" 혹은 "자기규제학습", "자기조절적 인지능력(self-regulated cognition)"이라고 혼용하여 사용되는 경우가 많으며, 자율학습(autonomous-learning), 자기조정학습, 자기계획적 학습, 자기교육(self-education), 자기교수(self-teaching), 자기학습

(self-study), 학습하는 방법의 학습, 상위인지 등의 개념과도 혼용되어 왔고(양미경, 1997), 자기규제기능(self-regulatory skills)과 관련해서는 자기통제(Mahoney & Thoresen, 1974), 자기관리(self-management), self-regulation(Bandura, 1986) 등이 연구되었다.

초기 정보처리적 관점에서 자기조절학습에 대한 정의를 내리고자 했던 Corno & Mandinach(코르노와 만디나크, 1983)는 학습자가 자신의 학습에 대해 책임을 지고 학습에 필요한 전략을 스스로 활용해서 학습목표에 도달하려는 능력으로 '학습자의 의도적인 노력'이라 규정하였으며, 학습자가 학습과제를 수행해내는 의도적인 계획 또는 점검(monitoring) 등의 인지적요소를 포함시키고 있다. Schmitt & Newby(슈미트와 뉴바이, 1986)는 자기조절학습을 메타인지로 정의하는데, 메타인지(상위인지 또는 초인지: meta-cognition)란 자신의 인지과정을 통제하고 조절하는 것(Flavell, 1976)으로 자기조절은 자신의 인지과정을 통제하고 조절하는 것을 의미한다. 이러한 자기조절학습을 인지주의적 관점에서 바라보는 경향은 Winne(와인) 등의 학자들에 의해 이어지고 있다.

1990년대 이후에는 사회인지주의적 전통을 이은 학자들에 의해 학습동기 연구분야가 수용되면서 자기조절학습에 대한 동기적 접근이 시도되었다(Boekaerts, 1995; Schunk, 1995). 이들은 학습자의 동기적 특성을 자기조절학습의 중요 요인으로 보면서, 동기적 요인이 적극적인 자기조절학습의 실현과 학습노력을 설명해 줄 수 있다고 하였다. 신민희(1998)는 자기조절학습의 주요한 동기적 요소로 통제인식(perception of control)과 자기효능감(self-efficacy)을 들고 있다. 통제인식이란 자기조절 과정에 영향을 미치는 주요한 동기적 요인으로써, 학업성취의 성공이나 실패의 결과가 학습자 자신에게 책임이 있다고 이해하는 것을 말한다(McCombs, 1984; Hederson, 1986; 신민희, 1998).

최근의 자기조절학습은 인지적 · 동기적 측면뿐만 아니라, 학습자의 외현적인 행동조절, 학습환경의 통제와 활용을 다루는 통합적인 개념으로 확장되고 있다. Zimmerman(짐머만)은 자기조절학습을 수행하는 학습자는 학습에 임할 때 학습과정에서 인지적이고, 동기적이며, 행동적으로 능동적인 참여를 한다고 지적한다. 또한, 자기조절학습에서는 학습자가 스스로 자신의 학업성취를 향상시키기 위해 독특한 과정, 절차, 또는 반응을 목적에 맞게 사용할 수 있고, 학습하는 동안 스스로에게 피드백을 주며, 학습자가 자기조절된 과정, 절차, 또는 반응을 어떻게 선택하고, 왜 선택하는지에 관한 기술을 포함해야 한다. 이러한 자기조절학습 기술 및 노력은 궁극적으로 학습목표의 달성을 위해 자신의 고유한 학습환경을 창출하는 행동으로 이어진다(Zimmerman, 1990).

Pintrich & De Groot(1990)에 의하면, 자기조절학습이란 학습자 개개인이 학문적 과제를 해결하기 위해 행동적이고, 목표 지향적이고, 행동 · 동기 · 인지를 스스로 통제하는 것이라고 하였으며, Ertmer & Newby(1996)는 학습성취를 극대화시키기 위해 다양한 학습 전략을 계획적으로 사용하는 학습자의 목표지향적인 행동으로 자기조절학습을 정의하였다.

이처럼 자기조절학습에 대한 정의는 학자들의 견해에 따라 조금씩 다르나 대부분의 정의에서 공통점을 찾아보면 다음과 같다(Zimmerman, 1989).

첫째, 자기조절학습자는 자신의 학업 성취를 향상시키기 위하여 상위 인지적, 동기적, 행동적 전략을 체계적으로 사용한다.

둘째, 자기조절학습자는 학습 중에 학습의 효과를 알기 위해 자기 지향적인 피드백을 사용한다.

셋째, 자기조절학습자들은 특별한 자기조절 책략을 선택해서 사용하는 방법이나 이유를 설명할 수 있다. 조작적 이론가들은 사회적 승인, 향상된 지위, 물질적 이득과 같은 외적 보상이나 벌에 의해 자기조절학습 반응이 결정된다고 보는 반면, 현상학적 이론가들은 자기실현에 의해 학생들이 동기화된다고 본다. 다른 연구자들은 이 양극단 사이의 어느 위치에 자기효능, 성취 성공, 인지적 평형과 같은 동기를 둔다.

넷째, 자기조절을 하기 위해 노력하는 아동들에게는 학업의 주 내용 외에 부가적인 공부 준비 시간, 의지, 노력이 요구된다.

(2) 자기조절학습의 요소 및 전략

자기조절학습의 다양한 정의는 공통적으로 학습자의 자발적인 참여와 초인지능력, 자신에게 적합한 학습전략을 선택하고 스스로 수행하는 등의 요소를 포함하고 있음을 알 수 있다. 이러한 자기조절학습은 크게 두 가지 핵심 구성 요소를 포함하는데, 학습 전략적 측면과 동기적 측면으로 나눌 수 있다(신민희, 1998; 이재경, 1999). 학습전략적 측면은 대개 인지적, 초인지적 전략을 가리키고, 동기적 측면은 자기 통제, 자기 효능감 등의 정의적 영역을 나타낸다.

자기조절학습의 구성 요인을 양명희(2000)의 조작적 정의를 중심으로 살펴보면, 인지조절 차원, 동기조절 차원, 행동조절 차원의 3가지로 크게 나누고 그 하위 변인을 제시하고 있다. 인지조절 차원에는 인지전략(cognitive strategy), 메타인지 전략(meta-cognitive strategy)으로 나누고, 동기조절 차원은 숙달목적 지향성, 자기효능감, 과제 가치 등이 중요한 변인으로 제시되며, 행동조절 차원은 행동통제, 학업시간의 관리, 도움구하기와 같은 하위 변인을 포함하고 있다고 한다.

Corno & Mandinach(1983)의 모형은 자기조절요소 중 초인지적 접근과 동기적 접근을 시도한 모형으로 높이 평가받고 있다. 자기조절학습의 특성을 학습내용의 습득과 변형이라는 두 가지 인지적 수준으로 나누고 자기조절학습을 <표 13-1>과 같이 5요소로 나누어 설명하고 있다.

〈표 13-1〉 Corno & Mandinach(1983)의 자기조절학습의 5요소

자기규제적 학습의 요소		구체적인 활동
정보습득	주의 (Alertness)	주어지는 정보를 받아들이는 것
		정보의 수집 또는 축적
정보변형	선택 (Selectivity)	다양한 정보간의 변별
		관련있는 정보와 관련이 없는 정보의 구분
정보변형	연결 (Connecting)	기존 지식의 탐색
		사전지식과 새로운 지식과의 연결

자기규제적 학습의 요소		구체적인 활동
정보습득/ 정보변형	계획 (Planning)	과제수행의 과정 또는 순서의 조직
정보습득	관찰 (Monitoring)	주어진 정보와 변형된 정보의 계속적인 추적
		필요한 정보 또는 과정의 반복
		자기점검과 평가

그는 더 나아가 학습자가 정보습득과 정보변형의 두 측면에서 상대적으로 어느 정도의 활동을 수행하느냐에 따라 4가지 질적으로 다른 자기조절학습 유형이 도출된다고 보았다. <표 13-2>는 자기조절학습의 4가지 유형이다.

〈표 13-2〉 Corno & Mandinach(1983)의 자기조절학습의 4가지 유형

정보변형 활동	정보습득 활동	
	High	Low
High	자기조절형	과제중심형
Low	자원관리형	수동형

앞서 살펴보았듯이 자기조절학습 수준은 크게 학습 전략적 측면과 동기적 측면으로 나눌 수 있다. 동기적 측면이 믿음, 자신감 등 심리적 상태인데 반해, 학습 전략적 측면은 인지적 , 행동적인 전략을 의미한다. 자기조절학습 전략을 좀 더 구체적으로 제시한 연구로, Zimmerman & Martinez-Pons(1986)는 자기조절학습 전략을 14가지로 범주화하여 아래의 <표 13-3>과 같이 제시하였다.

자기조절학습의 동기전략적 측면은 학습자에게 내재된 귀인 특성 또는 심리적인 측면을 주요 요인으로 간주하고 통제의식과 자기효능감의 두 가지를 중심으로 파악하고 있다. 성공적인 학습 결과를 생성하는 원인과 결과는 외부 요인이 아닌 자신의 통제력에 좌우되고 있다는 것이다. 학습과정 및 결과뿐만 아니라 인지과

〈표 13-3〉 Zimmerman과 Martinez-Pons의 자기조절학습 전략

전략의 범주	정 의
1. 자기 평가	자신의 학습의 질 또는 진행에 있어서 학습자 스스로 평가하는 것
2. 정보의 조직과 변형	학습을 향상시키기 위하여 교수 자료들을 여러 가지 형태로 재배열하는 것
3. 목표 설정과 계획	교육 목적이나 목표를 설정하고, 그러한 목적과 관련된 활동들을 나열하고 시간을 조정하고, 완성하는 것
4. 정보 탐색	과제를 수행할 때, 교실 밖의 학습 장면으로부터 더 많은 학습과제 정보를 찾으려고 노력하는 것
5. 계속적인 기록과 관찰	학습 내용이나 학습 결과를 기록하기 위해 노력하는 것
6. 환경 구조화	학습을 수월하게 하기 위해 물리적 환경을 선택하거나 정리하려고 노력하는 것
7. 자기 보상 및 처벌	학습의 성공이나 실패에 따라 보상이나 벌을 스스로에게 제공하는 것
8. 정보의 반복과 기억	학습 자료를 기억하기 위해 내·외적으로 반복해서 연습하려고 노력하는 것
9-11. 사회적 도움	동료(9), 교사(10), 성인(11)으로부터 도움을 얻고자 노력하는 것
12-14. 복습	수업이나 시험을 잘 보기 위하여 시험지(12), 공책(13), 교과서(14)를 다시 읽어보려고 노력하는 것

정, 믿음 심지어는 심리적인 측면까지 자신이 스스로 조절하고 관리할 수 있는 적극적인 책임의식이 고양되어야 한다는 것이다. 그리고 자기효능감은 학습자의 과제선택, 과제에 투자하는 노력의 양과 질, 어려움에 부딪혔을 때 쉽게 포기하지 않고 끈기 있게 매달리는 정도, 효과적인 학습 전략의 수행여부 등을 말하며 이는 성공적인 학업성취의 다양한 측면에 정적인 영향을 미치는 요인이다.

그 밖의 자기조절학습에 관한 설명으로 최근에 학습환경 측면에 관한 논의가 전개되고 있는데, 학습자의 학습환경 요소들이 학습자의 자기조절학습에 영향을 미친다는 점에 주목하고 있다. 학습자의 외부에서 자기조절학습에 영향을 미치는

요인으로는 '학습집단규모 요인(개인 혹은 집단 요인)', '물리적 학습환경 요인(교실 혹은 학습 매체 등)', '학습과제 요인(과제의 속성)' 및 '교수설계전략 요인'의 네 가지로 구분될 수 있다(임철일, 2001).

3. 관련 연구

자기조절학습에 관한 연구의 주 관심은 학습자가 자신의 학습과정에 적극적으로 참여하여 보다 높은 성취를 이끌어내는 학습 현상을 설명하는 것이다. 따라서 관련 연구들에는 학습자가 어떻게 자기조절을 하면서 학습을 진행해 나가는지를 밝히기 위해 다양한 심리변인들이 도입되었다.

인지중심 연구의 경우는, 학습자가 자기조절학습에 사용하는 인지전략을 밝히고자 한 연구들이 주를 이루는데, 앞서 살펴 본 Zimmerman & Martinez-Pons의 연구 외에도 Pintrich & De Groot(1990) 등의 인지전략연구가 있다.

동기중심의 연구는 매우 다양하게 이루어졌는데, 결과를 요약하면 높은 동기를 유지할 때 학습자들은 도전감을 주는 과제를 선택하고(Ames & Archer, 1988), 더 노력하며, 어려움에 부딪혔을 때도 끈질긴 인내심을 보이고(Bandura & Schunk, 1981), 효과적인 학습전략을 사용하며(Pintrich & De Groot, 1990), 높은 학업성취를 보인다고 한다.

행동중심의 연구는 자기조절학습자가 일반적인 학습자와 행동적인 측면에서 다르다는 점을 밝힌 연구들이 이루어졌는데, 도움구하기(최효선, 2002), 학업시간관리능력과 같은 행동적 측면에서 일반적인 학습자와 구분되는 행동특성(Newman, 1990)이 나타남을 밝히고 있다.

자기조절학습에 관한 이런 연구와 더불어 교육공학 분야에서도 이를 적용한 연구들이 활발히 진행되고 있는데, 먼저 매체 자기효능감과 관련하여 Young(1996)은 미국 중학생 1학년을 대상의 CBI(Computer-Based Instruction)수업에 있어서의 학습자 통제권 부여에 따른 효과를 연구하였다. 학습자들이 참여한 학습자 통제형 수업과 프로그램 통제형 수업 유형을 비교했을 때 유의미한 차이는 없었으나,

수업 유형 변인과 자기조절학습 전략 변인 간 유의미한 상호작용이 존재하였다. 자기조절학습 전략 수행정도가 낮으며 학습자 통제형 수업에 할당된 학습자 집단이 다른 세 학습자 집단에 비해 현저히 낮은 학업성취도를 보였다. Ley & Young (2001)은 자기조절학습능력이 낮은 학생들의 자기조절을 지원하는 수업 원칙을 제시하는데, (1) 학습장애 또는 방해 요소를 제거한 적절한 학습환경 마련, (2) 교수자료들을 구조화하고 변형, (3) 기록을 보관하고 학습과정을 모니터링 하기, (4) 기준에 근거한 자신의 수행을 평가해 보기 등이다.

임철일(2001, 2002)은 웹기반 자기조절학습 환경을 위한 설계 및 운영 전략을 연구하였다. 웹 기반 자기조절학습 환경에서 학습자의 개념은 일반교육과는 다르게 학습경로, 상세 설명의 수준에 대하여 학습자가 통제할 수 있는 권한이 있고 자신의 삶과 밀접한 관련 속에서 더욱 주도적인 학습(Driscoll, 1998)을 할 수 있으며, 통제 인식이 강하다(신민희, 1998). 이를 감안하여 성인 학습자를 위해 구체적인 웹 기반 훈련상의 학습환경을 개발한 연구 결과에 따르면(임철일, 2001) 자기조절 능력을 향상 측면에서는 유의미한 결과가 없었으나 자기조절 전략의 설계적 개입이 학업 성취도에 영향을 미치는 것으로 나타났다. 그는 웹 기반의 자기조절학습 환경을 설계할 때는 학습자가 자기조절학습을 할 수 있도록 별도의 체계적인 안내가 필요하고, 학습자가 목표를 설정하고 점검 할 수 있도록 시스템적인 장치가 요구되며, 학습자가 자기조절 학습을 지원하기 위한 요소들을 필수적으로 경험할 수 있도록 해야하며, 교수자가 적극적으로 개입할 것을 강조하였다. 이는 학습자의 주도성이 적극 촉진 될 수 있도록 학습환경의 구축이 필요하다(신민희, 1998; 봉미미, 1998)고 주장한 선행 연구자들의 견해와 일치한다.

참고문헌

강명희, 김세은 (2002). 온라인 프로젝트 수행을 지원하는 자기규제 학습 촉진전략의 효과. 교육공학연구, 18(1), pp. 3～22.

봉미미 (1998). 자기효능감과 자기규제 학습. 교육공학연구, 14(1), pp. 97～118.

신민희 (1998). 자기조절학습 환경이 학습 성취와 동기에 미치는 영향. 교육공학연구, 14(1), pp. 143～162.

양명희 (2000), 자기조절학습의 모형 탐색과 타당화 연구. 서울대학교 박사학위 논문.

양미경 (1997). 자기주도적 학습의 이론적 기초. 중원인문논총, 16, 219-234.

양용칠 (1994). 컴퓨터 본위 수업에 있어서 자기규제 기능의 수준별 학습자 통제와 프로그램통제의 수업 방략 비교. 교육공학연구, 9(1), pp. 91～110.

이재경 (1999). 자기주도학습과 웹기반 교육. 나일주 (편). 웹기반 교육. 서울: 교육과학사

임철일 (2001). 웹 기반 자기조절학습 환경을 위한 설계전략의 특성과 효과. 교육공학연구, 17(3), pp. 53～83.

임철일 (2002). 웹 기반 자기조절학습 환경을 위한 설계 및 운영 전략이 자기조절학습 수준 및 학업 성취도에 미치는 효과. 교육공학연구, 18(4), pp. 3～23.

임철일 (2003). 원격교육과 사이버교육 활용의 이해. 서울: 교육과학사.

최효선 (2002). 가상수업에서의 학습자간 도움 행동 유형에 관한 연구. 서울대학교 석사학위 논문

Ames, C. & Archer, J. (1988). Achievement goals on the classroom; Students' learning strategies and motivational processes. *Journal of Educational Psychology, 80,* pp. 260 ～267.

Bandura, A. & Schunk, D. H. (1981). Cultivating competence, self-efficacy and intrinsic interest through proximal self-motivation. *Journal of Personality and social Psychology, 41,* pp. 586～598.

Boekaerts, M. (1995). Self-regulated learning: Bridging the gap between metacognitive and metamotivation theories. *Educational Psychologist, 30*(4).

Corno, L. & Mandinach, E. B. (1983). The role of cognitive engagement in learning from Instructionl. *Educational Psychologist, 18,* pp. 88～108.

Driscoll, M. (1998). *Web-based training: Using technology to design adult learning experiences.* San Francisco, CA:Jossey-BaSS/Peferiffer.

Ertmer, P. A. et al. (1994). Enhancing self-efficacy for computer technologies through the use for positive classroom experiences. *Educational Technology Research and Development 42*(3), pp. 45～62.

Ertmer, P. A. & Newby, T. J. (1996). The expert learner: strategic, self-regulated, and reflective. *Instructional Science, 24*(1), pp. 1～24.

Flavell, J. H. (1976). Metacognitive Aspects on Problem Solving. In L.B.Resnick(Ed.). *The Nature of Intelligence, 13.* Hillsdale, NJ: Erlbaum.

Harris, K. R. (1990). Developing self-regulated learners: The role of private speech and self-instructions. *Educational Psychologist,* 25, 35-49.

Knowles, M. S. (1975). *Self-directed learning. A Guide for learners and teachers.* Chicago: Follet Pub. co.

Ley, K. & Young, D. B. (2001). Instructional Principles for Self-Regulation. *Educational Technology Research and Development, 49*(2).

Mahoney, M. J. & Thoresen, C. E. (1974). *Self-control: Power to the Person: Power to the Person.* Brooks/Cole Pub.Co.

Newman, R. S. (1990). Children's help-seeking in the classroom; The role of motivational factors and attitudes. *Journal of Educational Psychology, 82,* pp. 92～100.

Paris, S. G. & Brynes, J. P. (1989). The constructive approach to self-regulation and learning in the classroom. In D. Schunk & B. Zimmerman (Eds.). *Self-regulation of learning and performance: issues and educational applications.* Hillsdale, NJ: Lawrence Erlbaum Associates.

Pintrich, P. R. & De Groot, E. V. (1990). Motivational adn self-regulated learning components of classroom academic performance. *Journal of Educational Psychology, 82,* pp. 33～40.

Rohrkemper, M. M. (1989). Self-regulated learning and academic achievement: A Vygotskyian view. In B. J. Zimmerman & D. H. Schunk(Ed.). *Self-regulated learning and academic achievement: theory, research, and practice.* New York: Spring-Verlag.

Schnitt, M. F. & Newby, T. J. (1986). Metacoginition : Relevance to instructional design. *Journal of Instructional development, 9*(4).

Schunk & Zimmerman (1998), *Self-Regulated Learning-From Teaching to Self-Reflective Practice,* The Guilford Press, NY.

Schunk, D. H. (2001). Progress self-monitoring: Effects on children's self-efficacy and achievement. *Journal of Experimental Education. 51*, pp. 89～93.

Shapiro, E. S. (1984). Self-monitoring procedures. In T. H. Ollendick & M. Hersen (Eds.), *Child behavior assessment: Principles and procedures* (pp. 148-165). New York: Pergamon.

Young, J. D. (1996). The effect of self-regulated learning strategies on performance in learner controlled computer-based instruction. *Educational Technology Research and Development. 44*(2).

Zimmerman, B. J., & Schunk, D. H. (Eds.). (1989). *Self-regulated learning and academic achievement: theory, research, and practice.* New york: Springer-Verlag.

Zimmerman, B. J. & Martinez -Pons, M. (1986). Development of a structured interview for assessing student use of self-regulated learning strategies. American *Educational research Journal, 23*, pp. 614～628.

Zimmerman, B. J. (1989). Models of self-regulated learner: Which are the key subprocesses. *Contemporary Educational Psychology, 11,* pp. 307～313.

Zimmerman, B. J. (1990). Self-regulated learning and academic achievement: An Overview. *Educational Psychologist. 25*(1).

chapter

14

Kolb & Jarvis의 경험학습 이론

(Kolb & Jarvis' Experiential Learning Theory)

1. 이론의 배경 및 맥락

학습에 있어 경험의 중요성은 인류의 기원에서부터 인식되었다. 오래 전 먹잇감을 사냥하고 여러 가지 안정된 생존을 위해 필요한 지식을 학습하던 원시시대부터 최첨단 테크놀로지를 활용하여 언제, 어디서나 학습할 수 있는 현대에 이르기까지 학습에 있어 경험은 삶의 한 방편이자 학습방법이었다. 학습에서의 경험은 '경험에 의한 학습(learning by doing)'과 '경험으로부터의 학습(learning from experience)'을 포괄적으로 함의하는 개념이다. 즉, 경험에 의한 학습은 학습할 내용을 실제적으로 수행하면서 습득하게 되는 양상과 방식에 초점을 둔 개념이라면, 경험으로부터의 학습은 지식의 원천으로서 개인적 경험의 중요성을 강조하여 학습과정에 학습자를 중심에 두는 개념이라 할 수 있다.

경험학습(experimental learning)[1)]이란 개념과 관심이 교육적인 연구의 주제로 등장하게 된 것은 19세기 중엽 미국에서 기인한다. 교사의 지식전달 중심의 형식적이고 추상적인 교육으로부터 학생들의 경험에 기초한 교육 접근으로 전환하려는 시도로 시작되었다. '실험실 과학', '응용학문', '임상적 경험' 등에 관한 연구가 이 시기에 이루어졌으며, 이후 교육연구나 실천분야에서 주변적인 위치에 머물다가 20세기 초 캠퍼스 밖에서의 다양한 경험을 의미하는 "협동교육(cooperative education)"이 교실 중심 학습을 보완하는 혁명적인 교수학습방법으로 소개되었다.

최근 들어 경험학습이 학문적으로나 정책적으로 관심을 받게 된 것은 평생학습사회와 지식기반사회의 등장이 그 배경이다. 평생학습이 강조되면서 성인교육 인구가 증가하고 이에 따라 성인학습의 성격과 과정에 대한 관심이 고조되었다. 성인학습은 학습자를 능동적 참여자로 보는 인지학습론, 구성주의학습론, 사회적 학습론 등이 대두 되면서 경험학습의 중요성을 부각시키는 배경이 되었다. 또한 지식기반 사회의 등장으로 지식에 대한 관점이 변화되고, 인적자원의 개발, 관리에 대한 관심이 증대되면서 경험을 통한 학습을 강조하게 되었다(김신일과 박부권, 2005).

---

1) http://www.wilderdom.com/experiential/

경험의 중요성에 대한 인식은 경험학습론의 선구자라고 할 수 있는 John Dewey(듀이)[2]에서부터 경험에 깊은 관심을 두고 학습 연구에 몰두한 David A. Kolb(콜브)와 Peters Jarvis(자비스)에 이른다. 이들의 공통점은 경험학습에 반성적 사고과정을 가장 핵심적인 요소로 포함하며, 학습의 근원이자 학습을 위한 자극으로서의 경험, 총체적 경험으로서의 학습, 능동적 참여를 통한 경험의 구축, 실천적 변화 등을 강조하고 있다는 점이다. 이후 성인학습 분야에서 경험에 대한 관심은 지속적으로 유지되어 왔으며, 다양한 관심하에 전개되고 있다.

[그림 14-1]
John Dewey

2. 이론 개요

우리의 삶은 매일매일 수많은 사소하고 중요한 경험들로 이루어져 있다. 이러한 경험들이 학습되기 위해서, 혹은 이러한 변화들이 지식과 행동으로 이어지기 위해서는 능동적이고 자발적인 경험들로부터 얻은 정보를 자기반성적 사고를 통해 성찰하고 일상적인 삶에 적용하여야 한다.

경험학습은 성인교육의 전략적인 학습방법으로 널리 인정되고 있으며, 판단이나, 감정, 지식이나 기술 등이 어떤 사건을 통해 삶에 들어와 변화를 일으킬 때 일어나는 것이다(Chickering & Gamson, 1987). 지금까지 연구자들은 경험학습이 전통적인 교육방법과 이질적인 것으로 인식하였으나, 점차 전체의 한 부분으로 인식하기 시작하였다. 성인학습을 정의하는 특징으로서 경험을 강조하는 것은 Eduard C. Lindeman(린더만, 1926)에게서 잘 나타난다. 그에 따르면, "경험은 성인학습자들의 살아있는 교과서이다. 그러므로 성인교육은 경험을 평가하는 계속적 과정이다."라고 하면서 경험에 대한 이 같은 강조를 안드라고지(andragogy) 개념의 핵심

2) Center for Dewey Studies. http://www.siu.edu/~deweyctr/

으로 설명하고 있다.

경험학습의 이론을 최초로 모형화한 연구자는 Kolb(콜브, 1984)이다. 그는 경험으로부터 시작된 형태의 학습, 혹은 인지적인 것으로부터 시작하여 그 뒤 경험을 거쳐서 검증된 형태의 학습을 강조하면서, 경험학습의 단계적 순환 모형을 제시하였다. 이후 Jarvis(자비스, 1987)는 학습이란 언제나 사회적 맥락에서 이루어지며, 학습자도 사회적인 구성체이기 때문에 학습을 개인주의적 현상뿐만 아니라 사회적 현상으로도 파악해야 할 필요가 있다고 강조하였다. 또한 Kolb(콜브)의 이론을 확장하여 그 취약성을 보완할 수 있는 경험학습 모형을 제시하였다.

(1) David A. Kolb(콜브)의 경험학습 모형

Kolb(콜브)는 경험학습 이론을 최초로 모형화하여 실제와 연결시키고자 시도하였으며, 기존의 학습 이론인 행동주의 학습 이론이나 인지주의 학습 이론과 구분되는 관점을 모색하고자 하였다. 그는 학습의 결과물보다는 학습의 과정에 치중하면서, 학습은 경험을 원천으로 하는 지속적인 과정이며, 구체적 경험과 추상적 개념, 충동과 이성, 동화와 조절 같은 두 가지 변증법적인 양식이 해소되어가는 과정이라고 보았다. 그는 경험학습을 '경험의 전환(transformation)을 통해 지식이 창조되는 과정'으로 정의하였다(Kolb, 1984).

[그림 14-2]
David A. Kolb

David A. Kolb의 학습 순환과정(learning cycles)

Kolb(콜브)는 경험학습이 이루어지는 과정을 4단계의 순환과정으로 나타낸 학습모형을 제시하였다. 경험학습은 ① 실제적으로 경험하는 구체적 경험(concrete experience) 단계, ② 다양한 관점에서 경험을 반추하는 반성적 관찰(reflective observation) 단계, ③ 이와 같은 반성적 성찰을 이론으로 통합시킬 수 있도록 일반화하고 원리를 창출하는 추상적 개념화(abstract conceptualization) 단계, ④ 학습한 것을 다른 구체적인 상황에서 검증하는 행동적 실험

(active experimentation) 단계의 순환과정, 즉 구체적인 경험을 관찰 → 반성 → 추상화 → 일반화하는 과정의 네 단계가 반드시 포함되고 상호 연계되어야 학습 또는 경험의 변화가 일어나게 된다는 것이다. 만약 경험은 있으나, 반성이 없거나 실제 행동으로 이어지지 않는다면 학습이 일어났다고 할 수 없다는 것이다.

인간이 감각을 통하여 어떠한 경험을 하게 되면, 그것을 반성하고, 그로부터 교훈을 얻고, 그 후 그 교훈을 동일한 상황에서 충분히 활용하고자 하는 과정을 거친다는 것이 경험학습 모형의 주요 요점이다.

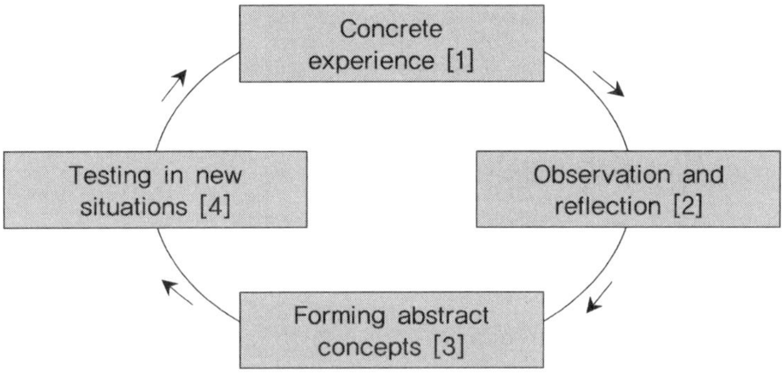

[그림 14-3] David A. Kolb(콜브)의 경험학습 모형

David A. Kolb(콜브) 경험학습 모형의 특징

Kolb(콜브)는 경험학습을 분석하면서 다음의 4가지를 강조하였다. 첫째, 학습은 결과가 아닌 과정이다. 둘째, 지식이란 획득되거나 전달되는 독립된 전체가 아니라 계속적으로 창조되는 변형(transformation)의 과정이다. 셋째, 학습은 객관적 경험과 주관적 경험을 모두 변화시킨다. 넷째, 학습을 이해하기 위해서는 지식의 본질을 이해해야만 한다. 이때 경험은 인간의 학습과 발달의 원천으로 간주된다.

Kolb(콜브)는 그의 연구에 있어서 밀접히 관련되어 있는 학습, 지식, 그리고 학습양식을 상호 관련시켜 동일한 모형 내에 포함시키고자 노력하였다. 또한 심리학, 철학, 그리고 어느 정도의 기호론을 포함한 다양한 관점을 포함시키고자 하였다(권두승, 1997). 그러나 여전히 심리적으로 개인적 시각에서 학습과정을 분석하였다는 점, 그 결과가 항상 지식에 중점을 두고 있다는 점, 그리고 연습 그 외의 것을 통한 기능의 획득 측면을 무시하고 있다는 점에서 한계를 지닌다.

(2) Peters Jarvis(자비스)의 경험학습 모형

Jarvis(자비스, 1987; 1992)는 Kolb(콜브)의 경험학습 개념을 일부 비판하면서 자신의 개념을 정립하였다. 그는 '모든 학습은 경험으로부터 시작된다'는 Kolb(콜브)의 견해를 전적으로 수용하면서, 경험학습이란 '경험을 지식, 기능 및 태도로 변화시키는 과정'이라고 정의함으로써 Kolb(콜브)의 정의를 확장하였다(Jarvis, 1987). 그에 따르면 인간의 학습은 항상 경험으로부터 시작되며, 모든 경험이 반드시 학습을 초래하는 것은 아니지만, 경험 그 자체가 학습의 잠재적인 기초가 된다는 것이다. 하지만 그는 인간 학습의 성격을 규명하는데 있어, 고립되거나 인위적인 상황이 아니라 시간과 공간, 사회에 살고 있는 인간의 사회적 성격을 고려해야 한다고 강조한다.

Jarvis(자비스)는 Kolb(콜브)의 모형이 갖고 있는 단순함과 추상성을 지적하면서(Jarvis, 1992; 권두승, 1997), 보다 풍부한 인간경험에 주목하여 다양한 학습경험을 할 수 있는 다양한 학습상황을 모형화하고자 하였다.

Peters Jarvis(자비스)의 학습과정 모형

[그림 14-4]
Peter Jarvis

Kolb(콜브)의 학습 모형은 Jarvis(자비스)의 학습과정 모형을 개발하는데 실마리를 제공하였으며, 실제로 그의 모형에 투영되었다. 그는 Kolb(콜브)의 모형이 지니는 한계를 극복하기 위하여 단순히 연구 실험실의 작업을 거친 것이 아니라 실제로 교실현장의 조건에서 나타나는 여러 가지 측면들에 대한 관찰을 통하여 학습과정 모형을 개발하였다. 그의 학습과정 모형을 제시하면 다음의 [그림 14-5]와 같다(Jarvis, 1987). 그의 모형은 한 인간이 경험에 의해 변화해 가거나 아니면 경험에도 불구하고 변화하지 않고 지나가는 과정에서의 여러 요소들을 지적하고 이들 간의 관계를 모형화한 것이다.

Jarvis(자비스)는 이와 같은 학습과정 모형을 개발함에 있어서 어떠한 모형이라도 현실을 대폭적으로 단순화할 수밖에 없다는 점을 인정하였다. 특히 학습이란 원래 매우 복잡한 일련의 과정이기 때문에 이러한 학습과정을 조금이라도 더 잘 설명할 수 있는 틀을 제시하는 것이 필요하며, 이를 위해 학습과정 모형을 개발하였다는 것을 강조하였다(Jarvis, 1987).

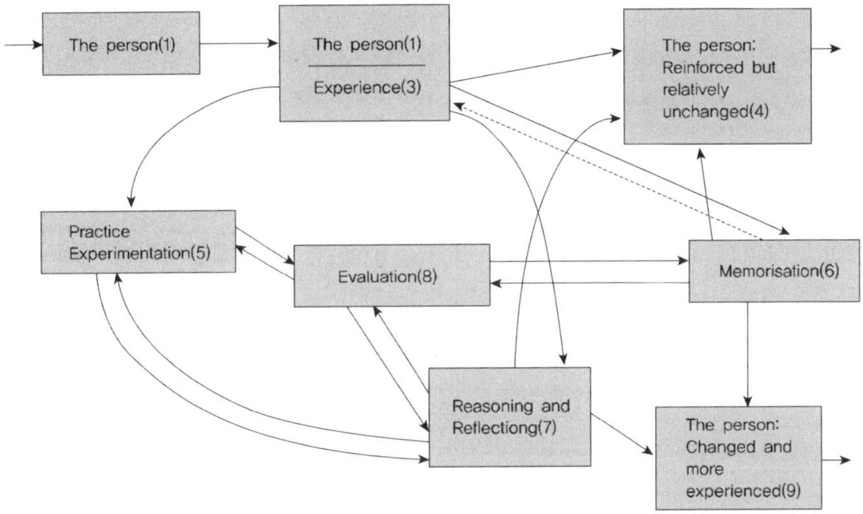

[그림 14-5] Jarvis(자비스)의 학습과정 모형

Peters Jarvis(자비스) 경험학습 모형의 특징

Jarvis(자비스)의 모형은 인간의 학습과정(learning process)을 인간에 결부시키고 있다는데 그 특징이 있다. 학습과정은 인간으로부터 시작되며 어떠한 형태로든지 간에 인간에게 영향을 미친다. 즉, 인간은 학습경험을 통하여 성장 · 발달할 수도 있지만, 실질적으로는 변화가 없이 그대로 존재할 수도 있고, 어떤 경우에는 학습경험의 결과에 오히려 상처를 받을 수도 있는 것이다. 다시 말하자면, Dewey(듀이)가 말하는 '비교육적인 경험'도 나타날 수 있다는 것이다. 그는 특히 학습경

험의 결과로 자아가 어떠한 형태로든지 간에 상처를 받을 수 있다는 점은 비록 사회교육 관련 문헌에서 충분히 논의된 적이 없다고 하더라도 높이 평가되어야 마땅하다고 강조하고 있다(Jarvis, 1987).

Jarvis(자비스)는 학습 결과의 하나가 '보다 경험이 풍부한 인간'이라고 하는 점에 주목할 필요가 있다고 지적하고 있다. 학습의 결과로 인간은 새로운 지식, 기능, 다른 태도, 변화된 자기 개념, 혹은 이들 간의 여러 조합을 지닐 수 있게 되며, 이것은 인간의 학습이 지니는 복잡성을 예시하는 것이기도 하다. 학습의 결과로 '보다 경험이 풍부한 인간'을 강조하고 있는 점은 Malcolm S. Knowles(노울스, 1980)의 생각과도 관련이 있다. 즉, 성인의 경험은 장래의 학습을 보다 풍부하게 할 수 있다는 것이다. Knowles(노울스)는 계속적인 성인 학습에 있어 경험을 적절하게 활용하는 것이 가장 중요하다고 강조하고 있다.

Jarvis(자비스)는 Kolb(콜브)의 경험학습론을 보다 확대 · 발전시킨 것으로 평가받고 있다. 그는 Kolb(콜브)의 논의가 학습과정을 인지중심적인 것으로 파악하였고, 탈사회적이라는 점에서 비판하면서도, Kolb(콜브)의 접근방법이 인간 존재에 대한 질문으로부터 이론을 전개하고 있음에도 불구하고 인간이 환경에 의해 완전히 지배당하지 않는다는 것을 가정하고 있다는데 그 장점이 있다고 강조하고 있다.

Jarvis(자비스)는 언제나 사회적 맥락(social context)에서 학습이 이루어지며, 학습자들을 사회적 현상으로도 파악해야 할 필요가 있다고 강조한다. 경험이 사회적 맥락에서 형성된다고 하는 것은 학습이 어느 정도까지는 사회적 상황에 의해서 결정된다는 것을 의미하고 있다. 이와 같은 주장은 사회 환경으로부터 경험을 하고 그를 인식하는 자아(self) 그 자체가 사회적 구성체라는 사실에 의해서도 보완적으로 설명될 수 있다고 그는 주장하고 있다. 따라서 그는 경험과 그것을 반성하는 인간도 사회적인 것이기 때문에 학습을 사회학적으로 해석하고 학습과정을 보다 면밀하게 이해하기 위한 교육사회학적 접근이 필요하다고 강조하고 있다. 그는 미시사회학, 특히 상호작용론과 현상학이 성인의 학습과정을 이해하는데 크게 공헌할 수 있다는 것을 지적하고 있다(Jarvis, 1987: 16).

3. 관련 연구

경험학습의 원리와 방법을 적용하고 있는 경험학습 프로그램들이 다양한 영역에서 여러 가지 활동으로 이루어지고 있는 바 그 대표적인 것들로는 야외생활 체험학습과 실천학습, 봉사학습(service learning), 협동학습(cooperative learning), 도제학습(apprenticeship), 인턴학습(internship), 작업장 및 기업체에서의 현장학습, 그리고 컴퓨터나 비디오 등을 이용한 시뮬레이션(simulation)학습, 게임(game)학습 등을 들 수 있다. 이러한 다양한 학습프로그램들은 경험학습의 범주 안에서 서로 다른 목적과 대상 그리고 접근방식을 취하고 있는 것으로 간주할 수 있다.

또한, 최근에는 조직학습, 조직 행동론이나 경영학에서도 경험학습 이론에 기초한 접근방법을 널리 활용하고 있다. 각종 기업교육, 인간관계, 리더십프로그램, 야외 도전학습, 심신수련 등에서 경험학습 이론에 기초한 프로그램들이 운영되고 있다.

경험학습의 이론적 틀을 보다 정교화하는 연구, 이를 성인교육의 현상과 밀착시키는 연구 등은 향후 교육의 여러 분야에서 수행되어야 할 과제이다.

참고문헌

김신일 · 박부권 편저 (2005). 학습사회의 교육학. 서울: 학지사.

권두승 (1997). Peter Jarvis의 성인학습론. 평생교육연구, 3(1), pp. 1~18.

Chickering, A. W. & Gamson, Z. F. (1987). *Seven Principles for Good Practice in Undergraduate Education.* American Association for Higher Education Bulletin.

Jarvis, P. (1995). *Adult and Continuing Education : Theory and Practice*(2nd). London & Newyork : Routledge.

________ (1992). *Paradox of Learning: on Becoming an Individual in Society.* San Francisco: Jossey-Bass Pub.

________ (1987). *Adult Learning in the Society Context.* London: Croom Helm.

Knowles, M. S. (1980). *The Modern Practice of Adult Education: From Pedagogy to Andragogy*(Revised and Updated). New York: Association Press.

Knowles, M. S. (1980). *The Modern Practice of Adult Education: From Pedagogy to Androgogy.* (2nd ed.) New York: Cambridge Books.

Kolb, D. A. (1984). *Experiential Learning.* Englewood Cliffs NJ: Prentice Hall.

Lindeman, Eduard, C. (1926). *The meaning of Adult Education.* New York: New Republic.

chapter

15

앵커드 수업 이론
(Anchored Instruction Theory)

1. 이론의 배경 및 맥락

암기 위주의 시험을 치른 후, 시험장을 빠져나오고 나서 시험을 보기 위해 기억했던 내용과 답안지에 써 놓은 답을 까맣게 잊어버린 경험을 가지고 있지는 않은가? 사선 거리를 측정하기 위해서 피타고라스의 공식을 활용해본 적이 있는가? 우리는 피타고라스의 공식을 배우고 외우고 시험을 보았지만, 실제로 그러한 공식을 활용해본 기억이 거의 없다. 이렇듯 전통적인 수업방식은 실제상황에 적절하게 활용되는 데에 한계점을 안고 있었다. 이러한 활용되지 않는 지식을 Whitehead(화이트헤드)는 비활성 지식(inert knowledge)[1] 이라고 명명하였다.

앵커드 수업 이론은 '비활성 지식(inert knowledge)'의 문제를 해결할 목적으로 개발된 이론이다. 비활성 지식은 그 지식이 사용되어지는 맥락과 분리된 단편적인 지식으로, 수업을 통해서 배우기는 하지만 막상 사용되어야 할 상황에서는 적용하지 못하는 문제를 가지고 있다(CTGV, 1990; 한국교육공학회, 2005).

1990년대는 교육공학영역에서 많은 실험적 사조가 활발하게 등장한 시기인데 반더빌트 대학의 CTGV(Cognitive and Technology Group at Vanderbilt)[2]에 의해 제안된 앵커드 교수방법(Anchored Instruction Method)도 그 중의 하나이다. 이 시기에는 급격한 공학적 발달 즉, 컴퓨터 기술의 발달, 커뮤니케이션 기술의 발달, 그리고 멀티미디어 기술의 발달이라는 외부적인 자극이 교육공학의 사고방식을 아날로그적인 수준에서 디지털적 수준으로 바꾸었기 때문인지도 모른다. 이 시기에는 구성주의적 사고방식이 세력을 얻고 그에 따라 상황학습이나 인지적 도제와 같은 실험적 아이디어들이 등장하게 된다. 앵커드 교수방법은 하나의 이론이라기보다는 방법으로 제안된 테크놀러지 기반 교수방법이다. 여기에서 이론이라는 이름으로 소개하는 이유는 이 방법

[그림 15-1]
John Bransford

1) 'inert knowledge'는 1929년 'The aims of education'에서 Whitehead가 사용한 용어이다.
2) John Bransford가 이끌었던 밴더빌트 대학의 인지공학 연구팀이다.

이 갖는 함의를 보다 확대해서 해석함으로써 후속 연구의 폭을 넓혀 볼 수 있겠다는 생각에서이다.

CTGV는 1984년부터 지식이 활용되어지는 상황 맥락을 제시하고, 이 맥락 속에서 정보를 찾고 문제를 해결해가면서 지식을 형성해가도록 수업을 구성하기 위한 실험적 연구를 수행하였다. 이 연구를 통해 앵커드 수업 이론이 개발되었다.

CTGV의 연구는 당시 시대적으로 대두되었던 구성주의 인식론을 토대로 한 다양한 수업 이론이나 모형을 개발하기 위한 노력의 하나로 볼 수 있다. 구성주의 인식론이란 절대적인 지식이나 진리는 없으며, 각 개인이 처한 사회적 환경을 토대로 자신에게 의미 있는 지식을 구성해 간다고 보는 것이다. 여기서 중요하게 고려되는 것은 지식이 구성될 수 있는 상황과 맥락에 대한 고려이다. 이렇듯 지식이 구성되는 상황 맥락을 중시한 대표적인 이론 중의 하나가 상황인지 이론이다.

상황인지 이론은 지식을 구성하기 위해 인간은 어떤 상황 하에서 인식을 하게 되는데, 이때 상황에 영향을 받아 구성하게 된다는 것이다. 한 예로 노래를 부른다는 것은 유사한 행동이지만 이때 성악가가 오페라를 부르기 위해 사용하는 발성법과 대중가수가 가요를 부를 때 사용되는 발성법이 다르다. 동일한 기구이지만 목수가 사용하는 방식과 캐비넷을 만드는 사람이 사용하는 방식이 다른 것이다. 이는 우리가 무엇인가를 인식하고 지식으로 구성하는 것에 있어 그것이 활용되는 상황에 중요하게 영향을 받는다. 따라서 우리가 무엇인가를 배우는데 있어서 그것이 활용되는 환경, 더 나아가 그 전문 분야의 문화를 통해 배우는 것이 중요하다는 점을 강조하고 있다. 이러한 특정 분야의 전문가들이 공유하는 실제적인 문화적 상황에 참여함으로써 학습하는 것의 중요성을 강조하는 것이 바로 상황적 인지를 기반으로 한 교수모형으로는 인지적 도제(Cognitive Apprenticeship)이다 (Brown, et al., 1989).

이 인지적 도제 이론은 상황적 인지를 기반으로 하여 지식의 습득에 있어 실제적인 맥락을 중요시 한다는 점이 있어서 앵커드 수업과 함께 거론된다. 하지만 자세히 살펴보면 앵커드 수업이 지향하는 실제적 맥락과 인지적 도제 이론에서의 맥락과는 차이가 있다. 인지적 도제 이론의 경우, 특정 분야의 전문가들이 공유하는 문화 그 자체를 실제적인 것으로 보고, 전문분야에서 일상적으로 공유하고 있는 문화에 점진적으로 동참해 가는 것을 기반으로 한 학습을 강조하였다. 반면, 앵커드 수업의 경우, 해결해야 할 문제와 관련된 정보가 우리가 일상에서 사용하는 것과 같이 실제적으로 구성되도록 하였으며, 학습자들이 이러한 정보를 토대로 실제로 문제를 찾아가고 풀어내며 그 적합성을 평가하는 등의 활동 자체의 실제성을 추구하였다. 유사한 듯 서로 다른 실제성에서 오는 특성으로 인해, 두 이론은 수업에 적용됨에 있어, 과제의 성격, 학습자의 역할 및 교사의 역할이 다소 다르게 적용된다.

이러한 상황 맥락의 중요성하게 다루는 상황인지 이론을 적극 수용한 앵커드 수업 이론을 한편에서는 상황인지 이론(Situated Cognition Theory)의 여러 가지 학습 모형의 하나로 보며, 또 다른 한편에서는 상황인지 이론으로부터 실제적인 상황의 중요성에 대한 개념을 적극 수용하되 상황인지 이론과는 독립된 하나의 수업 이론으로 앵커드 수업 이론을 정의하는 견해도 있다.

2. 앵커드 수업 이론 개요

앵커드 수업(anchored instruction)이란 앵커를 활용한 수업을 말한다. 여기서 앵커(anchor)란 학습자의 인지구조 내에 존재하는 구체적인 지식, 개념, 아이디어로, 새로운 정보와 관련지어질 수 있는 것을 말한다(Driscoll, 2005). 학습자는 이러한 인지적 앵커를 활용하여 새로운 지식을 습득하게 된다. 다시 말해, 앵커드 수업은 이렇게 앵커를 활용하여 지식을 습득할 뿐만 아니라, 습득된 지식이 단편적이고 비활성적인 지식으로 머물지 않고, 새로운 문제 해결 상황에서 앵커로 활용되어 다양한 지식을 받아들이고 문제 해결과 같은 고차원적인 지적활동이 가능하도록 하기 위한 수업 환경을 제공하는 것을 말한다.

(1) 유의미학습(meaningful learning)과 앵커(anchor)의 의미

앵커(Anchor)는 사전적으로 '닻, 닻을 내리고 정박하다'이며, 교육심리학적 의미는 Ausubel(오수벨)의 유의미학습(meaningful learning)에서 찾아볼 수 있다. 유의미학습이 일어나기 위한 전제조건으로 학습자는 인지구조(cognitive structure)와 이 구조 안에 구체적인 맥락 아이디어(specific anchoring ideas)를 가지고 있어야 한다(Driscoll, 2005). 학습자가 이러한 구조를 기반으로 하여 새로운 지식을 습득하게 된다. 무엇을 배운다는 것은 인지구조 내에서 존재하는 구체적이면서도 관련지을 수 있는 맥락적 아이디어와 새로운 지식을 연결 짓는 것이다. 다시 말하면, 새로운 지식을 학습한다는 것은 인지구조 내에 존재하는 구체적인 맥락적 지식과 새롭게 배우게 될 지식을 연결짓는 것이다.

이러한 앵커(anchor)로는 다양한 것들이 활용될 수 있다. 한 예로, 초등학교 저학년들에게는 아직 생소한 '비타민 A'라는 영양소의 개념을 설명하기 위해서 학생들이 매일 먹는 '홍당무'를 보여주거나 상기시키면서 '비타민'의 개념과 이미 알고 있었던 구체적인 개념을 연관 짓는 것을 들 수 있다. 여기서 홍당무가 바로 앵커(anchor)인데, 이는 홍당무라는 사물 자체가 앵커(anchor)가 되는 것이 아니라 홍당무라는 사물을 통해 연결되는 인지구조 속의 '홍당무'라는 아이디어가 결국 앵커(anchor)가 되는 것이다. 따라서 이러한 앵커를 인지적 앵커(cognitive anchor)라고 부른다. 앵커(Anchor)란 새로운 지식이 학습자의 인지구조에 연결되기 위해서, 인지구조 내에 새로운 지식이 연결지어질 수 있는 관련된 구체적인 아이디어나 개념 등을 의미하는 것이다.

(2) 앵커드 수업의 맥락(context)과 실제성(authenticity)

앵커드 수업에서 인지적인 앵커를 활용하는 개별적인 행위도 내포하고 있지만, 여기서 anchored의 의미는 교사와 학생이 인지적 앵커를 활용하여 탐구할 수 있는 환경에 놓인다(situated)는 의미로 사용된다고 볼 수 있다. 앵커드 수업을 위해 교사와 학생이 놓이게 되는 탐구를 위한 환경적 맥락을 크게 미시적 맥락(micro-context)과 거시적 맥락(macro-context)으로 구분해볼 수 있다. 미시적 맥락은 전체적인 문제 상황 내에 보다 세부적이고 구체적인 맥락에 기반하여 다양한 소규모 사례들로 구성하는 경우를 말한다. 이러한 미시적 맥락은 분절된 주제를 다룬 소규모 사례들을 단위로 선택적으로 학습에 활용할 수 있는 특징을 갖는다. 반면, 거시적 맥락은 다양한 문제들로 보다 복잡하게 구성된 것을 말하는데, 이러한 거시적인 특성은 문제를 다양한 각도에서 접근이 가능하도록 하며, 맥락을 보다 장기간 탐색할 수 있다는 점이다. 이러한 환경적 특성은 학습자들간의 협력학습을 가능하게 하고, 교사의 주도적인 역할을 필요로 하는 특성을 가진다.

더불어, 이러한 맥락이 얼마나 실제성(authenticity)을 가지고 있느냐를 살펴보게 된다. 앵커드 수업에서 실제성은 먼저 제시된 정보나 자료의 실제성이고 학습자가 수행해야 할 과제의 실제성을 살펴볼 수 있는데, 첫 번째로 정보나 자료의 실제성은 제시된 자료가 실제 일상적인 정보와 얼마나 유사한지를 의미하는 것이다. 보트에서 소모하는 연료를 계산하는 문제에서 실제로 그 모형의 보트가 달릴 때 거리에 따라 소모하는 연료량을 제시하는 것이 그 예이다. 이 경우 일상생활에서 사용되는 실질적인 가치를 지닌 정보를 제공하는 것이 중요하다. 두 번째로는 과제의 실제성인데, 이것은 학습자들에게 수행하도록 요구되어진 과제의 정도가 실제적인가를 말한다. 세부적이고 실제적인 정보가 제시되지만, 이것을 풀어야 하는 과제는 학습자 스스로 의미 있는 과제를 찾아 해결하도록 하는 것이 좋다. 그렇게 함으로써 학생들은 자신들이 풀어가야 할 문제가 무엇인지를 밝히고, 이를 위해 해결해야 하는 하부 과제들을 찾고, 이것을 풀어가는 과정이 잘 이루어지는지에 대하여 평가하는 것에서부터 의미를 찾을 수 있다(CTGV, 1990).

앵커드 수업에서 맥락과 실제성은 앵커드 수업 이론의 가장 중요한 특징이라고 볼 수 있다. 이러한 특징으로부터 앵커드 수업 이론의 교육적 활용 의의를 찾아볼 수 있다. 먼저 맥락과 관련하여 거시적인 맥락을 수업에 활용하게 되는 경우, 학습자들 간의 협동학습을 조장할 수 있는 환경을 만들 수 있다는 점이 있다. 거시적 맥락에서 학습자들은 각기 다른 자신만의 앵커를 활용하게 되며, 이를 토대로 서로 자신의 관점을 공유하고 의견을 나누면서 사고와 간접 경험의 폭을 넓혀갈 뿐 아니라 문제의 원인 및 해결안을 분석하는데 있어서 다양한 접근의 가능성을 갖는다.

두 번째로 앵커드 수업에서 과제의 실제성은 학습자의 주도적 학습과 학습에서 메타인지의 활용의 중요성을 반영하고 있다고 볼 수 있다. 이는 상황인지 이론에 기반한 다른 학습 모형들에 비하여 훨씬 더 학습자 중심적인 접근임을 확인할 수 있다. 학습자 스스로 문제를 찾고, 문제 해결의 세부 단계를 규명하고, 해결안을 제시하되, 제시한 해결안의 타당성을 스스로 평가해볼 수 있도록 구성했다는 점에서 전문가의 기술과 해결방안을 관찰하고 모방하는 인지적 도제 이론과는 확연히 구분되는 특징이라고 볼 수 있다.

(3) CTGV의 Anchored Instruction 연구 및 개발 사례

CTGV에서는 앵커드 수업 이론의 실제적 맥락을 반영한 비디오디스크 기반으로 문제해결학습환경에서 수업이 이루어지도록 앵커드 수업의 완성된 사례를 개발하였고 이를 토대로 연구를 진행하였다. 연구를 위해 두 가지 단계적인 프로젝트가 진행되었다. 첫 번째 프로젝트는 The Young Sherlock Project로 기존의 영화를 수업에서 앵커로 활용한 것이고 두 번째로 진행된 것이 첫 연구를 토대로 The Jasper Series라는 앵커를 실제로 개발하여 도입한 것이다.

이러한 프로젝트를 도입하는 데 있어 CTGV(1990)는 맥락과 제시방법의 선택에서 두 가지 특징을 보이고 있다. 그것은 거시적인 맥락을 도입하고 시각적인 제시방법을 선택했다는 점이다. 거시적 맥락을 도입한 이유는 다양한 각도에서의 접근이 가능하며 보다 장기적으로 활용할 수 있는데, 교실 환경에서 협동학습이 가능하기 때문이었다. 또한 시각적 앵커를 활용한 이유로는 시각적 맥락이 학생들에게 패턴 인지 기술(patter recognition skill)을 향상시킬 수 있도록 도와줄 뿐만 아니라, 문제 상황에 대하여 보다 풍부한 인지적 모델(rich mental model)을 가지도록 하는데 더 효과적이기 때문이었다. 여기에 추가적으로 CTGV의 프로그램을 차별화 시킨 점이 바로 비디오디스크의 활용이다. 당시 비디오디스크는 첨단 기술로, 기존의 비디오가 갖지 못한 무선적 접속을 가능하게 해 줌으로써 학교 현장에서 교사와 학생이 몇 번이고 다시 돌려보면서 토론할 수 있게 해주었다. 현장 활용성이 높은 기술의 도입이라고 볼 수 있다.

The Young Sherlock Project에서는 영화를 앵커로 활용한 실험적 연구로, 초등학교 5학년의 중간 이하 성적을 가진 학생들을 대상으로 한 연구로, 언어와 사회과에 관한 학습을 도와주기 위해 고안되었다. 실험 대상이 된 그룹에게는 앵커로 셜록 영화의 거시적인 맥락을 그대로 제공하고, 통제그룹에는 이야기와 관련된 소규모 사례들을 제시하였다. 이 프로젝트에서는 학생들로 하여금 셜록의 영화의 등장인물이나 이야기 구성을 분석하면서 재미있는 이야기를 쓰도록 하였다. 또한 제시된 내용이 역사적 배경에 비추어보았을 때 정확한지를 분석하도록 한다거나 학생들로 하여금 자신만의 관심 있는 이슈들을 찾아 발전시키도록 하는 등의 관련 활동도 진행하였다. 연구 결과에 따르면, 셜록 영화를 거시적 맥락으로 활용한 그룹의 경우, 글쓰기에서 보다 다양한 요소들을 반영하였고, 보다 탄탄한 구조를 가진 글쓰기를 하였다. 또한 영화의 장면을 보면서 그것의 역사적 사건의 정확성을 추론하고, 새로운 단어를 받아들이고 사용해보려는 보다 적극적인 시도를 한 것으로 나타났다.

이러한 연구를 토대로 볼 때, 앵커드 그룹은 영화를 통해 보다 실제적이고 복합적으로 구성된 앵커를 시각적으로 경험함으로써, 기존에 갖지 못했던 보다 폭넓게 사고를 위한 앵커를 갖게 된 것이다. 이러한 앵커가 학습자들에게 사고의 계기를 마련해주었다. 학생들이 가지고 있지 않은 앵커를 외부에서 시각적 자극을 통해 실제와 유사하고 복잡하게 구성된 앵커를 제시함으로써 학습자들에게 인지적 사고의 틀을 마련해 주었다고 볼 수 있다.

이러한 1차 연구를 토대로 2차 연구에서는 앵커드 수업을 위해 고안된 프로그램인 Jasper Woodbury Problem Solving Series를 개발하였다. 초등학교 5~6학년을 대상으로 하여 총 12개의 비디오디스크 기반의 Jasper의 모험을 다룬 프로그램으로, 수학적 문제해결에 중점을 두면서 과학, 사회, 문학, 역사 등과 같은 교과와 연계학습이 가능하도록 구성되어 있다. 여기서 중요하게 다룬 것은 정보의 삽입(embedded data design)이다. 주인공이 직면한 큰 문제를 해결하기 위해서는 적어도 15가지의 하위 문제를 해결하면서 접근해야 하는데, 이러한 하위 문제를 제시하지 않고 학습자가 직접 찾아가면서 해결해갈 수 있도록 구성한 것이다. 또한 문제를 풀기 위해서 필요한 관련 정보들이 모두 이야기에 삽입되도록 구성되었다.

[그림 15-2]
Jasper Woodbury의 모험

이 연구 결과, 기본적인 수학개념에 대한 이해 및 문제 내용에 대한 이해력이 향상된 것으로 나타났다. 수학에 대한 태도 측면에서는 Jasper Series로 공부한 학생들은 수학에 대한 불안을 덜 나타내며, 과제를 일상적이며 유용한 것으로 받아들이고 복잡한 과제를 해결하기 위해 이러한 방식의 접근이 유용한 것으로 나타났다. 하지만, 형성적 평가를 제공해야 한다는 것, 교사 역할이 보다 명확하게 정해져야 한다는 것, 이러한 교수방법에 적절한 평가의 방법이 고안되어야 한다는 것 등이 추후 연구과제로 제안되었다 (CTGV, 1990).

[그림 15-3]
Journey to Cedar Creek

(4) 앵커드 수업과 교사의 역할

앵커드 수업에서 교사의 역할이 보다 안내 중심의 탐색적 접근(guided discovery approach)을 하도록 한다. 자전거 수리공의 예를 들어 살펴보자. 초보 수리공이 체인이 느슨해진 문제를 어떻게 해결해야 할지 모르는 상황에서 '갑' 멘토는 어느 부분을 수리해보라고 직접적으로 수리할 부분을 직접 지적해줄 수 있다. 반면 '을' 멘토는 무엇이 문제라고 생각하는지, 왜 그런지에 대하여 초보자가 생각하는 것을 먼저 물어본다. '을' 멘토의 경우, 학습자가 지각한 앵커(Anchor)가 무엇인지와 그 이유에 대하여 학습자의 관점에서 진단하고, 학습자가 놓친 것이 무엇인지를 스스로 생각해볼 수 있도록 질문을 통해 이끌어줄 수 있다. 이것이 바로 안내 중심의 탐색적 접근으로 이러한 방식이 바로 앵커드 수업에서 지향하는 것으로, 학생들이 새로운 생각이나 개념을 접하게 되었을 때, 문제를 찾고 해결하며, 이해하는 과정에서 변화를 경험할 수 있도록 지원하고자 한다. 다시 말해, 앵커드 수업 환경에서 교사는 기존의 지식전달자의 역할이 아닌, 코치(coach)나 촉진자로서의 역할을 하게 된다.

(5) 효과적인 앵커(anchor)의 구성 원리

위에서 제시된 연구를 토대로 효과적인 앵커드 수업을 위한 앵커의 선정 및 구성의 원리를 몇 가지로 정리해볼 수 있다(CTGV, 1990).

첫째, 실제적인 활동이 실제적인 목적 하에서 이루어지도록 구성한다. 실제로 있음직한 과제와 이에 적합한 활동이 연결되도록 구성하는 것이 필요하다.

둘째, 맥락이 복잡하게 구성되어 다양한 관점에서의 탐색이 가능하도록 구성하는 것이 필요하다.

셋째, 이러한 복잡한 거시적인 맥락 내에 중요한 정보가 삽입되어 제시됨으로써, 학습자 스스로 자신이 풀어야 할 과제를 찾고, 이를 해결하기 위해 필요한 정보를 찾을 수 있도록 구성한다.

넷째, 텍스트기반보다는 시각적이고 역동적인 정보를 제공해주는 비디오기반으로 구성한다. 이러한 시각적인 제시는 학습자들이 정보를 기억하고 활용하는데 효과적이기 때문이다.

이러한 원리를 기반으로 한 효과적인 앵커를 구성함으로써, 앵커드 수업은 교사와 학생이 보다 실제적이고 거시적인 맥락을 토대로 정보를 탐색하고 지식을 구성하는 학습경험의 장을 제공하고자 한다. 이러한 경험의 장의 구성은 수업을 통해 배운 지식이 일상생활의 활용에 전이되도록 하는 목적을 반영하고 있다.

(6) 앵커드 수업 이론의 의의 및 한계점

앵커드 수업 이론은 상황인지 이론의 관점을 적극 수용한 이론으로 이와 유사한 다른 수업모형들과 비교해 볼 때, 학습자의 적극적인 참여를 토대로 주도적으로 학습이 이루어지도록 한다는 점에서 구성주의에 기반한 다른 수업 모형들에 비해 보다 구성주의의 의미가 적극 반영되고 실천된 것이라는데 의의가 있다고 볼 수 있다. 반면, 실제 상황을 다룸에 있어서 실제성이 갖는 있는 그대로의 복잡하고 통제 불가능한 돌발상황 등에 대한 실질적인 고려가 반영되지 않았다는 점을 한계점으로 지적할 수 있다(강인애, 2000). 특히, 앵커드 수업 이론의 과제들은 학습목표를 달성하기 위해 계획된 수업이라는 점에서 앵커드 수업이 갖는 실제성(authenticity)의 한계를 반영한다고 할 수 있다.

3. 관련 연구

CTGV에서는 원격통신기술을 활용하여 유사한 목표를 가지고 있는 학습, 학교, 지역사회 간의 문화적 교류가 가능하도록 지원하고, 이것의 효과에 대하여 연구하고 있다. 특히 비디오를 활용한 앵커드 수업이 진행되는 학급간의 네트워크 구성이 어떠한 긍정적인 효과를 가져오는지를 알아보고, 이를 토대로 학습 커뮤니티를 구축하고자 하는 목표를 가지고 있다(CTGV, 1993; Driscoll, 2005). 이러한 앵커드 수업을 기반으로 한 학습 커뮤니티의 구축은 앵커드 수업이 지향하는 실제성의 확장이라고 볼 수 있다.

향후 반더빌트의 CTGV가 개발한 멀티미디어 기반의 앵커 이외에도 다양한 인지적 앵커의 개념적, 실제적 개발과 관련된 연구와 그 효과에 대한 인과성의 추정 등 현재 제시되고 있는 하나의 사례로서의 'CTGV의 앵커드 수업 방법'의 범위를 벗어나 보다 이론으로서 정교화되면서 또 그 범위도 넓히는 연구들이 진행되어야 할 것이다.

참고문헌

강인애 (2000). 왜 구성주의인가? 서울: 문음사.

여혜진 (2004). 문제해결학습 상황에서의 앵커드 수업모형 개발 연구. 서울대학교 석사학위논문.

조규락 (2003). 구성주의 기반의 학습이론 탐구. 교육공학연구, 19(3), pp. 3～40.

한국교육공학회 (2005). 교육공학용어 사전. 서울: 교육과학사.

Brown, J. S., Collins, A., & Duguid, P. (1989). Situated Cognition and the Culture of Learning. *Educational Researcher, 18*(1), pp. 32～41.

Cognition and Technology Group at Vanderbilt (1990). Anchored Instruction and its relationship to situated cognition. *Educational Researcher, 19*(6) pp. 2～10.

Cognition and Technology Group at Vanderbilt (1992). The Jasper experiment: An exploration of issues in learning and instructional design, *Educational Technology Research and Development, 40*(1), p. 69.

Cognition and Technology Group at Vanderbilt (1993). Anchored Instruction and situated cognition revisited. *Educational Technology, 33*(3), pp. 52～70.

Driscoll, M. (2005). *Psychology of learning for instruction.* Boston: Allyn and Bacon.

Eggen, P., & Kauchak, D. (2004). *Educational Psychology*(6th ed.). 신종호, 김동민, 김정섭, 김종백, 도승이, 김지현, 서영석 공역 (2006). 교육심리학: 교육실제를 보는 창. 서울: 학지사.

Smith, P. L. & Ragan, T. J. (2005). *Instructional Design*(3rd ed.). Hoboken. NJ: Wiley Jossey-Bass Education.

chapter

16

Freud의 정신분석 이론
(Freud's Psychoanalysis Theory)

1. 이론의 배경 및 맥락

Sigmund Freud(프로이드)[1]라는 이름을 들으면 누구나 빙산으로 표현되는 의식과 무의식의 관계, 오이디푸스 콤플렉스(Oedipus Complex)라고 하는 조금은 외설적으로 들리는 용어, 이드(id), 에고(ego,) 슈퍼에고(superego)라고 불리는 인간 심성의 구조 정도는 떠올릴 수 있을 것이다.

이러한 이론적 단편들과 용어들이 Freud(프로이드) 이론에 문외한인 사람들에게도 익숙하게 들린다는 것은 그의 영향력이 현대인의 생활 구석구석에 이미 깊이 스며들었다는 것을 반증한다. 전문적인 비평가들도 Freud(프로이드)의 이론은 서구 학문의 구석구석에 또 서구문명 전체에 심대한 영향을 끼쳤으며 실생활의 각 분야에 스며들어 문화의 일부가 되었다고 평가하고 있다(Hunt, 1993). 타임지는 지난 1000년간의 100대 위인 중에 Freud(프로이드)를 포함하였다.

Freud(프로이드)는 1856년 지금의 체코 땅이 된 모라비아의 프라이버그에서 태어났다. 그는 부친의 두 번째 결혼에서 첫 번째 사내아이로 태어났다. 그에게는 두 명의 남동생과 다섯 명의 여동생이 더 태어났으며 어린시절은 극도의 결핍과 가난 속에서 보낸 것으로 알려져 있다. 성인이 된 후에 그는 성격적으로는 낙천적이고 가족적이었으며 또 여유를 즐기는 면을 가지고 있었다고 한다. 그의 이러한 면이 그의 이론을 반박하거나 외설로 몰아붙이는 수많은 비평가들로부터 자유로울 수 있게 하였는지도 모른다. 그의 말년 16년간은 구강 내에 생긴 암과의 투쟁이었다. 이 암은 1923년 그의 나이 68세 때에 발견되었으며 그로 인하여 그는 위쪽 턱의 거의 절반을 제거해 내는 수술을 받아야 하였고 이후에도 16년 동안 33번에 걸친 크고 작은 수술을 받아야 했으며 첫 수술 이후에는 줄곧 구강보조기를 끼고 있어야 했고 이것은 언제나

[그림 16-1]
Sigmund Freud

1) Freud Museum London. http://www.freud.org.uk/

통증을 비롯한 여러 가지 문제를 수반하였다. 그러나 그는 이 긴 기간 동안에 단 한 번도 불평의 말을 한 적이 없었다고 한다. 그의 사람됨을 단적으로 드러내는 대목이라 하겠다.

[그림 16-2]
Freud(프로이드)와
어머니, 1874

Freud(프로이드)는 그리스 신화와 독일 산문에 정통하였으며 시, 조각, 그림, 건축에 조예가 깊었다. 비엔나에서 교수생활을 하던 기간인 1890년에서 1914년 사이에는 매년 이탈리아를 방문하여 3～4주씩 조각과 그림, 문학을 연구하며 보냈고 연중 6주 정도는 가족과 조용한 산장에서 휴양을 하였을 정도로 가족적이었다. 또 그는 아이들을 좋아하였고 친지들로부터 사랑받는 사람이었다고 한다. 특히 그의 유머감각은 특출하였으며 인상적인 연설을 하기로도 유명하였다고 한다.

Freud(프로이드)의 이론은 흔히 역동심리학(dynamic psychology)이라고 불리운다. 그의 이론이 인간의 내부에서 일어나는 심리적 현상(psyche)의 역동성을 드러내 보여주기 때문에 붙여진 이름으로 보인다. Freud(프로이드)는 전 생애를 통

[그림 16-3] the small town of Freiberg, Moravia, which is now in Czechoslovakia

해 인간의 내면 깊숙이에서 작용하는 역동적 과정들을 탐구하려 하였기에 헌트(1993)는 Freud(프로이드)를 설명하는 장의 제목을 'Sigmund Freud: 인간 내면의 탐험가'라고 붙이고 있다.

2. 이론 개요

Freud(프로이드)의 이론은 인간의 정상적, 비정상적 행동의 근원을 설명하기 위한 가설적 관념군으로 이루어져 있다. 그의 이론이 정신적 질병을 가진 비정상인에 대한 임상적 관찰과 치료의 과정을 통해 구축된 점을 감안한다면 정상적인 행동보다는 비정상적인 행동 증후군들을 설명하는 데에 더 적합할지도 모르지만 그의 이론에 등장하는 개념들과 원리들은 충분히 정상인에게도 일반화될 수 있는 것이어서 정상적 행동을 설명하는 데에도 무리 없이 적용되고 있다. Freud(프로이드) 자신도 그의 이론이 정상인에게 동일하게 적용될 수 있다고 믿었다. 그의 이론은 인간의 동기, 이성적 및 비이성적 행동, 도덕적 판단의 의미 등을 설명하는 데에 큰 시사점을 준다. 여기에서는 그의 이론에 등장하는 주요 개념들을 중심으로 간략히 그 줄거리만을 살펴보기로 한다.

(1) 역동적 무의식

Freud(프로이드)의 이론을 이해하기 위해서는 우선 무의식이라 명명된 부분에 대한 이해가 선행되어야 한다. 대부분의 이론과 연구가 지각, 기억, 판단, 학습 등과 같이 인간의 의식적인 부분에 집중되고 있었던 시기에 등장한 Freud(프로이드)의 '무의식'이라는 개념은 커다란 반향과 논란을 불러일으키기에 충분하였다. Ernest Jones(존스, 1953)는 무의식의 발견과 인간행동에 있어서의 그 역할의 중요성을 부각시킨 점이야말로 Freud(프로이드)의 가장 큰 공헌이라고 말하고 있다.

Freud(프로이드)는 인간의 마음이 서로 다른 기능을 하는 세단계로 나뉘어져 있다고 보았다. 의식, 전의식, 무의식이 그것인데, 무의식은 이들 중 가장 커다랗고 가장 영향력이 강한 부분이며, 또한 의식에 대해서 지속적인 압력을 가하고 고도로 능동적이고 활동적이며 강력한 원시적 욕구와 욕망 또는 금지된 소망들로 이루어진 영역이며 따라서 인간 행동의 많은 부분을 결정짓고 동기를 부여하는 역동적 영역을 일컫는다[그림 16-4].

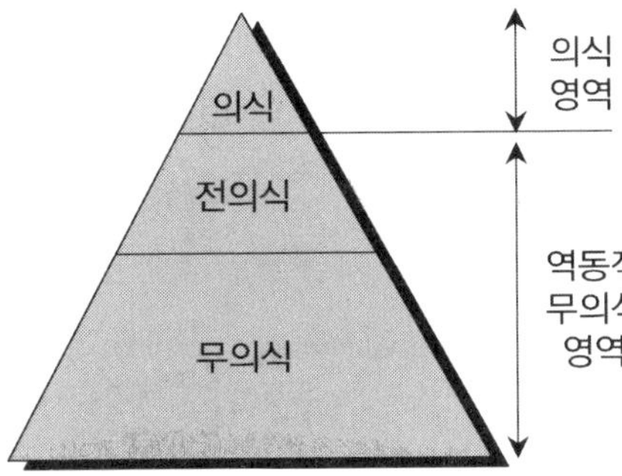

[그림 16-4] 의식, 전의식, 무의식의 구성

(2) 1차적 과정과 2차적 과정

무의식에서 일어나는 역동적 과정(processes)은 일차적 과정이라고 부른다. 이 과정은 어떠한 방해도 받지 않고 소망하는 것들을 이루려는 특징을 갖는다. 그 소망의 성취는 의식적인 행동으로 나타날 수도 있으나 그렇게 하는 것이 불가능할 경우에는 공상이나 꿈과 같은 형태로 표출되기도 한다. 비록 실제로 현실 세계에 나타나지는 않았다고 하더라도 이러한 무의식 내부의 과정은 '심리적 실제(psychic reality)' 이며 이것이 인간을 동기화시킨다고 Freud(프로이드)는 주장한다.

그러나 실제의 세상에서는 어떤 것은 해도 되고 어떤 것은 하면 안된다는 것을 알고 있기에 사람의 마음은 생각하기, 알기, 문제해결과 같은 의식적 과정을 거침으로써 사회적으로 용납되는 방법으로 욕망을 충족시키는 궁리를 하게 된다. 이러한 이성적 의식의 과정을 Freud(프로이드)는 '2차적 과정'이라 명명하였다.

요약하면, 일차적 과정이 인간의 무의식 속에서 일어나는 무한경계의 원초적 과정이라고 한다면, 이차적 과정은 의식 안에서 일어나는 이성적인 판단을 거치는 과정이라 할 수 있을 것이다.

(3) 쾌의 원리

Freud(프로이드) 이전의 많은 학자들은 인간의 행동은 본질적으로 쾌락을 추구하고 불쾌를 멀리하려는 데에서 시작된다고 보았고 Freud(프로이드)도 이 원리를 그의 이론을 전개하는 과정에서 받아들이게 되었다. 다만 그가 쾌의 원리를 보는 관점은 이전의 학자들과는 달랐다. 그는 인간의 궁극적 동기의 힘은 무의식으로부터 오는 만족되지 않은 소망과 욕망, 흥분상태이며, 이러한 만족되지 않은 소망과 욕망이 주는 불쾌감을 해소하고 긴장을 풀기 위해서 인간은 행동하며 궁극적으로 이러한 불쾌의 해소가 쾌락의 추구처럼 보인다고 보았다. Freud(프로이드)는 이 원리를 처음에는 '불쾌의 원리(unpleasure principle)'라고 명명하였으나 후에 '쾌의 원리'로 개명하였다.

(4) 오이디푸스 콤플렉스

Freud(프로이드)는 성적인 욕망(sexual drive)을 인간의 욕망 중 가장 강력한 욕망으로 규정하고 이것이 정상인이나 정신병적인 사람의 성격 발달에 공히 주요한 역할을 한다고 보았다.

성적인 욕망 중에서도 유아기의 아동이 자신과 반대되는 성의 부모에 대해서 가지는 성적인 욕망은 특별한 중요성을 가진다. 초기에 Freud(프로이드)는 이것을 그리스 신화에서 기구한 운명에 의해 자신의 아버지인줄도 알지 못하는 가운데 아버지를 죽이고 자신을 낳아 준 생모와 결혼하는 오이디푸스의 이름을 따서 오이디푸스적 소망이라고 하였으며 이후 오이디푸스 콤플렉스(oedipus complex)라는 전문용어로 발전하였다.

[그림 16-5]
Oedipus solved the Riddle of the Sphinx

어린 소년은 어머니를 향한 성적인 소망과 상대적으로 경쟁상대인 아버지에 대한 증오와 그를 제거하고자 하는 소망을 가지게 된다. 그러나 이것은 어디까지나 일차적 과정 즉, 무의식의 내부에서 일어나는 소망이다. 현실적으로는 아버지가 자신보다 훨씬 강하며 자신의 힘으로는 도저히 도전할 엄두조차 못 내는 상대임을 알고 있다. 따라서 의식 수준에서의 이차적 과정을 거치는 동안 소년은 자신의 오이디푸스적 소망이 막대한 위험을 내포하고 있다는 점을 인식하게 된다. 이러한 일차적 과정과 이차적 과정 사이의 소망과 공포는 참을 수 없는 불안을 야기시키는데 이것을 오이디푸스 콤플렉스라고 부른다. Freud(프로이드)는 오이디푸스 콤플렉스가 심리적 발달과 도덕적 발달에 모두 중요한 모태가 됨을 그의 저서 여러 곳에서 밝히고 있다.

(5) 억압

오이디푸스 콤플렉스로부터 생존하기 위해서 어린 소년은 오이디푸스적 소망을 인내하게 되고 이것을 무의식 속에 숨기게 된다. 이러한 과정을 억압(repression)이라 한다. 억압은 일차적 과정에 따른 역동적인 원시적 소망과 이러한 일차적 소망을 실제로 실현하려 하다가는 자신이 해를 입게 될지도 모르는 실제 세상에서의 현실에 대한 두려움으로부터 자신을 보호하려고 하는 중추적이고도 핵심적인 심리기제이다. 억압이라는 개념은 Freud(프로이드)가 창조해 낸 또 하나의 가장 중요한 공헌이라고 평가된다(Jones, 1953). 또한 Freud(프로이드)는 오이디푸스 콤플렉스와 억압을 통한 그 콤플렉스의 해소를 주요 부분으로 하여 아동발달 이론을 전개시키기도 한다.

(6) 심리의 구조[2)]

Freud(프로이드)는 무의식, 전의식, 의식으로 삼분한 마음의 구조가 그가 전개하려 하는 성심리적 발달(psychosexual development)이론에는 지나치게 단순하다

2) 성심리적 발달(psychosexual development).
http://www.cla.purdue.edu/academic/engl/theory/psychoanalysis/freud.html

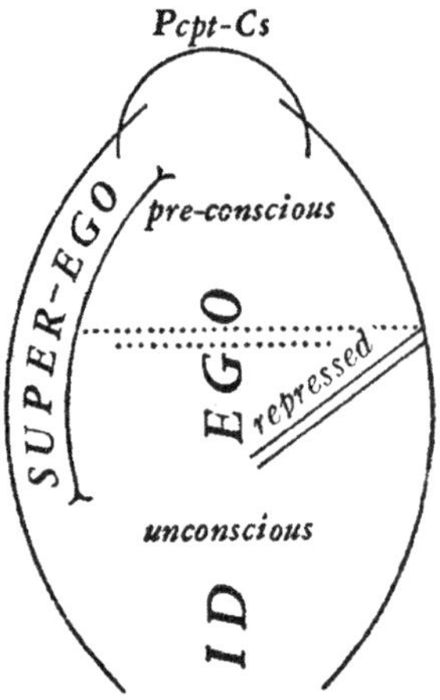

[그림 16-6] 심리의 구조

고 여겨 여기에 덧붙여 이드(id), 에고(ego), 슈퍼에고(superego)라는 서로 다른 기능을 가진 정신적 과정의 군(群, cluster)을 제안하였다.

신생아의 모든 정신적 과정은 이드(id)라는 무의식적이고 일차적인 과정으로 이루어진다. 이드는 배고픔, 목마름과 같은 생명 유지적 욕망, 성, 공격성 등과 같은 원시적 욕망을 만족시키려는 본능적 욕구이다. 이드에게는 논리적 추론 같은 것은 없다. 이드가 추구하는 것은 사회적 규약이나 실제적인 결과에 대한 고려 없는 무조건적 욕망의 해결이다. 이드가 행동을 전적으로 주관해 나간다면 사회생활은 불가능할 것이기 때문에 이드를 '수용될 수 있는 행동' 쪽으로 이끌 필요가 생기게 된다.

의식(conscious)을 교육하고 훈련함으로써 이해하고 추론하며 기능하는 것과 같은 이차적 과정이 가능하게 되는데 의식의 이러한 현실적 기능을 에고(ego)라고 한다. 에고는 이드와 확연히 구분되는 것은 아니고 상당 부분 겹치는 것으로 보인다. 이드로부터 판단되는 생각이나 감정은 에고에 스며들어 오이디푸스 콤플렉스와 같은 불안을 야기시키고, 에고는 이것을 억압이라는 기제를 통해 잠재우게 된다. 아이들이 훔치지 않는다거나, 타인을 이유없이 공격하지 않고, 대중 앞에서 자위행위를 하지 않는 것과 같은 자제력을 발휘하는 것은 에고가 현실로부터 자기통제 방법을 받아들이기 때문이다.

에고의 많은 부분은 의식으로부터 오지만 상당 부분은 전의식 단계로부터도 온다. 예를 들어 어떤 문제를 해결하기 위해 많은 정보를 머리 속에 넣고 있는 것만으로도 어떤 순간에 해결책이 떠오르는 것은 전의식이 지속적으로 동작을 하고 있기 때문이라는 것이다. 요즘 예를 들자면, 운전기술이 숙달된 후에는 별 의식 없이도 자동적으로 운전이 되는 것과 같은 예가 이 경우에 해당할 것이다.

슈퍼에고(super ego)는 에고를 감시하고 고발하는 역할을 수행하는 무의식의 부분이다. 이것은 특히 사회적 행동을 감독하는데 중요한 역할을 한다. 이것의 기원은 오이디푸스 콤플렉스라고 Freud(프로이드)는 말한다. 자신과 반대되는 성의 부모에 대해 가지는 콤플렉스는 반사적으로 동성의 부모의 태도나 신념을 동일시하여 받아들이도록 하는 계기를 제공하며 동성의 부모가 지시하는 바, '이것은 해야 한다'라든가 '하지 말아야 한다'라고 하는 명령들을 결국 '나는 이것을 해야 한다', '나는 이것을 하지 말아야 한다'와 같이 변형하여 자신의 기준으로 삼게 된다는 것이다. 맨 처음에 형성되는 몇 가지 슈퍼에고의 기준들은 오이디푸스적인 것에서 오지만, 곧 이와 같은 동일한 방법을 통해서 다양한 도덕적 가치들을 내면화하게 되고 이 내면화된 결과가 특정인의 슈퍼에고를 형성하게 된다. 우리는 이것을 소위 '양심'이라 부르게 된다. 도덕적 문제가 생기면 항상 에고가 의식의 수준에서 저울질하며, 이렇게 저울질하는 순간에 슈퍼에고는 에고에게 '이것을 해야 한다' 또는 '하지 말아야 한다'하는 식의 명령적인 명제들을 떠올려 주게 된다.

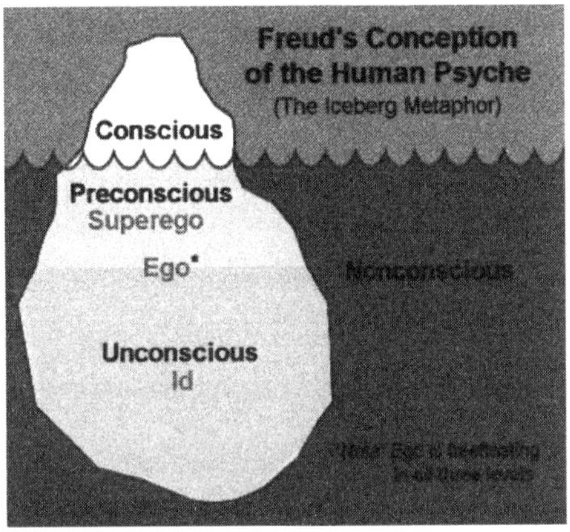

[그림 16-7] 의식, 전의식, 무의식의 구성

(7) 종합: 인간 행동의 Sigmund Freud(프로이드)적 해석

그렇다면 인간의 행동을 Freud(프로이드)적으로 해석한다면 어떻게 될까?

우선, 사람은 의식과 전의식에 의해 행동한다고 보인다. 자동적으로 일어나는 일이나 전의식에게 의뢰된 일은 전의식이 처리하고, 의식적인 일은 의식이 처리한다고 볼 수 있을 것이다. 의식은 그야말로 의식적으로 행동해야 하는 부분을 관장하고 전의식은 보다 자동화되거나 내면화된 일들을 해내게 된다.

이러한 의식의 작용에 영향을 주는 것은 무의식이다. 무의식은 의식에게 끊임없는 행동의 동기를 부여한다. 즉, 인간의 행동의 핵심적 동기는 무의식으로부터 연원한다. 성적욕망, 원시적 소망, 충동, 각종 이름의 욕망 등은 무의식 속에서 언제라도 의식에 영향을 줄 준비가 되어 있다. 그러나 의식은 언제나 현실을 감안하여 판단을 하게 되기 때문에 무의식으로부터의 어떤 행동들은 현실적으로 행동화되지만 현실적으로 용납되기 어려운 것들은 억압이라는 기제를 통해서 무의식의 밑바닥으로 가라앉게 된다. 이렇게 가라앉은 무의식적 욕망들은 때로는 꿈이 되어 나타나거나 환상이 되어 나타남으로써 부분적으로나마 그 에너지를 분출해내게 된다.

왜 억압을 하게 되는가? 그것은 불쾌의 상태를 싫어하는 본능에 기인한다. Freud(프로이드)는 이러한 본능적 반응을 쾌락의 원리로 설명한다. 즉, 금지된 행동을 하였을 때 따르게 되는 결과 또는 금지된 행동을 하려고 하였을 때 나타나게 되는 불안한 마음은 결국 '불쾌'라는 싫은 상태를 가져다주기 때문에 이것을 피하려는 기제인 '억압'이 발동하게 된다. 어떤 경우 억압은 무의식의 욕망으로 하여금 방향을 전환하여 극도로 바람직한 방향인 '승화'의 상태에 도달하게 하기도 한다.

Freud(프로이드)가 말하는 이러한 기제들이 정상적으로 작동하지 않을 때 정신적 문제가 발생하게 되고 병적 현상으로 발전하게 된다. 따라서 정신적 질병의 치유는 드러난 현상 이전의 무의식에 대한 분석 없이는 근본적으로 이루어질 수 없다는 말이 된다.

3. 관련 연구

Freud(프로이드)의 정신분석 이론은 심리학은 물론 사회학, 역사학, 인류학, 교육학, 정치학, 경영학, 문학 등 수없이 많은 분야에 영향을 주었다. 또 Freud(프로이드)의 이론을 변형한 수많은 정신의 구조에 관한 이론들을 탄생시켰다. 무의식에 관한 그의 학설이 후에 '잠재의식'이라는 개념으로 변형되어 인간의 무한한 능력의 보고를 일컫는 말로 소개되기도 한 것은 그 한 예이다.

참고문헌

Freud, S. (1966). *The standard edition of the complete psychological works of Sigmund Freud.* James Strachey (Ed.). London: Hogarth Press.

Hunt, M. (1993). *The story of psychology.* New York: Bantam Doubleday Dell Publishing.

Jones, E. (1953). *The life and work of Sigmund Freud.* New York: Basic Books.

chapter

17

Skinner의 조작적 조건화 이론

(Skinner's Conditioning Theory)

1. 이론의 배경 및 맥락

유기체는 새로운 환경에서 생존하는 데 필수적인 행동을 진화과정을 통하여 점진적으로 획득한다. 그러나 갑작스러운 환경의 도전에는 신속하게 행동패턴을 변화시켜 대응하여야만 한다. 행동주의 심리학은 이러한 행동과 그 결과 사이의 관계성에 관심을 둔다. 조작적 조건화 이론은 유기체의 행동과 유기체가 유발한 반응의 결과 사이의 원리를 체계화한 이론이다. 고전적 조건형성 이론이 행동을 유발시키기 위해 자극에 관심을 두는 반면 조작적 조건 이론은 자극보다는 유발된 행동의 결과에 관심을 둔다. 이 조작적 조건형성은 Watson(왓슨)의 행동주의에서 영향을 받은 Skinner(스키너, 1904~1990)가 제창한 것으로 그는 50년 가까이 그 원리를 실생활에 응용하였다. Skinner(스키너)와 그의 제자들은 이 원리를 활용하여 자폐아, 학습 부진아, 언어장애아, 정신장애아 등을 치료하는데 성공적으로 적용하였다.

2. 이론 개요

Skinner는 대표적인 행동주의 심리학자로 실험심리학적 방법에 입각하여 인간 행동의 일반적 원리와 법칙을 교육에 적용하는데 공헌하였으며 실제 수업의 효율화를 위한 방안으로 프로그램수업을 체계화하여 제시하였다.

[그림 17-1]
B. F. Skinner

조작적 조건화 이론의 기본 요소는 자극(stimulus), 반응(response), 강화(reinforcement)이며, 이 이론에 따르면 행동의 변화는 자극의 통제와 강화의 제시방법에 의하여 이루어진다는 것이다.

Skinner(스키너)가 행한 전형적인 실험을 예로 들어보자. 굶긴 쥐를 방음이 잘 된 상자(흔히 Skinner Box라고 부른다) 속에 넣는다. Skinner(스키너) 상자의 한쪽 벽에는 지렛대가 있고 이 지렛대는 자동적으로 기록을 하는 장치가 되어 있으며 이는 전동식으로 작동되는 먹이통과 연결되어 있다. 쥐가 지렛대를 누르면 먹이통의 먹이 알맹이가 지렛대 밑의 먹이그릇에 자동적으로 떨어지게 되어 있다. Skinner 상자 속의 쥐는 새로운 환경을 탐색하면서 여러 가지 반응을 나타낸다. 쥐는 처음에는 지렛대를 바라보다가 지렛대 쪽으로 몸을 돌리고 그 후 지렛대 가까이에서 머물다가 지렛대를 누르게 되고 그 결과 먹이가 나와 그것을 먹는다. 즉, 쥐는 지렛대를 누르면(조작) 먹이(강화물)가 나온다는 사실을 학습하게 된 것이다. 그래서 이전에 나타낸 여러 가지 반응을 생략하고 즉각적으로 지렛대를 누르는 반응을 하며, 그 반응을 계속하게 된다. 또 쥐가 배가 고플수록 지렛대를 누르는 빈도가 증가함을 볼 수 있다.

[그림 17-2] Skinner 상자

이렇게 조작적 조건형성에서 유기체의 반응을 바람직한 것과 가까운 방향으로 선택적으로 강화하는 과정을 조형(shaping)이라 부른다. 숙련된 실험자들은 아주 소수의 강화로 비교적 짧은 시간 내에 바람직한 행동을 조형하기도 한다. 조형의 기본 특징은 학습자들을 바람직한 최종반응으로 이끄는 간단한 반응들을 연쇄적으로 학습하게 하면서 의도된 반응에 도달하도록 하는 것이다. 즉 최종반응으로 이끄는 각 단계들을 강화하여 학습이 일어나도록 하는 것이다. 이러한 조형방법을 계기적 근사법(method of successive approximation)이라고 부른다. 일반적으로 조형원리들은 인간의 태도와 신념, 관습, 학습목표, 언어 사용의 특정한 측면 등의 조작적 조건형성에 활용되었다.

Skinner(스키너)의 조작적 조건형성 과정이 학습과 관련되는 몇 가지 원리를 살펴보면 다음과 같다.

(1) 강화의 원리

행동의 결과로서 얻은 만족스러운 자극(강화)에 의해 그 행동을 반복하게 되는 현상을 강화의 원리라 한다.

정적 강화와 부적 강화

정적 강화란 어떤 행동 후에 보상을 제공함으로써 바람직한 행동의 강도와 빈도를 증가시키는 것을 의미한다. 예를 들어, 노트 정리를 잘하는 학생에게 칭찬을 해 줌으로써 더욱 노트정리를 잘 하도록 유도하는 것과 미술시간에 그림을 잘 그린 학생의 작품을 교실에 전시하여 학생이 미술에 더욱 흥미를 갖도록 하는 것이 정적 강화에 속한다. 정적 강화물에는 좋은 성적, 교사의 웃는 표정, 칭찬, 게시판에 전시된 학생의 작품, 학생들이 보여 주는 성실한 수업태도나 질문, 학부모나 교장선생님의 인정 등이 있다. 반면에 부적 강화란 어떤 행동 후에 바라지 않는 어떠한 것을 제거하여 바람직한 행동의 강도와 빈도를 증가시키는 것을 의미한다. 예를 들면, 수업시간에 집중을 잘하고 좋은 질문을 하는 학생들에게는 청소당번을 면제해주는 경우이며 이 경우 부적 강화물은 청소, 격리 등이 있다.

강화인

무조건 강화인(primary reinforcer, 일차적 강화인)은 유기체의 어떤 특별한 경험 없이도 행동을 증가시키는 역할을 하는 강화인으로 공기, 음식, 물, 소음, 강렬한 불빛, 극단적으로 덥거나 추운 온도 등을 말한다. 조건화된 강화인(secondary reinforcer, 이차적 강화인)은 행동의 빈도를 증가시키는 효과가 유기체의 학습을 통하여 습득된 것으로 일차적 강화물과 여러 번 연결됨으로써 강화력을 가지게 된 것이다. 칭찬이나 Skinner(스키너) 상자에서의 불빛이 조건화된 강화인의 예다. 일반화된 강화인은 여러 일차적 강화인과 연합된 이차적 강화인으로 돈, 명성, 성공 등이 여기에 속한다.

강화와 벌과의 관계

부적 강화는 가끔 벌과 혼동되나, 정적이든 부적인 것이든 관계없이 강화는 행동이 일어날 확률을 증가시키는 것이며 벌은 그 반대의 효과를 가지는 경우이다.

Skinner(스키너)의 벌에 대한 견해는 다음과 같다.

> "어린이에게 공부할 수 있게 체벌한다고 말할 때, 체벌이라는 어휘를 잘못 사용하고 있는 셈이다. 어린이가 공부함으로써 체벌을 피할 수 있는 조건을 마련하고 있다. 어린이에게 잘못된 행동을 하지 않도록 체벌한다고 할 때, 당신은 그 행동을 억제하려고 하고 있는 것이다. 단지 체벌은 현재 반응하려는 행동경향성을 감소시켜 줄 뿐이다. 체벌이 철회되자마자, 다시 그 행동은 복원된다. 이러한 현상은 항상 그러한 것은 아니다. 왜냐하면, 극단적으로 심한 체벌은 영구히 그 행동을 억제하게 만들지 모른다. 그러나 놀라운 일은 어떤 행동에 부수적으로 체벌을 빈번히 사용한다면, 그 행동은 체벌이 중단된 후에 곧 회복될 것이고, 어린이는 더 심한 체벌을 받는다고 할지라도 그 행동을 멈추지 않을 것이다. 이러한 부작용 때문에 혐오적 통제 방법을 반대하는 것이다. 부정적 부작용을 일으키는 모든 종류의 감정들이 싹트게 될 것이다."

Skinner(스키너)의 견해에 의하면 체벌은 행동을 통제하는 가장 비효과적인 방법이라는 것이다. 체벌을 사용하는 주목적은 특정행동이 일어나는 빈도를 줄이거나 없애고자 하는 것인데 체벌이 중단되면 그 특정행동이 다시 회복되기 때문이다. 따라서 Skinner(스키너)는 교육에서 비효과적인 체벌은 최소화하고, 긍정적 강화를 이용해야 한다고 주장했다.

강화계획

강화조건의 패턴화를 강화계획(reinforcement schedule)이라 하고 고정간격, 변동간격, 고정비율, 변동비율 강화계획이 있다. 고정간격 강화계획(fixed interval reinforcement schedule)은 일정한 시간 간격을 두고 발생한 행동을 강화하는 것이다. 예를 들어 5분마다 강화를 하게 되면 강화물이 제기되는 시간을 예측하게 되어 처음에는 반응하지 않다가 시간간격의 끝이 가까워짐에 따라 반응

빈도가 증가한다. 변동간격 강화계획(variable interval reinforcement schedule)은 강화가 주어지는 시간 간격을 매번 다르게 하여 강화를 제공하나 전체 강화가 주어지는 시간 간격의 평균은 일정한 시간이다. 이 경우에는 강화시기를 예측할 수 없기 때문에 반응이 꾸준히 계속된다. 고정비율 강화계획(fixed ratio reinforcement schedule)은 일정한 비율을 두고 반응에 강화하는 것이고 변동비율 강화계획(variable ratio reinforcement schedule)은 비율을 달리하여 강화하는 유형이다.

(2) 소거의 원리

반응 뒤에 강화가 주어지지 않으면 반응은 소거되는데 이때 소거된 반응 비율은 강화가 주어지기 전의 기초선 비율(baseline rate), 즉 조작적 수준으로 되돌아간다. 소거(extinction)의 원리란 유기체가 행한 행동이 무시되거나 만족스러운 결과를 가져다주지 않을 때에 유기체는 그 행동을 중단하고 반복하지 않으려는 경향을 말한다. 그러므로 소거의 원리는 바람직하지 않은 행동을 제거시키거나 강한 행동을 약화시키는데 사용된다.

(3) 조형의 원리

조형(shaping)은 Skinner(스키너) 이론에서 중요한 기법인 행동수정의 근거가 되는 개념이다. 조형이란 실험자 또는 치료자가 원하는 방향 안에서 일어나는 다양한 반응들만을 강화하므로 원하는 방향의 행동을 습득하도록 하고 원하지 않는 방향의 행동에 대하여는 강화를 받지 못하도록 하여 결국 원하는 방향의 행동을 할 수 있도록 하는 것을 가리킨다.

(4) 자발적 회복의 원리

일단 습득된 행동은 만족스러운 결과가 주어지지 않는다고 하여 바로 소거되는 것은 아니다. 물론 최초 행동처럼 지속적으로 강하게 이루어지지는 않지만 일단 학습된 행동은 계속 지속하려는 경향이 있다. 이와 같은 현상을 자발적 회복(spontaneous recovery)의 원리라고 한다.

(5) 변별의 원리

변별이란 보다 정교하게 학습이 이루어지는 것으로 유사한 자극에서 나타나는 조그만 차이에 따라 다른 반응을 보이는 것이다.

3. 관련 연구

Skinner(스키너)의 행동주의 학습이론을 교육에 적용한 대표적인 사례는 프로그램학습과 교수기계(teaching machine), 그리고 행동수정(behavior modification)을 들 수 있다. 먼저 프로그램 학습 자료는 책자로 되어 있는데, 미리 정해진 결과 또는 목표(최종 행동)를 향하여 점진적으로 나아가도록 소규모로 프로그램화된 자극을 제시하고 이를 즉시 강화하는 조작적 조건화를 이용한 것이다. 이러한 프로그램 학습 자료에는 Skinner(스키너)가 개발한 직선형(linear) 프로그램과 Crowder(크라우더)가 개발한 분지형(branching) 프로그램이 있다(최동근 외, 2000).

프로그램 수업의 원리를 살펴보면 첫째, 학습자 검증의 원리 둘째, 학습자 속도의 원리 셋째, 적극적 반응의 원리 넷째, 즉시 확인의 원리 다섯째, 학습단계 세분화(small steps)의 원리 등이다. 이와 같은 원리에 기초한 그의 프로그램학습의 기술적인 학습과정을 보면, 첫째, 학습자에게 제시되는 수업자료는 되도록 작은 단계로 세분화한다. 둘째, 수업자료는 다만 제시하는 것으로 그치지 않고 학습자가 응답하고 처리하도록 제시한다. 셋째, 학습자는 수업자료에 응답하고 그 결과를 표현해야 하므로 긴장하여 수업자료에 대응한다. 넷째, 학습자의 반응이 옳고 그른 것을 판단하여야 한다. 그래서 즉시 확인하도록 되어 있어야 한다. 다섯째, 이러한 과정에서 수업자료에 올바른 반응을 하지 못하면 다음 수업자료를 제시하지 않는다. 한편 교수기계는 위와 같은 프로그램 학습 자료를 기계 장치 속에 담아 놓은 것을 말한다. Skinner(스키너)는 이와 같은 프로그램 학습 자료와 교수기계가 있으면 교육을 자동화, 기계화시켜 교사 없이도 교육이 가능한 시대가 도래할 것이라고 역설한 바 있다. 행동수정기법도 Skinner(스키너)의 조작적 조건화의 원리를 이용한 것으로 이것의 목표는 문제행동을 소멸시키고 바람직한 행동으로 대치하는 것이다. 이 기법은 학교에서의 문제학생의 문제행동의 수정, 자폐아 클리닉, 범죄적 행동의 수정, 정신병리학 문제의 수정 등에 현재에도 많이 활용되고 있다.

참고문헌

권석만 외 (1996). 심리학개론. 서울: 박영사.
김광자 (2000). 교수학습 방법의 이해. 서울: 집문당.
김영채 (2005). 학습심리학. 서울: 박영사.
나일주, 정인성 (1997). 교육공학의 이해. 서울: 학지사.
박성익 외 (1999). 교육방법의 교육공학적 이해. 서울: 교육과학사
최동근 외 (2000). 교육방법의 교육공학적 접근. 서울: 교육과학사.
Hergenhahn, B. R. (2001). *Introduction to theories of Learning*(6th ed.). 김영채 역 (2004). 학습심리학. 서울: 박영사.
Hulse, S., Deese, J., & Egeth, H. (1980). *The Psychology of Learning*(4th ed.). 이관용, 김기중 역 (1980) 학습심리학. 서울: 법문사.
Liberman, D. A. (1996). *Learning : behavior and cognition*(2nd ed.). 이관용, 김기중 역 (1996). 학습심리학: 행동과 인지. 서울: 교육과학사.

chapter

18

Piaget의 인지발달 이론

(Piaget's Cognitive Development Theory)

1. 이론의 배경 및 맥락

Piaget(삐아제, 1896~1980)는 "우리는 어떻게 아는가?", "인간이 성장하면서 어떻게 인지가 발달하는가?"라는 질문과 관련한 인간의 지각, 학습, 경험 등 인식의 근본 문제를 과학적으로 연구하여 발달심리학과 교육학에 지대한 영향을 끼친 학자이다.

1896년 스위스에서 태어난 Piaget(삐아제)는 어려서부터 자연현상에 남다른 관심을 가지고, 새, 물고기와 같은 생물의 행동을 관찰하는 것을 좋아했고, 11세에는 알비노라는 참새의 서식을 관찰한 결과를 학술지에 기고할 만큼 생물학에 비범한 재능을 보였다. 이후 그는 21세에 생물학으로 박사학위를 받았다. 생물학에 몰두할 당시 Piaget(삐아제)의 관심은 생물체의 신체 구조가 어떻게 환경과 상호작용하며, 환경에 어떻게 적응하는가 하는 것이었다. 이러한 그의 생물체의 신체구조와 환경 사이의 관계에 관한 관심은 철학, 종교, 논리학, 인식론, 그리고 심리학을 접하게 되면서 일대 전환을 맞게 된다.

이 중 특히 인식론에 대한 관심은 Piaget(삐아제)가 발달심리학 연구에 그의 남은 인생을 보내는데 큰 기여를 하게 된다. 인식론은 원래 지식의 근원과 성질을 탐구하는 철학의 한 분야로, Piaget(삐아제)는 지식은 무엇인가, 지식은 어떻게 획득되는가와 같은 기본적인 문제를 둘러싼 인식의 본질을 밝히려 하였다. 그러나 이러한 문제를 해결하기 위한 철학적인 접근은 너무 사변적이고, 생물학과 같은 과학적인 접근은 너무 사실적이어서 그 어느 하나를 가지고는 이 문제의 해답을 찾을 수 없다고 보고 두 학문을 연결시킬 수 있는 학문으로 심리학을 선택하게 되었다.

그의 관심은 차츰 '생물체가 환경에 적응하는 과정'에서 '인간의 심리구조가 환경에 적응하는 과정', 즉, 인간의 심리적 구조가 어떻게 그의 환경과 상호작용하고, 이에 적응하는 방법을 결정하는가에 관한 것으로 바뀌어 가게 된다. 생물학적 배경에 기반하여 그는 모든 살아 있는 존재는 그의 환경에 적응하며 인간이라는 생물도 이 법칙에 예외일 수는 없으며, 우리가 '지능'이라 부르는 것은 인간의 생물학적 적응이 취하는 하나의 특정한 형태에 불과하다고 주장한다. 이처럼 인간의 지식이 형성되고 발달되는 메커니즘을 생물학적인 '적응'의 개념에서 시작한 Piaget(삐아제)는 그 적응의 원리를 '동화'와 '조절'로 설명하고, 동화와 조절이 끊임없이 교체되면서 아동은 비로소 세상을 탐색하게 되고 지식을 구성하게 된다고 본다.

프로이드의 정신분석학을 시작으로 심리학에 심취하게 된 Piaget(삐아제)는 파리에 있는 비네연구소에서 영국에서 개발된 지능검사의 프랑스 판을 표준화하는 표준화 추리검사 개발 연구를 통해 그의 발달단계론을 주장하게 된다. 표준화 추리검사는 모든 아동에게 동일한 문항을 주어 모든 아동이 이에 반응하도록 요구된 검사로 이를 통해 Piaget(삐아제)는 아동의 오답이 연령에 따라 비슷하다는 것을 알게 된다. 즉, 동일한 연령의 아동은 비슷하게 틀린 답을 하고 또 아동의 대답 유형도 연령에 따라 서로 다르다는 것을 알게 된 것이다. 이러한 관찰에 힘입어 그는 아동이 성장할수록 단지 영리해지는 것이 아니라, 이들 사고의 질이 발달한다는 결론을 내리게 되었고, 이 후 30여 년 동안 양적 결과만을 보여주는 표준화 검사방법과 달리 아동이 어떻게 추론하는가를 보다 잘 보여줄 수 있는 비구조화된 임상학 연구방법을 사용해서 아동의 인지과정을 연구하는 일에 몰두하였으며 1980년에 작고하였다.

Piaget(삐아제)는 Lev Semenovich Vygotsky(비고츠키, 1896～1934)와 같은 해에 출생하여, 동시대를 살았고, B. F. Skinner(스키너, 1904～1990)와도 시대를 공유하면서, 각각 상이하지만 연관된 영향을 끼쳤다고 할 수 있다. 그의 이론은 1960년대까지 미국 발달 심리학계에서 별다른 관심을 받지 못했는데, 이는 아동관과 아동의 사고와 학습에 관한 그의 기본 가정이나 연구방법이 1920～1960년대까지 미국 심리학계를 풍미하던 행동주의 심리학과 많이 달랐기 때문이었다. 이러한 이유로 1930년대와 1940년대에 이루어진 Piaget(삐아제)의 주요 이론들은 스키너의 행동주의가 각광를 받던 1950년대 후반과 1960년 대 초반을 지나, 1960년 후반 이후에 가서야 인지주의 이론으로 각광을 받기 시작했다(Saettler, 1990).

Piaget(삐아제)는 또한 자신의 이론을 구성주의라고 칭했다(Driscoll, 1994). 왜냐하면, 그는 인간의 지식의 형성 과정을 끊임없는 자기 구성(self-construction)의 과정이라는 관점에서 보았기 때문이다. Piaget(삐아제)의 구성주의는 아동의 발달

과정에 따른 개인적 구성을 바탕으로 하기 때문에 사회, 교육, 그리고 문화에 관한 언급이 없다. 반면에 비고츠키는 아동이 부모나 교사 혹은 다른 아동들과 더불어 행한 활동들을 통해서 얻는 문화적 습득과정, 즉 인지발달의 사회문화적 맥락을 중심으로 지식과 언어의 형성과정을 설명하고 있다. Piaget(삐아제)의 아동발달 심리학의 이론적, 실증적인 연구는 이후 학습심리학, 교수학습 이론의 발전에 지대한 공헌을 해오고 있다.

2. 이론 개요

Piaget(삐아제)의 인지 발달 이론은 인간이 성숙하여 감에 따라 나타나는 사고능력의 질적인 변화를 다룬다. 생물학자이며 동시에 심리학자였던 그는 인간의 인지 발달을 유기체의 발달에서 보이듯이 동화(assimilation)와 조절(accommodation)에 의한 연속적 평형상태(equilibrium)를 유지하려는 과정으로 본다. 그렇기에 그의 인지발달과정에서 동화와 조절 그리고 동화와 조절을 통하여 이루어지는 산물인 스키마의 변화에 대하여 살펴보는 것은 그의 이론을 이해하는데 첩경이 된다.

(1) 동화, 조절, 평형, 스키마

동화

생명체가 살아나가기 위해서는 외부에서 무엇인가를 받아들여야 하는데 이때에는 외부의 어떤 것을 있는 그대로가 아니라 자신의 필요에 맞는 형태로 변화시킨다. 이렇게 음식물을 소화시키는 것과 같이 외부의 사물을 자신의 구조에 맞게 변형시키는 것을 동화라고 한다. Piaget(삐아제)는 인지적인 사항에 대해서도 마찬가지로 보아서 외부의 인지적 자극을 자신이 이미 가지고 있었던 어떤 틀과 맞게 하여 받아들이는 것을 동화라고 정의한다.

조절

외부의 사항을 받아들이기 위하여 자기 자신을 변형시켜야만 할 경우도 생기게 되는데 이것이 조절이다. 인지적인 경우를 본다면 지금까지 가지고 있었던 "생각의 틀"로서는 도저히 감당할 수 없는 사항을 받아들이기 위해서는 그 "생각의 틀" 자체를 변형시켜야 하며, 이것이 조절이라 할 수 있다.

평형

동화와 조절을 거쳐서 유기체가 일정한 안정된 상태를 유지하는 것이 평형이다.

스키마

이 개념은 Piaget(삐아제) 심리학의 독특한 영역을 형성하면서도 가장 중요한 이론적 위치를 차지하는 개념이다. 스키마는 '인지적 구조', '생각의 틀' 등으로 해석되며 유사한 상황에서 일반화될 수 있는 비교적 정형화된 일련의 인지적 구조를 뜻한다. 스키마는 흔히 파일박스에 비유된다. 즉, 스키마란 문서를 자동으로 정리하여주는 파일박스 같은 것이어서 거기에 여러 가지 다른 종류의 정보를 저장할 수도 있고 저장된 정보를 변형된 형태로 꺼내볼 수도 있게 된다는 것이다. 만약 어떤 정보를 그 파일박스가 처리할 수 없다면 조절이라는 과정을 통하여 파일박스 자체의 모양이나 기능을 변화시킬 수도 있는데 이것이 스키마 변형(Schema change)이다.

(2) 발달단계

Piaget(삐아제)의 이론을 단적으로 표현하면 인간의 인지적 발달이란 동화와 조절에 의한 스키마 변형(schema change)의 과정이라고 요약될 수 있다. 그가 설정한 발달단계는 인간이 질적으로 다른 인지적 특성을 보이는 기간들을 성숙의 축을 따라 기술한 것으로 볼 수 있다. 또한 한 단계에서 다음 단계로 넘어 간다는 말은 그 두 개의 단계 사이에 주요 스키마 변형이 일어나는 것을 뜻하게 된다.

감각 동작기(유아기: 0~2세)

이 단계의 유아는 감각에 의한 반사적 동작을 통하여 발달된다. 눈과 손의 협동이나 단순한 인과율(울음을 울면 젖을 먹을 수 있다 등) 그리고 물체의 항존성에 대해 배우게 된다.

전조작기(유치원생: 2~7세)

이 시기는 유아기를 벗어난 시기에서부터 유치원 시절까지의 기간이 된다. 5~6세 아동의 특징으로 Piaget(삐아제)는 소위 융합적 사고(syncretism)와 위치 치환적 사고(transductive reasoning)를 한다는 것을 들고 있다. 융합적 사고란 자신이 알고 있는 친숙한 말을 사용하여 모르는 부분이나 어려운 단어를 짐작하는 것으로 예를 들면 "어린이들은 아주 소중한 사람들이다" 라는 말의 뜻이 무엇이냐고 물으면 "그건 어린이들이 크게 자라난다는 뜻이다"와 같이 대답하는 경우가 그것이다. 치환적 사고란 "왜 태양은 하늘에 떠 있을까?"하고 물었을 때, "그건 밝기 때문이지"라고 대답하는 경우와 같이 아동이 하나의 사실로서 다른 사실을 설명하려 하는 현상을 말한다. 이런 종류의 사고는 단지 어떤 특정한 사실과 또 다른 특정 사실을 옮겨서 붙여 놓았을 뿐 아무런 논리가 서지 않게 된다. Piaget(삐아제)는 아동의 나이가 7~8세가 되기 이전에는 진정한 논리적 추론이 있을 수 없다고 본다(Gorman, 1972).

이 시기의 또 다른 특징으로는 전체와 부분을 구분 짓고 사고하기가 용이치 않다는 점이다. 즉, "너희 반에 남자애들이 더 많니 아니면 아이들 모두가 더 많니?" 하고 물었을 때 "우리 반에는 남자애들이 여자애들 보다 많아요"라고 대답하는 경우이다. 이렇게 분류하고 순서를 정하는 것(큰 것부터 작은 것 순으로 배열하라 등의)은 이 시기의 아동들에게 대단히 어려운 과업인 것이다.

끝으로 이 시기의 아동들은 보존개념(conservation)과 반환성(reversibility)의 개념이 형성되지 않는 것이 보통이다. 동일한 물컵 속의 물을 키가 큰 다른 그릇에 담았을 때 더 많아졌다고 생각한다든가, 같은 개수의 물건을 펼쳐 놓았을 때와 모아 놓았을 때 펼쳐 놓은 것이 더 많다고 생각하는 것 등이 보존개념이 형성되지 않았음을 보이는 예이다. 반환성의 개념에 대한 실험은 청평을 이용한 것을 들 수 있다. [그림 18-1]과 같이 무게 3그램의 추를 청평의 양쪽에 놓아 균형을 맞춘 청평 (1)과 한쪽 편에 1그램이 더 올려져서 한쪽으로 기운 청평 (2)를 보여주고 "이 저울을 평평하게 만들 수 있겠니?"하고 물어본다. 이때 아동은 아래에 있는 추 중에서 아무 것이나를 집어 들고 반대편에 올려놓으며 "다른 쪽에 한 개를 올려놓으면 되지요. 어? 안되는데. 너무 무거운가 봐요"하는 식으로 반응하게 된다. 그들에게는 똑같은 무게를 올린다는 정신적 조작이 가능하지 않은 것으로 Piaget(삐아제)는 보고 있다.

요약하면, 전 조작기에 속하는 유치원 정도의 아동들은 아직 정신적 조작이 가능하지 않은 상태에 있다고 말할 수 있다. 그들은 융합적 사고와 치환전 사고를 하며, 전체와 부분을 따로 떼어서 개념화하지 못하고 보존개념과 반환성의 개념이 형성되지 않은 상태에 있다.

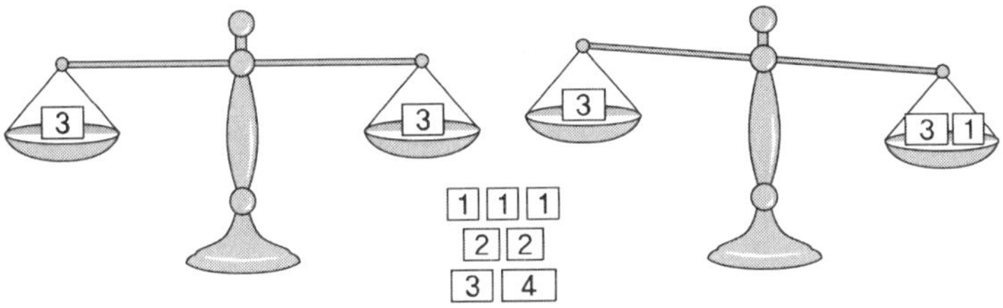

[그림 18-1] 반환성의 개념에 대한 실험 상황

구체적 조작기(초등학생: 7~12세)

초등학교에 입학할 무렵이 되면 아동들은 사고능력에 있어서 극적인 발달을 보이게 된다. 유치원 아동들과는 달리 이들은 내면적인 사고의 조작이 가능하게 된다. 앞에서 살펴 본 유치원 아동들에게 주어진 문제들에 대하여 이들은 제법 논리적인 답변을 하게 된다. 이들의 특징을 요약하면 다음과 같다.

① 조작(operation): 지각된 사물들에 대한 내적 연산(internal manipulation) 또는 그룹짓기(Grouping)가 가능하게 된다.
가. 분류: 사물을 일정한 법칙에 따라 나눔

나. 순서화: 사물을 순서에 따라 관련시킴

② 사고 과정상의 특성

가. 내면적: 아동의 마음속에서 그룹짓기가 일어나게 된다. 이때에 현실적인 행위는 전 조작기에서처럼 필수불가결한 것이 아니다. 아동들은 현실적 행위를 하지 않고도 내면에서 어떤 연산이 가능하게 된다.

나. 구체적: 아동은 그가 감지한 것에 대해 연산과 그룹짓기를 하게 된다. 그의 사고는 구체적인 현실세계에 기초를 둔다.

다. 사고의 분화(decentralization)

단 하나의 측면만을 중심으로 하여 생각하기 보다는 동시에 두 가지 이상의 측면에 대해 생각할 수 있는 능력이 생긴다. 예를 들어 똑같은 숫자의 구슬을 모아 놓았을 때와 넓게 펼쳐 놓았을 때, 전 조작기의 아동들은 펼쳐 놓은 것이 더 많다고 말한다. 그러나 구체적 조작기의 아동들은 '양'이라는 측면과 '배치'라는 측면을 동시에 고려할 수 있기 때문에 "같다"라고 대답할 수 있게 된다.

라. 반환성(reversibility)

아동들은 한 가지 문제에서 처음에 시작하였던 곳으로 되돌아가서 원상복귀를 하거나, 지금까지 행하였던 조작을 거꾸로 해나감으로써 그 조작을 취소시킬 수 있게 된다. 또한 한 가지 행위의 효과에 상응하는 행위를 함으로써 둘 사이의 균형을 유지시킬 수도 있게 된다.

③ 추론의 형태

귀납적: 아동들은 구체적인 사례를 통하여 일반성을 추론하여 내게 된다.

형식적 조작기(중·고등학생: 13세 이상)

초등학생들과 대비하여 볼 때 중 · 고등학생들은 지적인 능력에 있어서 놀라운 진보를 보이게 된다. 여기에서는 그들의 사고의 형태와 사고과정의 특성을 중심으로 살펴본다.

① 사고의 형태

가. 가설에 의존하는 연역적 사고(hypothetico-deductive thinking):

중 · 고등학생들은 가능성에서 시작하여 거기서부터 추론해 나가거나 실험을 거쳐 검증해 나간다. 예를 들어 당구공이 반사하는 현상에 대해 묻는 경우를 보자. [그림 18-2]와 같이 작은 당구대와 큐대가 주어졌다고 가정하자. 학생에게 지정된 장소에 서서 큐대로 볼을 쳐서 공을 맞춰 보도록 한다. 그 다음 그에게 반사하는 각도에 대해 묻는다. 이 경우 형식적 조작기에 있는 학생은 단지 관찰한 것을 요약하여 말하는 것이 아니라 가능성에 바탕을 둔 사고에서 시작하여 그의 가설을 검증해 나가게 된다. 즉, 학생은 다음과 같이 말할 가능성이 높다. "제 생각으로는 직각으로 튀어 나올 것 같군요"… (몇 번 해본 뒤에) "아니군요. 반사는 큐대의 각도와 관련이 있어요" (또 한 번 더 시도한 뒤) "만약 당구대에서 수선을 하나 긋는다고 상정한다면 큐대에 의해서 형성된 각도와 반사하는 각도는 같게 되는 군요"(Gorman, 1972). 이와 같이 문제해결의 상황에서 가능성이나 가설에 바탕을 두고 실제 현상을 체계적으로 검증해 나가는 과정을 Piaget(삐아제)는 '가설에 의존하는 연역적 사고'라고 불렀다.

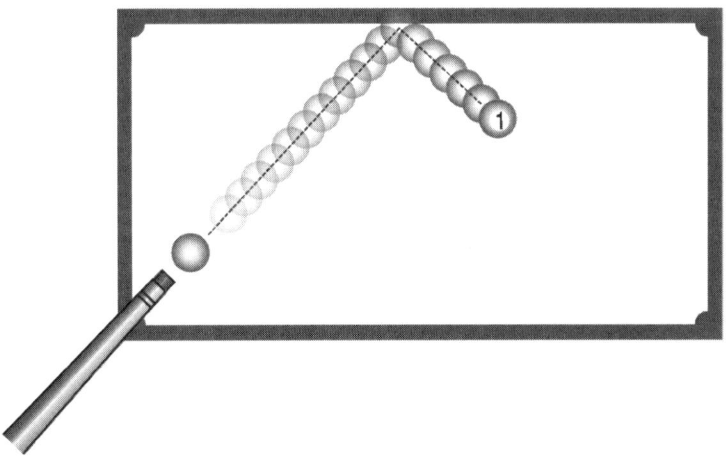

[그림 18-2] 가설에 의존하는 연역적 사고를 실험하는 상황

나. 추상적 사고: 이 단계의 학생은 순수한 추상성을 형성할 수 있으며, 상징적 언어적 수준에서 사고한다.

다. 형식적 사고(formal thought): 이 수준의 학생은 진술의 내용으로부터 형식을 구분해 낼 수 있으며 특정 내용은 차치하고 논리의 형식을 고려할 수 있게 된다. Gorman(골만)은 "내가 간을 좋아하지 않는다는 것이 참 다행스러워. 왜냐하면 내가 그것을 먹는다는 것이 진저리가 날 테니까" 라는 말에 대하여 어떻게 생각하는지 구체적 조작기의 아동과 형식적 조작기의 아동에게 각각 물었더니 구체적 조작기에 있는 아동은 "나도 간을 좋아하지 않아요. 그건 지독하게 맛이 없으니까요." 라고 답변하고 형식적 조작기의 아동은 "그렇게 말하는 것은 말이 안돼요. 만약 그것을 싫어한다면 그걸 먹을 리가 없으니까요."라고 대답하였다고 보고 한다 (Gorman, 1972). 형식적 조작기의 아동에게는 내용으로부터 형식을 구분해 낼 수 있는 능력이 있게 되기 때문이다. 이렇게 중 · 고등학생의 사고 능력에는 내용과 형식을 따로 구분해서 살필 수 있는 능력이 있게 되는데 Piaget(삐아제)는 이것을 형식적 조작(formal operation)이라 불렀다.

② 사고 과정상의 특성

가. 증명: 이 시기의 학생은 어떤 진술에 대한 증거나 정당한 추론을 제시할 것을 필요로 하게 된다.

나. 조합적 체제: 그는 산물들에 대한 모든 가능한 조합들을 형성하고 사고하고 그것들을 '구조화된 전체(structured whole)'와 연관지을 수 있다.

다. 변인의 통제: 그는 변인들을 따로 분리하여 내고 '모든 다른 조건이 동일하다면'이라는 가정 하에 그 변인들을 조작할 수 있다.

라. 4칙의 연산: 4칙의 연산에 등장하는 지적인 조작들을 이해하고 활용할 수 있다.

Piaget(삐아제)는 감각 동작기, 전 조작기, 구체적 조작기, 형식적 조작기를 거쳐 발달하는 인간의 인지적 능력은 정적인 상태로 조용히 머무는 것이 아니라 항상 역동적인 작용이 외부세계와 인지작용 사이에 있다는 것을 역설한다. 아동들은 한 단계에서 다음 단계로 전이하는 과정에서, 또 그가 속한 특정단계 내에서, 보다 안정된 성숙한 상태가 되기 위하여 끊임없이 동화와 조절의 과정을 반복하게 된다. 이렇게 하여 형성된 스키마는 생각의 틀을 형성하고 사고의 과정을 통제하게 된다.

3. 관련 연구

Piaget(삐아제)의 이론은 인지발달에 대한 가장 포괄적인 이론으로, 아동이 어떤 발달단계를 거쳐 세상에 대한 지식을 구성하며, 그 지식의 구성을 지원하기 위해 어떤 교육방법이 요구되는가에 대한 연구에 많은 영향을 주었다.

(1) 교육심리 분야

Piaget(삐아제)의 이론은 학습자의 연령별 인지발달 정도의 파악에 기본적인 틀을 제공한다. 그가 제안한 틀을 토대로 학습자의 발달 수준에 대한 다양한 분석이 시도되고 있다. Piaget(삐아제)의 이론에 의하면 13세 이후의 연령층은 최고의 사고 수준인 형식적 조작기에 있을 것으로 예상된다. 그러나 지금까지의 연구 결과들은 이러한 예상과는 다른 결과를 나타내고 있다. 강순희 외(1999)의 연구에 따르면, 우리나라 중학교 1학년 학생들의 경우, 구체적 조작기의 학생이 41.7%, 과도기의 학생이 44.4%, 형식적 조작기의 학생이 13.9%로 대부분이 구체적 조작기 및 과도기에 있는 것으로 나타났다고 보고하였다. 실제로 지난 10여 년 동안 발표된 각종 연구 자료로부터 분석한 우리나라 중학교 1학년 학생들의 평균 인지수준은 검사도구에 따라 다소 차이를 보이지만, 평균적으로 구체적 조작기의 학생이 약 48～67%, 과도기의 학생이 약 24～36%, 형식적 조작기의 학생이 약 2.2～0.5% 정도의 분포를 보인다(이종단, 2001). 한종하 외(1982)의 연구에서도 14～17세 연령층에 있는 우리나라 학생들의 80%정도는 구체적 조작기에 있고, 20%정도가 형식적 조작기에 있음을 밝히고 있다.

이와 같이 Piaget(삐아제)는 연령에 따라 각 발달 단계를 구분하였지만, 실제로 각 단계의 인지발달 정도는 환경에 따라 늦거나 빨라질 수 있다. 그럼에도 불구하고 각 단계가 구조화된 전체로서의 고유한 특성을 가지며, 개인은 일생에 걸쳐 일정한 순서의 발달단계를 거친다는 점은 일반적으로 받아들여지고 있다. Piaget(삐아제)의 연령별 발달단계를 기본 틀로 하여 현재 학습자의 상태를 파악하거나 적절한 교육방법을 제공하고자 하는 연구들이 유아교육과 아동교육을 중심으로 활발히 이루어지고 있다.

(2) 교육공학 분야

학습자의 인지 능력이 Piaget(삐아제)가 제시한 발달단계를 거쳐 완성되는지와 더불어 활발하게 연구가 이루어지고 있는 분야는 어떻게 학습자의 인지 능력을 촉진 또는 변화시킬 것인가에 대한 것이다.

Piaget(삐아제)는 행동주의 심리학에서 인간을 자극에 반응하는 수동적인 존재로 보았던 것과는 달리 동화와 조절과정을 통해 환경에 능동적으로 적응하여 세계를 해석하는 존재로 보았다. 이에 각 교과에서는 학습자를 자유로운 교육상황으로 이끌기 위해 발단단계에 따른 다양한 교육 경험을 제공하고 있다. Papert (1980)는 학습자가 거북이를 가르치는 과정에서 조직화된 체계적인 사고, 문제해결, 의사결정 등의 인지기술을 발달시키며, 수학 학습을 촉진시키는 환경을 제공하기 위해 LOGO라는 프로그래밍 언어를 개발하였다. 나일주는 코스웨어의 개발에 인지발달 단계를 적용할 것을 제안하였다(박성익 외, 1989). 강옥기(2001)는 수학적 개념의 추상적 지도에 앞서 구체적인 조작 활동을 위해 색막대, 기하판, 컴퓨터, 계산기 등을 이용할 것을 제안하였다. 신애경과 최병순(2004)은 우리나라 초등학교 고학년 학생들의 인지수준을 향상시키기 위해 2년 동안 Thinking Science 프로그램을 처치하였고, 결과적으로 인지 발달 가속 효과가 있음을 확인하였다.

이와 같이, 아동에게 걷는 것을 굳이 가르쳐주지 않더라도 저절로 걷게 되듯이 학습자는 환경이 적절한 사고의 양식을 제공하여주면 스스로 환경에 대한 지식을 형성해 간다는 Piaget(삐아제)의 발생학적 인식론은 향후에도 인지 발달을 위한 교육경험 구성에 끊임없는 영향력을 미치게 될 것이다.

참고문헌

강순희, 박종윤, 정지영 (1999). 학습자의 인지수준과 학습내용의 인지요구도를 고려한 중등화학 학습전략 개발에 대한 연구. 대한화학회지, 43(5), pp. 578～588.

강옥기 (2001). 수학과 학습지도와 평가론. 서울: 경문사.

신애경, 최병순 (2004). 생각하는 과학 프로그램이 초등학생의 인지발달 가속과 인지과정 기능의 발달에 미치는 효과. 초등과학교육, 23(4), pp. 357～363.

이종단 (2001). Science reasoning task II와 science reasoning task III의 상관 연구. 한국 교육대학교 석사학위 논문.

박성익 외 (1989). 코스웨어 설계에 관한 기초 연구. 연구보고 KR 89-1. 한국교육개발원.

한종하, 최돈형, 김영민 (1982). 중 · 고등학교 학생의 과학적 사고 발달에 관한 조사 연구. 연구보고 RR 82-84, 서울: 한국교육개발원.

Driscoll, M. (1994). *Psychology of learning for instruction*. Boston: Allyn and Bacon.

Gorman, R. (Ed.)(1972). *Discouvering Piaget*. Coloumbia, OH: Bell & Howell Co.

Papert, S. (1980). *Mindstorms: Children, computers, and powerful ideas*. NY: Basic Books.

Saettler, P. (1990). *The evolution of American educational technology*. Englewood: Libraries Unlimited.

chapter

19

Vygotsky의 근접발달영역 이론

(Vygotsky's Zone of Proximal Development Theory)

1. 이론의 배경 및 맥락

Vygotsky(비고츠키, 1896~1934)는 38세의 짧은 생을 마쳤지만, 그의 이론은 1980년대 이후 미국에서 빠르게 확산되면서 사회과학과 인문학, 역사학, 교육학 분야에 많은 영향을 주고 있다. 짧았지만 정력적인 저술활동과 강연, 그리고 아동의 인지 관련 이론과 본질적이고 이성적인 발달단계의 특징 설명으로써 그는 '심리학의 모차르트(Mozart of Psychology)'로 알려지게 되었다.

러시아 민스크 근처의 오르샤에서 Piaget(삐아제)와 같은 해에 태어난 Vygotsky(비고츠키)는 심리학의 임무가 전반적인 인간성을 설명해야 한다고 믿었던 휴머니스트였다. 그는 학습과정에서 문화와 역사가 중요한 역할을 한다는 기본적인 아이디어들을 발전시켰는데, 이는 그 당시 공산화된 상태였던 러시아의 유물론적인 사상과 무관하지 않다고 볼 수 있다. 그의 이론은 특히 미디어 지향적인 문화와 관련되어 있는 의미화, 커뮤니케이션, 그리고 사고과정에 중요한 의문점을 부각시키는 것으로도 평가받고 있다.

1917년 모스크바 대학에서 법학 학사학위를 받은 Vygotsky(비고츠키)는 철학과 심리학도 함께 공부하였다. 그는 정치학, 역사학 등 폭넓은 분야의 공부를 하였고 이후에는 학습장애까지도 관심을 가져 신경심리학 공부를 할 목적으로 의과대학에 진학하기도 한다.

그의 인생의 전환점은 1924년 레닌그라드에서 개최된 제2차 러시아 심리신경학회에 참여하면서부터다. 그는 이 학회에서 '조건반사적 조사방법과 심리학적 조사방법'이라는 논문을 발표함으로써 학회의 많은 사람들에게 인상을 남기게 되는데, 이때 그는 Pavlov(파블로프)의 개를 대상으로 한 연구와 Khöler(퀼러)의 침팬지를 대상으로 한 연구를 '동물학적인 모델'이라고 비판하였다. 그는 이러한 연구들은 동물과 인간의 행동 면에서의 결정적인 차이점을 무시한다고 주장하였다.

Vygotsky(비고츠키)는 인간과 동물의 행동을 대비시키면서, 동물의 행동은 오직 선천적인 반사들과 획득되거나 조건화된 반사들이 존재할 뿐이지만, 인간의 행동은 역사적 경험(historical experience), 사회적 경험(social experience), 반복적인 경험(repeated experience)이라는 3가지 유형의 경험들을 포함하고 있다고 주장한다. 그는 인간과 동물들이 이러한 차이점들을 가지고 있기 때문에 심리학은 인간에게만 해당되는 능력들과 성취들을 개발시키는 것을 기술해야 한다고 주장한다. 따라서 그의 심리학은 인간의 모든 능력들에 대한 다양한 분석을 하는 것이 목적이었다. 그의 이론의 기초는 문화에서의 신호와 상징, 그리고 표현법이 인간의 복잡한 행동을 이해하는데 있어 중요하다는 것과 인간의 정신활동, 학습활동이 이러한 문화와 역사적인 배경 하에서 계속적으로 발달한다는 가정에 있다. 이러한 가정들은 그의 대표적인 이론인 근접발달영역 이론에 녹아 들어가 있다.

2. 근접발달영역 이론

Vygotsky(비고츠키)의 이론은 흔히 Piaget(삐아제)와 비교되어서 설명되어진다. Piaget(삐아제)의 인지발달은 개인 내적 차원, 개인의 심리적 차원, 또는 생물학적 차원에서 일어나는 것으로 보는 반면, Vygotsky(비고츠키)는 인지발달은 사회문화적 맥락 안에서 이루어진다고 보기 때문에 사회문화적 관점으로 불린다. 동시대를 살았던 두 사람의 이론은 인간의 발달, 즉 지식의 형성과정을 연구의 대상으로 하였다는 점과 행동주의적 방법론의 부적절성을 인식하였다는 공통점이 있지만, 지식의 속성이나 실재의 문제, 그리고 지식과 학습, 발달을 설명하는데 있어서는 상이한 입장을 보인다(김지현, 1998). 두 사람의 이론은 모두 인간의 인식이란 구성의 작업이며, 지식은 이러한 구성의 과정과 불가분의 관계에 있다는 사실을 강조하고 있어, 구성주의(constructivism)적 입장으로 해석된다. 하지만, Piaget(삐아제)의 경우 인간은 자신의 주관적인 형태로 지식을 구성하고 그 지식을 바탕으로 또 다른 지식을 형성해 가는 인식적 행위 중심을 개별 인간의 주관성으로 보았지만, Vygotsky(비고츠키)는 지식은 먼저 사회적인 차원에서 구성되고, 이것이 개별적인 인간들의 상호작용을 통

[그림 19-1]
Jean Piaget

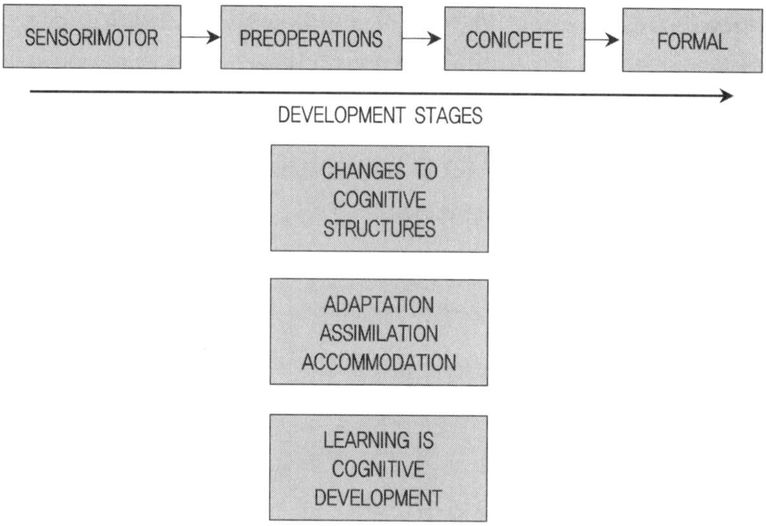

[그림 19-2] 인지발달단계

하여 개인 안에 내면화함으로써 재구성된다고 보았다.

또한 지식의 발달과 관련해서 Piaget(삐아제)는 평형화(equilibrium)를 이루는 인식주체의 내부에서 벌어지는 과정이라고 하지만, Vygotsky(비고츠키)는 개인심리간 과정(interpersonal process)에서 점차 개인심리내적과정(intrapersonal process)으로 변형시키는 '내면화(internalization)'로 설명한다. 따라서 Piaget (삐아제)에게 학습은 평형화를 이루는 과정이지만, Vygotsky(비고츠키)에게 있어서 학습은 개인 간 심리과정의 개인 내 심리과정으로의 전환을 일으키는 과정으로 Piaget(삐아제)와 달리 학습이 발달에 선행한다고 주장한다.

[그림 19-3]
Lev Vygotsky

Vygotsky(비고츠키)는 동물과 구별되는 인간의 정신을 고등정신기능이라고 부르면서, 개인의 고등정신기능의 발달을 탐구하였다. 아동은 주의, 감각, 지각, 기억, 의지 등 기본정신기능(elementary mental functions)을 갖고 태어나며 이 기본정신 기능은 사회 또는 문화에 의해 지적으로 새롭고 보다 높은 수준의 고등정신기능(higher mental

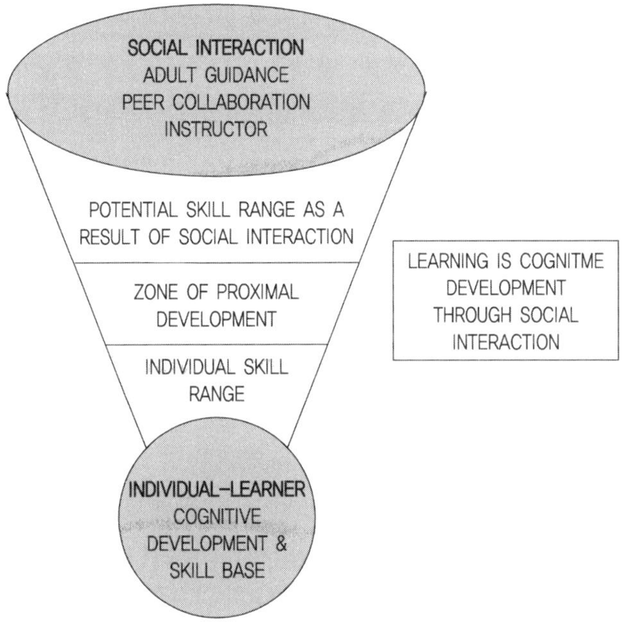

[그림 19-4] Vygotsky의 학습발달

functions)으로 발달되어 간다고 보았다(Vygotsky, 1986). 여기에서 사회 문화란 주위 사람들(부모, 교사, 친구 등)과의 사회적이고 일상적인 상호작용과 대화, 교육활동 등 인간사회에서 일어나는 모든 행위를 포함한다. 즉, 고등정신기능은 '개인간 정신기능(interpsychological functioning)'의 국면에서 '개인내 정신기능(intrapsychological functioning)'으로 점유된 과정으로 설명하였다(김지현, 2000). 고등정신기능은 다른 사람과의 상호작용을 통해 개인간 정신기능을 자신의 사고과정에 통합시키게 되면 그 도구는 변형이 되어 내면화되고 개별적인 것이 된다는 것이다. 이때 공유된 환경에 있던 정신기능들이 개인 내로 들어오게 되는 지점을 Vygotsky(비고츠키)는 '근접발달영역'이라 하였다.

근접발달영역(zone of proximal development: ZPD)이란 '실제적 발달 수준(level of actual development)과 잠재적 발달수준(level of potential development)간의 거리'를 의미한다(Vygotsky, 1982). 실제적 발달수준은 학습자가 다른 사람의 도움 없이 독립적으로 문제를 해결할 수 있는 수준을 의미하며 잠재적 발달수준은 좀 더 지식이 풍부한 교사, 부모, 또래의 도움을 얻어 문제를 해결할 수 있는 수준을 의미한다. Vygotsky(비고츠키)는 발달을 어느 한 고정된 지점이 아니라 행동의 연속 혹은 성숙의 정도로 보았기 때문에 'zone'이라는 용어를 사용하였다. 또한 학습자에게 궁극적으로 나타날 수 있는 모든 행동들을 의미하는 것이 아니라, 주어진 일정한 시간 내에 가장 가까운 미래에 나타날 행동을 의미하므로 'proximal(근접의)'이라는 용어를 사용하였다(김억환 외, 1998). 근접발달 영역에 위치한 아동에게는 구조화를 형성할 수 있는 단서를 제공하거나, 세부사항과 단계를 기억할 수 있도록 도와주며, 꾸준히 시도하도록 격려하는 도움이 필요하다고 주장한다. 아동은 발달해 가는 과정에서 자신의 능력으로 해결할 수 없는 문제에 직면하기도 한다. 물론, 아동 스스로 해결할 수 있는 문제들도 있다. 그러나 아무리 명료하게 설명된다고 하더라도 아동의 능력 밖에 있는 문제들이 있다. 근접영역발달이란 아동이 혼자서는 해결할 수 없지만 성인이나 뛰어난 동료와 함께 학습하면 성공할 수 있는 영역을 의미한다(Wertsch, 1985).

근접발달영역의 개념은 Vygotsky(비고츠키)의 인간의 지능에 대한 관심에서 출발하였다. 그는 당시 서구 유럽에 살고 있던 Binet(비네)가 개발한 최초의 지능검사에 관심이 많았다. 하지만, 그는 이러한 지능검사 방식에는 동의하지 않았다. 그는 인간의 지능이 측정할 수 있는 고정적인 것이 아니라 계속적인 발달 과정에 있는 변화 가능한 것으로 파악하였으며, 지능과 학습능력의 발달에는 사회・문화적인 환경, 교사와 동료 학습자와의 상호작용이 많은 영향을 미친다고 본 것이다(Gredler, 2001; 백순근, 1999).

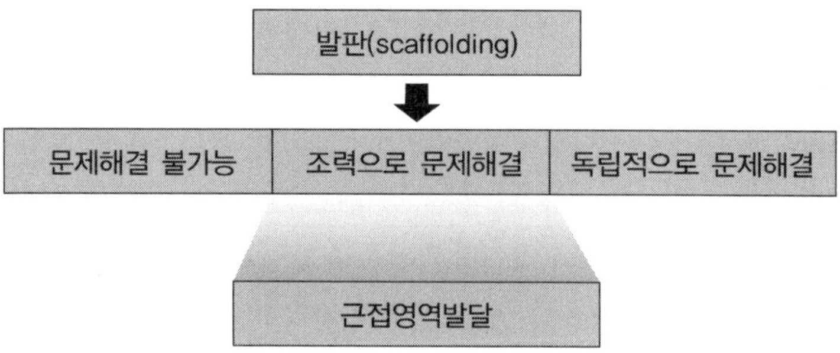

[그림 19-5] 근접발달영역

Vygotsky(비고츠키)는 근접발달영역 개념의 유용성을 교수(instruction)의 과정에서 찾았는데, 그는 발달과 교수 사이에 구체적인 관계가 있다고 보았다. 그는 교수와 발달의 두 과정은 매우 복잡한 상호관계가 존재하는 것으로, 교수는 근접발달영역을 창출한다고 생각하였다. 즉, 어제의 잠재적 발달 수준이 교수로 인해 내일의 실제적 발달 수준이 되고 그에 따라 새로운 근접발달영역에서 한 단계 더 높은 수준으로 나아가는 것이다(박형준, 1999; 황해익, 2000). 따라서 근접발달영역은 학습과 인지발달이 가장 왕성하게 일어날 수 있는 곳으로 역동적이면서 민감한 지역이다. 아동이 독자적으로 할 수 없지만, 다른 사람들의 도움을 받아 수행할 수 있는 과제들은 현재 발달 과정에 있는 정신 기능들을 더 자극하게 된다. 이러한 Vygotsky(비고츠키)의 근접발달영역 개념은 Thondike(쏜다이크)나 Skinner(스키너)와 같은 행동주의자와 Piaget(삐아제)와 같은 인지주의자의 입장과는 상이하게 구별된다. 근접발달영역 개념은 인지발달이 사회적 상호작용의 결과로 발전한다는 사실을 강조하고 있으며, 아동의 인지발달에 교사나 성인이 적극적으로 도움을 줄 수 있는 이론적 근거를 마련했다는 점에서 중요한 의미를 지니고 있다.

행동주의자들에게 있어서 발달이란 전적으로 학습의 결과이며, 학습은 외부의 자극에 대해 수동적으로 반응하는 과정이다. 또한 Piaget(삐아제)에게 있어서 학습은 발달이 선행되어야만 일어나는 것으로 학습자가 학습하기 위해서는 충분히 성숙되어야 하며, 그렇지 않을 경우에는 교수란 무의미하게 된다. 하지만, Vygotsky(비고츠키)는 적극적인 교수를 통한 학습으로 인해 학습자는 더욱더 발달하게 된다는 입장을 취하고 있으며, 그의 교수에 대한 관점은 Thondike(쏜다이크)나 Skinner(스키너), 그리고 Piaget(삐아제)의 그것과는 달리 매우 적극적이라는 평가를 받고 있다. 행동주의자들이 발달을 학습의 결과물로 보면서, 학습활동에 있어 학습자는 수동적인 존재임을 전제하고, Piaget(빠아제)가 학습의 선행 조건이 발달이라는 관점에서 발달 수준을 고려한 아동 중심 수업을 제안하는 것에 비해, Vygotsky(비고츠키)는 학습이 발달을 주도한다고 주장하면서 교사와 학생, 학생들 간의 상호작용을 중시하는 교수를 강조하고 있다(Berk & Winsler, 1995). 지식 구성에 대한 Piaget(삐아제)와 Vygotsky(비고츠키)의 관점은 <표 19-1>과 같이 정리할 수 있다(Fowler, 1994).

〈표 19-1〉 Piaget와 Vygotsky의 관점 비교

	Piaget	Vygotsky
기본적 질문	모든 문화에 있어 지식은 어떻게 만들어지는가?	특정문화에 있어 지식은 어떻게 전달되는가?
언어의 역할	상징적 사고의 발달은 돕는다. 그러나 지적 기능 수준을 높여 주지는 않는다.	사고, 문화 전달, 자기조절을 위한 필수적인 기제다. 지적 기능 수준을 질적으로 높인다.
사회적 상호작용	도식(schema)을 검증하고 확인하는 수단을 제공한다.	언어를 습득하고 생각을 문화적으로 교환하는 수단을 제공한다.
학습자에 대한 관점	사물과 개념을 적극적으로 조작한다.	사회적 맥락과 상호작용에 적극적이다.
교수에 주는 시사점	평형화(equilibrium)를 깨트리는 경험을 계획하라.	비계설정(Scaffolding)을 하라.

이러한 그의 근접발달영역 이론은 학습자의 실제적인 발달 수준을 정확하게 진단하고 그들의 잠재력을 최대한 실현시킬 수 있는 교수방법에 대한 논의로 이어졌다. 아동의 능력평가와 관련하여 Vygotsky(비고츠키)는 아동의 지적 수준을 알아내도록 고안된 대부분의 검사가 아동의 지적 능력 발달 중에서 어느 특정한 단계의 수준일 뿐이며 전체적인 지적 능력을 볼 수도 없으며 아동발달을 설명할 수도 없다고 주장한다. 그는 학생이 혼자 풀 수 있는 문제와 도움을 받아 풀 수 있는 문제 수준을 모두 평가하여 양자를 비교함으로써만 지적 발달의 전체 윤곽을 파악할 수 있을 것이라고 보았다.

3. 관련 연구

Vygotsky(비고츠키)가 말하는 근접발달영역 이론의 의의는 학습자의 현재 상태의 발달 수준이 아닌 잠재적 발달 수준을 강조함으로써 학습을 통한 발달을 강조한다는데 있다. 교육학의 맥락에서 그의 이론은 학습자의 변화와 발달 가능성

을 중시하는 입장으로 교육학 전 분야에서 응용되고 있다. 여기에서는 특히 교수 이론과 평가 부분에서의 연구 상황을 소개하기로 한다.

(1) 교수 이론 – 비계설정(scaffolding)

교수 이론에서 Vygotsky(비고츠키) 이론은 '비계설정(scaffolding)'의 개념으로 발전되어 나타났다. 근접발달영역에서 효과적인 교수-학습이 이루어지려면 이에 적합한 교육환경의 조성이 필요하다. 대부분의 교수-학습활동이 주로 어른과 아동의 상호작용을 통해서 이루어지므로 효과적인 상호작용을 위해서는 상호작용을 위한 비계설정(scaffolding) 그리고 상호작용에 적합한 기법이 요구된다. 여기에서 도움발판제공이란 Wood & Middletone(우드와 미들톤, 1975)에 의해 소개된 용어로 사전적 의미는 '건물을 건축하거나 수리할 때 인부들이 건축재료를 운반하며 오르내릴 수 있도록 건물 주변에 세우는 장대와 두꺼운 판자로 된 발판을 세우는 것'인데, 이러한 의미가 근접발달영역 내에서 효과적인 교수-학습을 위해 성인이 아동과의 상호작용 중 도움을 적절히 조절하며 제공하는 것을 묘사하기 위해 은유적으로 사용되었다(한순미, 1999). 그리고 이러한 '도움발판제공'의 개념은 Collins(콜린스)의 '인지적 도제 이론(cognitive apprenticeship)', Rogoff(로고프)의 '유도된 참여(guided participation)', Brown(브라운)과 Campione(샴피오네)의 '상보적 교수(reciprocal teaching)' 등에서 보다 정교하게 나타나 있다.

(2) 평가 – 역동적 평가

평가에서 Vygotsky(비고츠키)의 근접발달영역 이론은 역동적 평가에 가장 큰 이론적 배경으로 소개되고 있다. 기존의 평가가 학습자의 정적인 상태를 평가하는 것이었다면, Vygotsky(비고츠키)의 영향을 받은 평가는 개별 학습자의 근접발달영역을 정확하게 파악하기 위해 실제적 발달 수준과 잠재적 발달 수준을 평가하는 역동적 평가(dynamic assessment)이다. 역동적인 평가는 학습자의 변화와 발달 가능성에 대한 정보를 제공할 수 있는 평가방식으로 교수-학습활동을 제대로 시행하기 위해 특정 시점에서 '무엇을 얼마나 학습했느냐'에 대한 것뿐만 아니라 앞으로 '무엇을 얼마나 학습할 수 있느냐'에 대하여 파악하는 것을 목적으로 한다(백순근, 1999).

역동적 평가는 전통적인 평가방식인 고정적인 평가(static assessment)가 학습자의 현재의 상태만을 평가하여, 선발, 분류, 배치에 활용되는 데에는 충분하지만, 학습활동 자체에 대한 개선에는 거의 기여하지 못한다는 시각이 등장하면서 더욱 더 힘을 얻고 있다. 고정적인 평가가 가지고 있던 교수-학습활동과의 괴리는 교육에서 교수와 평가를 구별되는 활동으로 규정지어 왔으며, 학습의 과정보다는 학습의 결과가 더욱 중요하다는 인식을 갖게 하였다. 하지만, 역동적 평가는 학습자의 향상도(실제적인 발달 수준의 향상도 및 잠재적 발달 수준의 향상도)에 중점을 두고 있기 때문에 실질적으로 교수-학습과정에 시사점을 제공할 수 있다.

참고문헌

김지현 (1998). 삐아제와 비고츠키 이론의 쟁점에 관한 교육학적 해석. 교육원리연구, 3(1), pp. 197～238.

김지현 (2000). 비고츠키의 지식점유과정과 언어매개 기능에 관한 교육학적 고찰. 서울대학교 박사학위논문.

김억환, 박은혜 역 (1999). 정신의 도구 : 비고츠키 유아교육. 이화여자대학교 출판부.

박형준 (1999). 동료간의 협동적 상호작용이 경제개념발달에 미치는 효과에 대한 연구. - '화폐' 개념을 중심으로. 서울대학교 대학원 박사학위 논문.

백순근 (1999). Vygotsky의 ZPD 이론이 향상도 평가에 주는 시사. 교육평가연구, 12(1), pp. 191～215.

송선희 (1999). 근접발달영역을 고려한 교수-학습 방법의 효과성 연구-컴퓨터 학습과 협동학습을 중심으로. 고려대학교 대학원 박사학위 논문.

한순미 (1999). 비고츠키와 교육: 문화-역사적 접근. 서울: 교육과학사.

황해익 (2000). Vygotsky의 사회문화적 이론과 교육적 시사. 황정규(편). 현대 교육심리학의 쟁점과 전망. 서울: 교육과학사.

Eggen, P., & Kauchak, D. (1992). *Educational psychology: classroom connections.* NY: Merrill.

Fowler, R. (1994). *Piagetian versus Vygotskian perspectives on development and education.* Paper presented at the annual meeting of the American Educational Research Association, New Orleans, LA.

Gredler, M. E. (2001). *Learning and Instruction: Theory into practice(4th ed.).* NJ: Prentice-Hall, Inc.

Hung, D., & Ramlal, M. (2002). Bringing communities of practice into schools: Implications for instructional technologies from Vygotskian perspectives. *International Journal of Instructional Media, 29(2).*

Hung, D. (2001). Design Principles for Web-based Learning: Implications from Vygotskian Thought. *Educational Technology, 41*(3), pp. 33～41.

Keen, J. M. (1998). *Vygotsky's zone of proximal development applied to the teaching of the comparison report with college writing students.* Unpublished doctoral dissertation, The University of Wisconsin-Madison.

Vygotsky, L. S. (1978). *Mind in society: The development of higher psychological processes* (Edited by M. Cole, V. John-Steiner & E. Souberman). Cambridge, MA: Harvard

University Press.

Vygotsky, L. S. (1982). *On the Child's Psychic Development.* Copenhangen: NytNordisk.

Vygotsky, L. S. (1986). Thought and language(Edited by A. Kozulin). Cambridgy, MA: MIT Press.

Wei (2002). Learning through video-based narrative within the cultural zone of proximal development. *International Journal of Instructional Media, 29*(1).

Wood, D. J., & Middletone, D. (1975). A study of assisted problem solving. *British Journal of psychology 66,* pp. 181～91.

chapter

20

정보처리 이론
(Information Processing Theory)

1. 이론의 배경 및 맥락

정보처리 이론은 1960년대에 등장한 인지주의 학습 이론을 대표하는 이론 중 하나이다. 인지주의 학습관은 '학습'을 '관찰 가능한 행동변화'로 받아들이던 기존의 행동주의 학습관에 반대하고, 학습을 내적 정신활동을 통한 인지구조의 변화로 보는 학습관이다. 이는 심리적 연구의 연구주제 및 대상을 '동물의 학습'과 '인간의 기억'으로 구분함으로써 학문적 패러다임의 변화를 낳게 되었고, 이러한 패러다임의 변화 속에서 인간의 기억과정을 컴퓨터의 정보처리 및 저장의 과정에 비유한 정보처리 이론이 등장하게 되었다. 정보처리 이론은 인간의 기억과정을 신경생리학적으로 설명하는 것이라기보다는, 컴퓨터의 정보처리에의 비유를 통해 인간의 기억과정을 기능적이며 가설적으로 설명하는 이론라고 할 수 있다 (Gredler, 2001).

[그림 20-1]
Noam Chomsky

[그림 20-2]
Jean Piaget

정보처리 이론은 Chomsky[1](촘스키, 1928~)의 언어생득 이론과 Piaget[2](삐아제, 1896~1980)의 인지발달 이론의 확산 및 컴퓨터의 발전과 함께 등장하였다고 할 수 있으며, 인공지능(AI: Artificial Intelligence)과 관련된 컴퓨터 과학과도 관련되어 있다(Lefrancois, 1999). 정보처리 이론은 Newell[3] & Simon (느웰과 사이몬, 1963)[4]

---

1) Chomsky(1928~), MIT대 언어학과 교수
http://web.mit.edu/linguistics/www/chomsky.home.html
2) Piaget(1896~1980), 스위스 뇌샤텔대학, 제네바대학, 로잔대학의 교수 역임
http://www.piaget.org/
3) Allen Newell(1927~1992), 전 Carnegie Mellon 대 교수
http://diva.library.cmu.edu/Newell/

이 먼저 이론화한 것이지만, 가장 대표적인 것은 Atkinson[5] & Shiffrin[6] (애킨슨과 쉬프린, 1968)의 "기억이 직선적이고 다양한 단계에 의해 저장된다"는 중다기억장치모형이라 할 수 있다. 이후 정보처리 이론은 다양하게 논의되어 일반적으로 정보처리 이론(Information processing theory)으로 불려지게 되었고, 현재는 인지주의 이론의 대표적 이론으로 받아들여지고 있다(서울대 교육연구소, 1998; Driscoll, 1999).

[그림 20-3]
H. A. Simon

[그림 20-4]
Allen Newell

[그림 20-5]
Richard C. Atkinson

[그림 20-6]
Richard M. Shiffrin

이러한 정보처리 이론은 인지주의 심리학을 대표하는 이론으로 1960년대 중반부터 1990년대 초반까지 30여 년간 심리학자들의 집중적인 연구대상이 되었다. 이러한 과정에서 인지주의 심리학이 가졌던 행동주의에 대한 문제의식은 점차로 인지주의적 해석으로 대체되어갔으나, 최근의 인지주의 학습 이론은 인지주의적 사고만으로는 학습의 사태를 완벽하게 이해하는데 문제가 있다는 의견과 함께 두 가지 패러다임을 통합하여 바라보는 방향으로 발전되고 있다(서울대 교육연구소, 1998). 그 예로, 비교적 최근 등장한 신경정신망 이론은 정보처리 이론과 다르게 정보의 병렬적 처리를 전제로 하고 있으며, 정보의 처리과정을 컴퓨터가 아닌 인간의 대

4) Herbert A. Simon(1916~2001), 전 Carnegie Mellon 대 교수
http://www.psy.cmu.edu/psy/faculty/hsimon/hsimon.html
5) Richard C. Atkinson(1929~), 전 Stanford 대 심리학과 교수, California 대 총장,
http://www.ucop.edu/pres/atkbio.html
6) Richard M. Shiffrin(1942~), Indiana 대 심리학과 인지과학 전공 교수
http://www.cogs.indiana.edu/shiffrin/

뇌의 작용에 바탕하여 설명하고 있다는 특징을 가지고 있다. 그러나 신경정신망 이론을 정보처리 이론에 포함시켜야 하는지 아닌지에 대해서는 아직까지 많은 논의가 이루어지지 않아 합의점에 도달하지 못하고 있다.

2. 이론 개요

정보처리 이론은 인간의 기억구조가 컴퓨터와 같이 각각 다른 기능과 역할을 하는 여러 단계로 되어있다고 설명하는 이론이다. 즉, 이 이론은 인간의 기억구조는 감각등록기(sensory register), 단기기억(short-term memory), 장기기억(long-term memory)으로 구성되어 있으며, 최초의 환경으로부터의 자극이 감각등록기에 의해 수용되고, 처리되어 단기기억에 저장되고, 또다시 처리되어 장기기억에 저장되며, 이렇게 저장된 기억이 인간의 행동을 결정하게 된다고 보는 것이다.

정보처리 이론에서 설명하는 모델들의 구성요소는 학자들마다 약간의 차이는 있으나, 크게 정보가 저장되는 정보저장소(storage)와 인지처리과정(cognitive process) 두 가지로 구성 되어져 있다(임규혁, 2000). 정보의 저장소는 감각등록기, 단기기억(작동기억), 장기기억이며, 인지처리과정은 각 단계별 기억과정에서 일어나는 인간의 정보제어과정으로 주의집중(attention), 지각(perception), 시연(rehearsal), 부호화(encoding), 인출(retrieval) 등을 말한다. 또한 이 이론의 핵심은 부호화(encoding), 저장(storage), 인출(retrieval)의 3 세 단계인데, 인간이 어떤 사실을 기억하는 데는 그 사실이 기억체계 속에 입력되는 과정인 부호화, 그 사실을 필요할 때까지 저장하는 과정인 저장, 그리고 그 사실을 필요할 때 끄집어 내는 인출의 과정을 거친다(이성진, 2001).

이제 정보처리 이론에 등장하는 주요개념들을 감각등록기(sensory register), 단기기억(STS, short-term storage), 장기기억(LTS, long-term storage)으로 나누어 살펴보자. 한 가지 특이한 사항은 많은 인지주의 학자들은 감각등록기, 단기기억, 장기기억과 같은 명칭들에 대하여 Atkinson & Shiffrin(애컨슨과 쉬프린)이 제시한 초기 정보처리모형에서의 사용과는 달리, "등록기"라는 뜻의 "register"

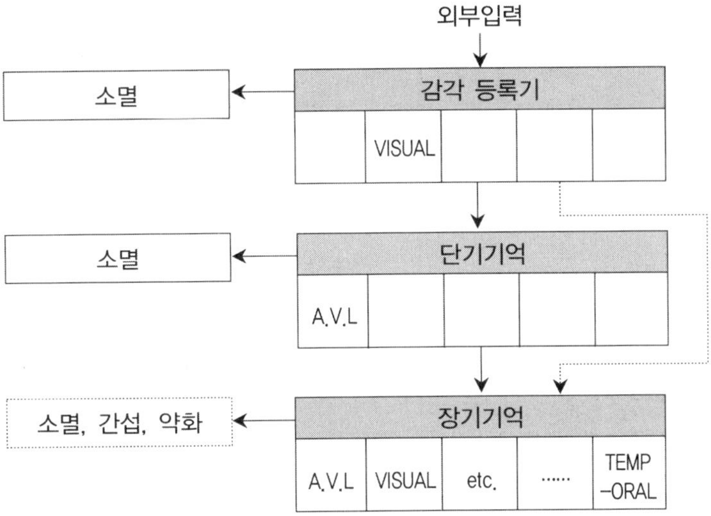

[그림 20-7] 기억체계의 구조(Atkinson & Shiffrin, 1968)
* A.V.L : Auditory Verbal Linguistic STORE(음성언어 저장소)

를 "memory"로, "저장"이라는 뜻의 "storage" 또한 "memory"로 사용하는 경향이 있다는 점이다.

(1) 감각 등록기(Sensory Register)

감각 등록기는 인간이 환경으로부터 눈, 코, 귀와 같은 감각수용기관을 통하여 정보를 최초로 감지하고 저장하여, 이를 다음 단계인 단기기억으로 전달하는 역할을 하는 단계이다. 정보처리 이론에 대한 대부분의 연구들은 다양한 인간의 감각체계 중 시각과 청각에 관심을 두고 있다. 감각등록기는 <표 20-1>처럼 외부의 자극을 최초로 받아들여 매우 일시적이며, 원시적인 형태로 저장(Literal copy 또는 analog replica)하는 곳이다.

외부의 자극은 종류가 다양하고 무차별적으로 제공되기 때문에 특별한 자극에 주의를 기울이지 않으면 대부분 소멸된다. 즉, 자극의 감지는 주의집중에 의해서 이루어진다는 것이다. 따라서 학습자는 주의를 집중하여 보다 많은

〈표 20-1〉 기억의 단계별 특징

특징	감각등록기 (Sensory Register)	단기기억 (Short-term Memory)	장기기억 (Long-term Memory)
지속시간	1/4초(시각) 2-4초(청각)	18초-20초(recall)	평생
기억용량	제한적, 많음	7±2(적음)	무제한(많음)
소멸의 원인	망각(decay), 방해(masking)	망각(decay), 청각적 방해, 교체(displacement)	의미적(semantic) 방해, 인출실패
코드	물리적 자극의 직접적 복사	듀얼 코드(시각, 청각)	의미기억, 에피소드적 기억
조작	자동적, 반사적	선택적, 의식적	자동적, 무의식적, 수동적
다른 이름	감각 기억 (sensory memory)	일차기억(primary memory), 작동기억(working memory), 작업기억	이차기억 (secondary memory)

* 이성진, 2001; Driscoll, 1999; Lefrancois, 1999; Lutz, 1994

자극을 수용할 준비를 해야 하며, 수용된 자극은 단기기억으로 전달된다. 감각등록기에서 단기기억으로의 정보처리과정으로는 선택적 주의집중(selective attention), 자동화(automation), 패턴인지(pattern recognition) 그리고 지각(perception)이 있다(임규혁, 2000; Driscoll, 1999)[7]. 특히 감각등록기의 정보처리과정인 주의집중은 외부의 자극에 관심을 기울여 자극의 유실을 방지하고, 정보처리 대상의 자극을 기존의 경험에 비추어 의미를 부여하는 지각을 가능하게 한다.

(2) 단기기억과 작동기억(Short-term Memory/ Working Memory)

단기기억은 감각등록기를 통해 유입된 자극을 시각적 부호나 청각적 부호로 처

7) Neisser(1976)에 의하면, 시끄러운 파티장에서는 대화를 잘 알아듣기 쉽지 않지만, 누군가 자기이름을 부르면 알아들을 수 있는 것처럼 칵테일 파티 현상(cocktail party phenomenon)이 일어나고, 이러한 현상에서는 메아리처럼 의식하지 못하고 떠다니는 기억이 존재하며, 그 중에서 청각자극에 대해서 반향기억(echoic memory)과 시각자극에 대해서는 도상기억(iconic memory)을 설명하기도 하였다(Lefrancois, 1999).

리하여 장기기억으로 전환하기 위한 일시적 저장 단계이다. 단기기억은 짧은 기간 동안 지속되는 기억으로서, 상당히 빠른 속도로 망각이 진행된다. 그러므로 우리가 의도적으로 노력하지 않으면 정보는 곧 잊어버리게 되므로, 이를 장기기억화하기 위하여 다양한 정보처리 기법들이 활용된다(임규혁, 2000). [그림 20-8], [그림 20-9]에서 보여지는 모형 중 일부는 이러한 기법을 모형의 요소로서 내포하고 있다.

단기기억은 작동기억이라고도 불린다. 단기기억은 투입된 짧은 시간동안 머무른다는 의미이며, 작동기억은 반응을 일으키는 정신작용이 발생한다는 의미이다. 이 장소는 책을 읽거나 문제를 풀 때 새로 등록된 정보가 이전에 학습된 정보와 섞이는 장소이기 때문에 두 가지 용어가 동시에 사용된다(박성익 외, 2007).

단기기억의 기억기간은 성인의 경우 대체적으로 18~20초 사이이며, 기억용량은 7±2비트(bits)정도로 알려져 있다. 이처럼 단기기억은 저장용량과 저장시간 면에서는 제약이 있다. 그러나 단기기억 속의 정보는 그 내용을 연습(rehearsal)하는 것에 의해 유지될 수 있고, 단기기억의 저장용량은 청킹(chunking)에 의해 확장될 수 있다.

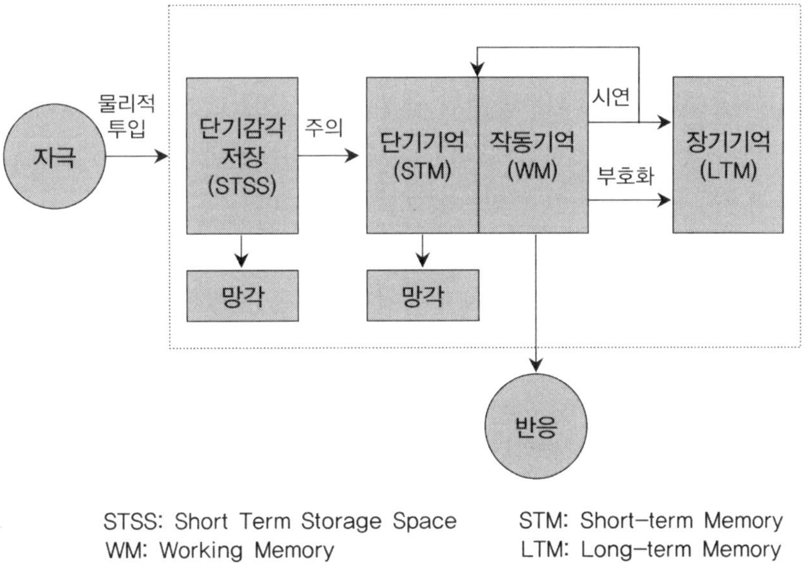

[그림 20-8] Gage와 Berliner(1984/1988)의 정보처리모델

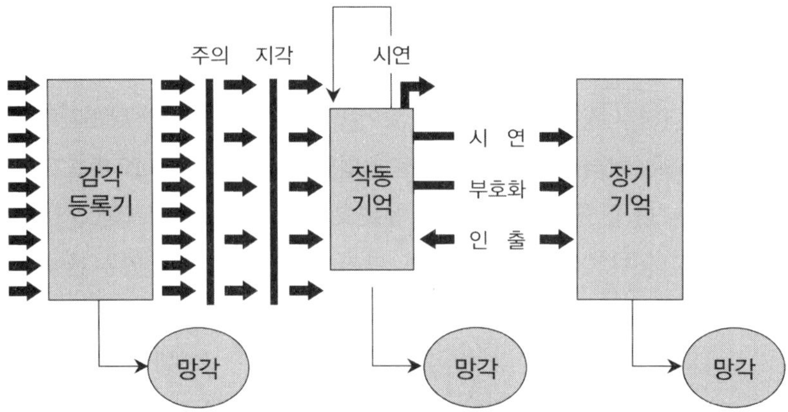

[그림 20-9] Eggen과 Kauchak(1992)의 정보처리모델

연습 방법에는 유지 연습(maintenance rehearsal)과 정교화 연습(elaborative rehearsal)이 있다. 유지 연습이란 정보를 마음속으로 반복하여 내용을 유지하려는 방법이고 정교화 연습은 기억하고자 하는 정보를 이미 알고 있는 정보와 결합시키는 방법이다. 청킹은 주어진 정보를 우리가 알고 있는 지식을 이용하여 보다 큰 의미 있는 단위로 묶는 것을 말하는데, 예를 들면, 'JFKFBINASAMIT'는 짧은 시간 내에 기억하기 힘들지만(이론상으로 7비트가 넘기 때문에), 그 철자들을 'JFK', 'FBI', 'NASA', 'MIT'로 나누어 외우면 보다 쉽게 기억할 수 있다(Driscoll, 1999). 또한 단기기억의 저장시간은 일반적으로 18~20초이지만 연습(rehearsal)을 통해 단기기억의 저장시간을 증가시킬 수 있는 것으로 알려져 있다.

마지막으로 단기기억의 정보처리과정에는 정보처리 과정의 핵심인 부호화(encoding) 과정이 있다. 부호화란 새로 유입된 정보를 기존의 정보와 비교하면서 보다 기억하기 쉬운 정보의 형태로 변형시키는 과정이다. 아무리 이전의 정보 기억활동이 잘 일어난다고 하여도 단기기억(작동기억)에서의 부호화가 효과적으로 일어나지 않는다면 많은 정보들이 무의미한 정보로 받아들여지고, 곧 망각되게 된다. 따라서 새로운 정보가 장기기억 속으로 유입되기 위해서는 학습자의 기존 경험과 지식을 새로운 정보와 유의미하게 연관 짓는 과정이 필요하게 되며, 이것은 단순 암기와는 구별된다(임규혁, 2000; Driscoll, 1999).

(3) 장기기억(Long-term Memory)

장기기억은 무한한 정보가 영구적으로 저장되어 이후의 또 다른 학습상황과 지속적으로 연관되어 확장되는 기억이다. 장기기억은 단기기억에 비해 상대적으로 안정된 정보의 모습을 보이며, 장기기억의 활동은 우리가 알고는 있지만 무의식적으로 진행되며, 단기기억은 주의가 산만해져 생각의 흐름을 잃기 쉽지만, 장기기억은 쉽게 사라지지 않는다(Lefrancois, 1999).

물론 장기기억이 쉽게 잊혀지지 않는다고 하여 장기기억화된 모든 정보를 재생해내는 것은 아니다. 장기기억의 정보가 사용되기 위해서는 정보가 인출(retrieval)되어야 하며, 인출된 정보가 또다시 작동기억에서 기존의 정보와 융합될 때 비로소 새로운 지식이 만들어지고, 장기기억이 확장된다. 인출이 효과적으로 이루어지기 위해서는 기존의 부호화(encoding)과정에서부터 학습자에게 유의미한 정보를 잘 구조화하고 조직화해야 하며, 이러한 과정이 잘 이루어지지 않으면 정보는 유실되거나, Brown & McNeill(브라운과 맥니일, 1966)이 말하는 설단현상(tip-of-the-tongue-phenomenon)이 발생한다. 이러한 인출과 관련된 장기기억의 처리과정에는 정보를 기억하기 쉽게 첨가하거나 확장시키는 정교화(elaboration)과정과 자료를 분류하고 관련시키는 조직화(organization)과정이 있다(Lefrancois, 1999).

3. 관련 연구

Atkinson & Shiffrin(애킨슨과 쉬프린, 1968)은 중다기억장치모형을 주장하였으나 Craik & Lockhart(크레이크와 록챠트, 1972)는 이를 비판하고, 심도처리수준모형(level of deep processing model)을 제안하였다. 이 모형에 의하면 인간이 받아들인 외부자극은 여러 저장고에 저장되는 것이 아니라, 하나의 구조로서, 다만 두 수준의 처리로 이루어진다. 여기서 두 수준의 처리란 초기의 얕은 수준의 처리단계와 얕은 수준의 처리단계를 분석하여 얻는 깊은 수준의 처리단계이다. 이러한 분석수준은 기억의 흔적을 남기게 되며, 피상적인 반복에 의해 얻은 기억보다는 의미적 수준에서 분석된 기억이 정보의 파지를 높인다고 알려져 있다.

일반적으로 감각기억(감각등록기에서의 기억)은 <표 20-1>에서와 같이 지속시간은 시각이 1/4초, 청각이 2～4초이다. 하지만 Sperling(1960)은 3*4 부분보고기법(partial report method)[8]을 이용하여 시각적 등록이 제한적이기는 하지만, 자극의 방법을 달리하면 보다 많은 자극을 수용하고 기억할 수 있다고 하였으며, Darwin et al.(다윈 외, 1972)은 시각자극의 기억시간보다 청각자극의 기억시간이 길며, 청각자극의 기억시간은 부분보고기법 하에서 대략 4초가 된다고 보고하였다(Driscoll, 1999).

최근의 인지주의 학습 이론에서 정보처리 이론에 근본을 둔 연구로는 메타인지, 문제해결능력 등에 관한 연구들이 있다(서울대 교육연구소, 1998). 특히 1990년에서 1996년 사이에 발간된 논문을 대상으로 조사한 바에 의하면 국내의 인지분야 연구에서도 메타인지에 대한 연구가 가장 많이 이루어졌는데, 대부분 메타인지에 대한 연구는 메타인지 훈련이 읽기, 쓰기, 작문과 같은 교과 특수영역에 효과가 있으며 그 효과는 전이(transfer)됨을 보고하였다(서울대 교육연구소, 1998). 문제 해결에 관한 최근 연구의 동향도 정보처리 이론에 근본을 두고 메타인지와의 관련성 여부를 알아보는 연구가 있다(서울대 교육연구소, 1998). 교육공학 분야에서는 외국어 어휘와 같이 여러 개의 언어정보를 기억할 수 있도록 보조하는 도구를 개발하는 과정에서 정보처리 이론을 적용한 연구가 있다(나일주, 1993).

---

8) 총 12개의 무의미 철자 실험. 가로4, 세로3 칸의 상자에 들어있는 12개의 알파벳을 1열은 높은 톤, 2열은 중간 톤, 3열은 낮은 톤으로 읽어주고 기억하는 알파벳의 숫자를 이용하여 기억량을 측정하는 기법. 이와 대비되는 방법으로 전체보고기법(whole report method)이 있다.

참고문헌

서울대학교 교육연구소, (1998). 교육학 대백과사전. 춘천: 하우동설.

나일주 (1993). 컴퓨터보조수업의 반복연습형 프로그램에 있어서 문항제거와 선택지 범위가 정보의 기억에 미치는 효과. 교육학연구, 31(5). pp. 57～76.

나일주, 정인성 (1996). 교육공학의 이해. 학지사.

박성익, 임철일, 이재경, 최정임 (2007). 교육방법의 교육공학적 이해 3판. 서울: 교육과학사.

이성진 (2001). 교육심리학서설. 서울: 교육과학사.

임규혁 (2000). 학교학습 효과를 위한 교육심리학. 서울: 학지사.

임철일 (1999). 웹기반 교육 체제의 설계 개발 운영. 서울: 교육과학사.

장언호 (1987). 교육공학에서 인지적 접근. 교육공학연구, 3(1), pp. 29～38.

조연주 (1995). 하이퍼텍스트(Hypertext) 학습환경에 있어서 학습자통제(Learner Control)에 관한 연구. 교육공학연구, 11(2), pp. 103～121.

Atkinson, R. C., & Shiffrin, R. M. (1968). Human memory: A proposed system and its control process. In K. W. Spence & J. T. Spence (Eds.), *The Psychology of Learning and Motivation* (Vol. 2, pp. 89～195). New York: Academic Press INC.

Brown, R., & McNeill, D. (1966). The "tip of the tongue" phenomenon. *Journal of Verbal Language and Verbal Behavior, 5,* pp. 305～335.

Craik, F. L. M., & Lockhart, R. S. (1972). Levels of processing: A framework for memory research. *Journal of Verbal Learning and Verbal Behavior. 12,* pp. 599～607.

Darwin, C. J., Turvey, M. T., & Crowder, R. G. (1972). The auditory analogue of the Sperling partial report procedure: Evidence for brief auditory storage. *Cognitive Psychology, 3,* pp. 225～267.

Driscoll, M. P. (1999). *Psychology of learning for instruction* (2 ed.). MA: A Pearson Education Company.

Eggen, P. D., & Kauchak, D. (1992). *Educational Psychology; Classroom Connections.* NY: Macmillan Publishing Company.

Gagne, R. M. (1970). *The Conditions of learning.* NY: Reinhart and Winston.

Gage, N. L., & Berliner, D. C. (1984/1988). *Educational psychology.* MA: Mifflim Co.

Gredler, M. E. (2001). *Learning and instruction:Theory into practice* (4th ed.). NJ: Prentice-Hall.

Lefrancois, G. R. (1999). *Psychology for teaching* (10 ed.). MA: Wadsworth.

Lutz, J. (1994). *Instruction to learning and memory.* CA: Brooks/Cole Publishing Company.

Neisser, U. (1976). *Cognition and reality.* CA: Freeman.

Newell, A., & Simon, H. A. (Eds.)(1963). *Computers in psychology* (Vol. 1). NY: Wiley.

Reiser, R. A., & Dempsey, J. V. (Eds.)(2001). *Trends and issues in instructional design & technology.* NJ: Pearson Education, Inc.

Sperling, G. (1960). The information available in brief visual presentations. *Psychological Monographs, 74*(Whole No. 498).

Weinstein, C. E., & Mager, R. E. (Eds.)(1986). *The teaching learning strategies* (3 ed.). NY: MacMillan.

chapter 21

Maslow의 동기 이론: 욕구단계설
(Maslow's Hierarchy of Needs Theory)

1. 이론의 배경 및 맥락

미국의 심리학자이며 철학자인 Abraham H. Maslow(매슬로우, 1908~1970)는 1940년대 말 이후 그 당시 주류를 이루고 있던 행동주의나 정신분석학 심리학자들이 다루지 않던 인본주의 심리학(humanistic psychology)이라는 이색적인 주제를 본격적으로 연구하였다. 행동주의나 정신분석학과는 달리 인본주의 심리학에서는 인간의 긍정적 측면에 초점을 두고 전체적인 인간의 상을 제시하고자 했다(윤정륜, 2002). 또한 인간은 각자가 자신의 행동과 경험의 주요 결정자임을 강조하고, 자신에게 허용된 여러 가능성 가운데 자유롭게 선택하는 책임 있는 인간임을 기본 전제로 삼았다(이훈구 역, 1985).

그러나 이로 인해 Maslow(매슬로우)는 심리학계로부터 소외당하였고 동료교수들과 심리학계로부터 학회에 논문발표 기회마저 얻지 못하였다. 이에 1954년 그는 자신과 비슷한 처지의 학자들을 모아 논문교환통신망을 결정하였고, 이것을 모태로 하여 1961년 「인본주의 심리학회지(The Journal of Humanistic Psychology)」를 창간하였다.

Maslow(매슬로우)의 욕구단계설은 인본주의 심리학에 그 배경을 두고 있다. 인본주의 심리학은 1960년대 초기에 당시 심리학에서 가장 영향력 있는 두 개의 조류, 행동주의와 정신분석학에 대항하여 이론적 대안을 세우고자 Maslow(매슬로우)의 지도하에 주창된 것이다. 이것은 당시 지배적이었던 행동주의와 정신분석학에 대한 반동으로 발전되었기 때문에 종종 '제3세력 심리학'이라 불리기도 한다.

[그림 21-1]
Abraham H. Maslow
(1908~1970)

Maslow(매슬로우)의 욕구단계설은 내발적 동기의 중요성을 강조하고 있으며, 자기존중이나 자아실현의 욕구와 같은 욕구의 역할이 중요하다고 본다(김형태, 1999). Maslow(매슬로우)의 이론은 인간행동에 있어서 명확한 방향성을 보여주고 있는데, 생리적 욕구에서부터 자아실현, 미적, 인지적 욕구를 포함하는 욕구단계를 제시하고 있다. 또한 모든 사람들이 자아실현을 위해 노력한다고 믿었으며, 우선 하위의 욕구들이 충족됨으로써 상위의 욕구를 자유롭게 추구하게 되고 궁극적으로는 자아실현에까지 이르게 된다고 결론지었다. 따라서 인본주의 입장에서 동기화 되지 않은 인간은 있을 수 없으며, 인간의 성장과 발달, 그리고 새로운 경험을 종합하는데 도움을 주기 위하여 이미 내재되어 있는 궁극적인 욕구를 충족시키는 데 최선의 노력을 기울여야 한다고 보고 있다(김형태, 1999).

2. 이론 개요

(1) 욕구단계(Hierarchy of Needs)

Maslow(매슬로우, 1970)에 의하면 인간 성장 및 발달의 기본 원리는 욕구 충족이다. 즉, 다양한 욕구를 충족하는 과정에서 인간은 성장, 발달하게 되는 것이다. Maslow(매슬로우)는 인간의 욕구는 타고난 것이며, 그 중요성에 따라 일종의 단계로 배열되어 있는 것으로 가정했다. 인간은 먼저 하위 단계의 욕구에 대해 만족할 만한 상태에 도달한 뒤 상위 단계의 욕구에 대해 인식하고 이를 성취하려는 동기를 부여받게 된다. 이러한 욕구의 단계는 모든 인간에게 적용되는 것으로 한 개인이 더 높은 단계로 올라갈수록 더 많은 개성, 인정, 심리적 건강을 나타내게 될 것을 전제하고 있다.

[그림 21-2] Maslow와 초기 욕구5단계

Maslow(매슬로우)는 초기에 욕구단계를 5단계(생리적 욕구, 안전의 욕구, 애정과 소속의 욕구, 자기존중 욕구, 자아실현 욕구)로 발표하였으며([그림 21-2]), 그 후 이를 수정하여 2단계(인지적 욕구, 심미적 욕구)를 자기존중의 욕구와 자아실현의 욕구 사이에 추가하였다. 그러나 그는 추가된 상위 2단계에 대하여 충분한 설명을 하지 못한 채 서거하였다(이옥형 외, 1992).

다음 [그림 21-3]은 Maslow(매슬로우)가 초기에 발표한 5가지 욕구단계와 이후 제시한 2단계가 추가된 욕구단계를 제시하고 있다.

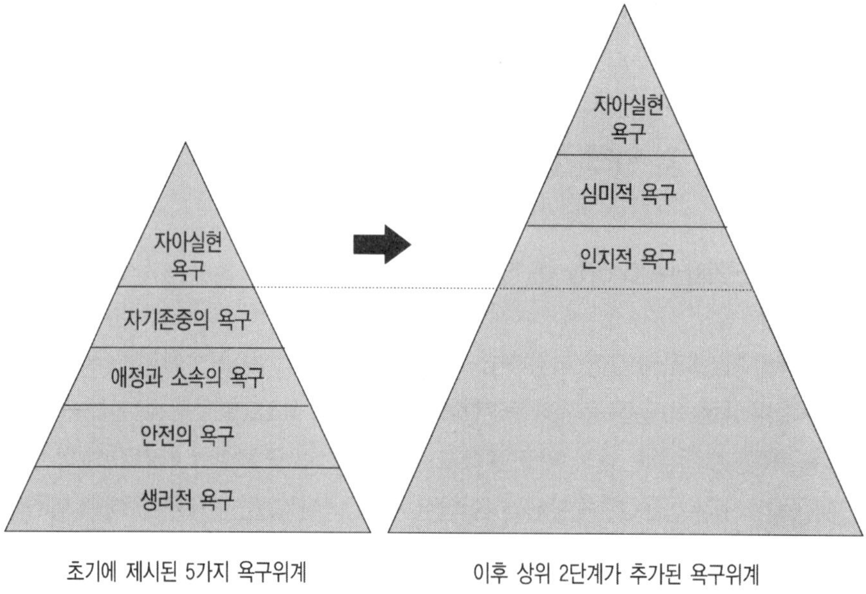

[그림 21-3] Maslow의 욕구단계

생리적 욕구(Physiological Needs)

인간의 욕구 중 가장 기본적이고 강하며 분명한 욕구이다. 여기에 해당되는 것으로는 물, 산소, 음식, 성, 잠 등에 대한 욕구, 추위나 더위로부터의 보호, 그리고 감각적 자극에 대한 갈망 등이다. 이러한 기본적인 욕구를 만족시키지 못한 사람은 더 높은 단계의 욕구를 추구하려는 시도를 할 수 없다.

안전의 욕구(Safety Needs)

이 욕구는 확실성, 예측성, 질서, 안전을 보장받고 싶어 하는 욕구이다. 인간은 일반적으로 생리적 욕구가 만족되면 안전의 욕구를 보장받으려는 욕구가 생겨난다. 전쟁, 질병, 상해, 천재지변 등의 위기를 피하려 하고, 위기에 처했을 때 어떻게 해서든지 그것을 극복하기 위해 적극적으로 노력하는 상황 등에서 이러한 욕구가 잘 나타난다.

또한 이 욕구는 현 상태를 방해하거나 제한하는 장애물을 거부하고 조직과 질서를 유지하려는 욕구를 말하기도 한다. 예를 들어 우호적이고 친절한 이웃, 작지만 안정된 직업, 화목한 가정을 소유하고자 하는 갈망 등의 욕구는 이 단계의 욕구로 이해될 수 있다. 또한 은퇴 후 새로운 기회나 좋은 계획을 갖거나 일종의 노후보험을 드는 것도 이러한 종류의 욕구에 해당된다.

애정과 소속의 욕구(Love and Belongingness Needs)

애정과 소속의 욕구는 다른 사람과 애정적 관계를 맺으며, 어떤 준거집단에 응집력 있게 소속되고 싶은 소망을 나타내는 것이다. 이 단계의 욕구에 동기화 되면, 개인에게 집단의식의 고취는 중요한 목표가 되어 타인들과의 애정적인 관계, 끈끈한 가족집단과 소속집단 등을 원하게 된다.

Maslow(매슬로우)는 성숙한 사랑이란 두 사람 사이의 건전한 사랑의 관계, 즉 상호존중, 인정, 신뢰 등을 내포한다고 했다. 그러나 현대 사회는 산업화, 도시화, 핵가족화 등으로 인구 이동이 심하고 개인주의가 강하며 가족 관계가 피상적이기 때문에 애정의 욕구가 좌절되고 소속감이 약해지고 있다. 즉, 현대 사회병리의 가장 커다란 원인 중 하나는 애정과 소속 욕구의 결핍이라고 지적하고 있다.

자기존중의 욕구(Self-Esteem Needs)

자기존중의 욕구는 두 가지 형태의 존중감으로 구분되는데, 하나는 타인이 자신을 귀하게 여기는 존중감이고, 다른 하나는 스스로 자신을 존중하여 갖게 되는 존중감이다. 타인으로부터 얻어지는 자기존중은 명성, 존경, 지위, 평판, 위신 혹은 사회적인 성공에 기반을 두게 되고, 자신 스스로에 대한 존중은 자기 믿음, 적합성, 확신, 성취, 지배, 독립, 자유와 같은 감정을 포함한다.

개인은 자기존중 욕구의 만족을 통해 자신감, 유용감, 가치감을 갖게 되며, 이것이 충족되지 못하면 좌절감, 열등감, 무력감, 자기비하를 초래하게 된다.

인지적 욕구(Cognitive Needs)

인지적 욕구는 지속적으로 지적 호기심 또는 지적 탐구심을 갖는 욕구이다. 이것은 인지적 대상을 탐색하고 추구하는 것에 그치지 않고, 대상을 체계화시키고 조직하고 분석하여 관련성을 찾으려는 욕구를 포함한다.

심미적 욕구(Aesthetic Needs)

심미적 욕구는 아름다움을 추구하는 욕구이다. 이것은 모든 시대의 모든 문화에 나타나는 욕구로 아름다움에는 완벽한 것, 진실한 것, 정의로운 것이 포함되어 있어서 개인은 아름다움뿐만 아니라 균형, 질서, 정의를 추구하려는 욕구를 갖게 된다.

자아실현의 욕구(Self-Actualization Needs)

자아실현의 욕구란 자신의 잠재적 가능성을 최대한으로 실현시키도록 노력하려는 욕구이다. 자아실현은 인간이 가진 모든 능력을 최대한으로 개발하여 사용하는 것이며 모든 소질과 재능을 발휘하는 것이라고 정의할 수 있다. 비록 하위 수준의 욕구가 모두 충족되었다 하더라도 자아실현의 욕구를 만족시킬 수 있는 기회를 가지지 못한다면 좌절감과 불안감을 느끼게 될 것이다.

자아를 실현한다는 것은 자신이 원하는 종류의 사람이 되는 것, 즉, 자신의 잠재력을 최대로 발휘하는 것이다. 자아실현은 반드시 창조적이고 예술적인 노력의 형태를 가질 필요는 없으며, 이것의 특징적인 형태는 사람마다 크게 다를 수 있다. 따라서 Maslow(매슬로우)의 욕구단계 중 개인차가 가장 크게 나타나는 것이 자아실현의 단계이다.

또한, 이것은 '균형'과 '항상성'을 포함하지 않는 욕구이다. 그러므로 자아실현의 욕구는 개인이 한번이라도 이를 실현하기 위해 노력하게 된다면 끊임없이 스스로 만족할 때까지 노력하게 된다.

이와 같이 Maslow(매슬로우)는 가장 낮은 수준인 생리적 욕구에서부터 가장 높은 수준인 자아실현의 욕구에 이르기까지 7단계의 욕구단계를 제시하고 있다. 그렇지만 오늘날 대부분의 심리학자들은 Maslow(매슬로우)의 초기 5단계의 욕구단계설을 더 선호하며, Maslow(매슬로우)의 업적으로 '자아실현'의 개념을 높이 평가하고 있다(이옥형 외, 1992).

(2) 결핍욕구(Deficiency Needs)와 성장욕구(Growth Needs)

Maslow(매슬로우, 1968)는 인간의 욕구를 결핍욕구와 성장욕구로 나누어서 설명하였다. 모든 인간의 내면에는 두 종류의 힘이 있는데, 그 중 하나는 안전성을 지향하는 힘으로써, 두려움으로부터 방어적이고 과거 지향적이고 성장하기를 꺼려하며 기회 잡기를 두려워하며 위험에 처하려하지 않고 독립, 자유, 분리되기를 두려워하는 힘이다. 다른 하나는 자아, 통합과 특수성을 향하게 하고 그의 모든 능력을 발휘하도록 하여, 외부세계에 직면하여 확신을 갖도록 하는 힘이다. 다음의 [그림 21-4]는 Maslow(매슬로우)의 욕구단계를 결핍욕구와 성장욕구로 나누어 제시하고 있다.

결핍욕구는 욕구단계에서 하위 4단계인 생리적 욕구, 안전의 욕구, 애정과 소속의 욕구, 자기존중의 욕구가 포함된다. 유기체에서 어떤 것이 결핍되면 이것이 불균형을 초래하여 긴장감을 가져오고 긴장감은 불쾌감을 수반하게 된다. 따라서 유기체는 불쾌감을 해소하기 위해 행동을 하게 되고 이 행동은 균형을 가져다주어 만족감을 느끼게 되는 것이다. 즉, 결핍상태가 행동을 유발하는 원인이 되는 것이다. 그러나 결핍욕구는 일단 충분히 충족된다면 그에 대한 필요를 더 이상 느끼지 않을 것이라고 말한다. 다시 말해, 우리의 신체는 어떤 물질이 부족할 때에는 그것에 대한 갈망을 하지만 일단 그것이 충족되면 갈망을 멈추게 된다. 이것을 그는 '항상성'이란 단어로 설명한다.

성장욕구는 Maslow(매슬로우)의 욕구단계에서 상위 3단계인 인지적 욕구, 심미적 욕구, 자아실현의 욕구이다. 성장욕구는 결핍욕구가 만족된 후에 유발되는데, 결핍욕구와는 대조적으로 긴장의 감소보다 오히려 긴장을 추구한다. 궁극적

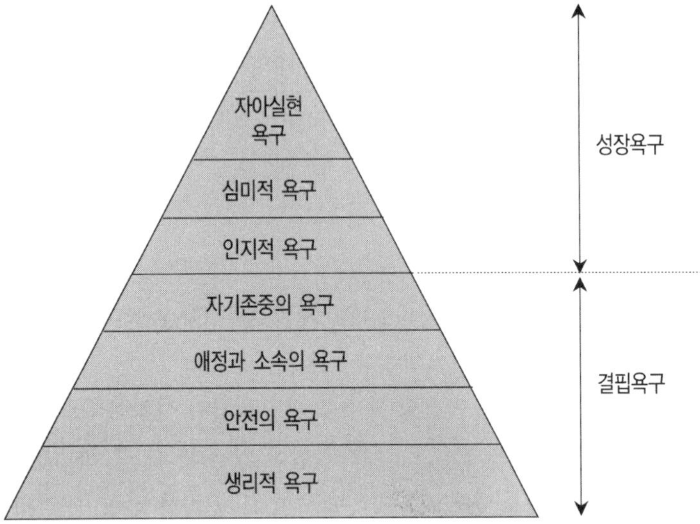

[그림 21-4] Maslow의 욕구단계에서 결핍욕구와 성장욕구

으로 인간의 심리적 건강이 유지되고 완전한 성숙이 이루어지기 위해서는 이러한 성장욕구가 충족되어야 한다(이옥형 외, 1992).

Maslow(매슬로우)의 이론에 의하면, 개인이 결핍욕구를 만족시키는 것은 좀 더 높은 성장욕구를 만족시키기 위한 전제조건이 된다고 한다. 이것은 단순히 결핍욕구를 보상하기 위해서가 아니라, 인간자체에 더 높은 욕구를 만족하려는 욕망이 있기 때문이다(윤운성, 2001).

Maslow(매슬로우)는 결핍욕구와 성장욕구 사이의 차이점을 다음과 같이 구분하였다(나동진, 1999).

결핍욕구는 회피함으로써 충족되고, 성장욕구는 추구함으로써 충족된다.

결핍욕구는 원하지 않는 긴장의 감소 및 평형의 회복이 목표이며, 성장욕구는 즐거운 형태의 긴장을 유지하려 하는 것이다.

결핍욕구의 충족은 안도감과 포만감을 유발하고, 성장욕구는 즐거움과 그 즐거움을 더하려는 욕구를 유발한다.

결핍욕구에 의해 동기화된 사람은 장애에 부딪쳤을 때 타인의 도움에 의지하려 하지만, 성장욕구에 의해 동기화된 사람은 스스로 처리하려 한다.

결핍욕구가 오직 다른 사람에 의해서만 충족될 수 있다는 사실은 환경에 대한 의존도가 높다는 것을 의미하고, 개인을 타인 지향적이 되게 한다. 그러나 성장욕구는 좀 더 자율적으로 충족될 수 있으므로 자기 지향적이 되게 한다.

(3) 절정경험(Peak Experience)

Maslow(매슬로우)는 성장욕구를 설명하면서 인간이 성장하고 자아를 실현하기 위해서는 절정경험(peak experience)을 해야 한다고 제시했다. 절정경험이란 어떤 것에 몰입하여 자신을 잊어버리는 경험이며 동기에 따른 성취 만족의 경험을 의미하는데, 절정경험이 많을수록 자기 성장에 도움을 주게 된다. 절정경험은 자존감을 향상시키고 아울러 자아실현의 동기를 더욱 향상시킨다. 이러한 절정경험은 곧 자아실현이 이루어지는 과정이 되는 것으로, 자아실현욕구를 충족시키는 사람이 더 자주 경험하게 된다고 했다(심우엽, 2000; 윤운성, 2001).

3. 교육적 활용 및 시사점

Maslow(매슬로우)의 욕구단계 이론은 교육 현장에 적용될 수 있으며, 교육적으로 중요한 시사점을 준다. 일례로, 교육현장에서 학생들에게 자아실현 또는 성장욕구를 강조하고 있지만, 먼저 학생의 안전욕구, 애정과 소속욕구, 자기존중의 욕구가 충족되었는지를 살펴야 한다. 그리고 이것들이 충족되지 못했을 때 이러한 욕구들을 먼저 충족시키도록 도와주어야 한다. 만약, 학생을 위험하고 가치 없는 상황으로 몰고 간다면 학생은 노력하지 않고 학습하는 것을 피하여 나태한 학습활동을 보일 것이다. 반면에 교사가 매력 있는 학습환경을 만들고 압박감을 줄이며 실패에 대한 가능성을 줄이면, 학생은 부여된 과제를 하기 위해 기꺼이 나아가려고 할 것이다. 따라서 교사는 학생들 현재의 욕구 수준을 파악하여 이러한 욕구가 충족되도록 해야 할 것이다. 그리고 학교에서 학습에 대한 매력을 증진시키고 위험을 감소함으로써 성장욕구를 증진시키도록 해야 할 것이며, 학생으로 하여금 절정 경험을 하도록 해서 학습에 몰입할 수 있도록 도와야 할 것이다(Woolfolk, 1993; 윤운성, 2001; 이옥형 외, 1992).

또한 학생들의 학습과정에서 절정경험을 제공하면 보다 많은 학생들이 자아실현욕구를 충족시킬 수 있고 나아가 내용이해, 만족도, 전이 등에 효과적일 수 있다. 이를 위한 하나의 방안으로 처음부터 난이도가 높은 내용을 제시할 것이 아니라 난이도가 낮은 과정에서 평가를 실시하여 절정경험을 학습과정중에 제공하는 것을 들 수 있다.

궁극적으로 Maslow(매슬로우)의 이론은 구체적인 학습 내용과 주제들이 학생들의 자아와 욕구에 연결되고 통합되어야 함을 제안하고 있다. 학습에 대한 진정한 욕구는 학생들이 학습하는 내용과 그들 자신의 삶의 관계를 명확하게 인식할 때 생겨나기 때문이다(나동진, 1999).

Maslow(매슬로우)의 욕구단계설은 중요한 교육적 의미도 가지지만, 여러 면에서 비판을 받는다. 먼저, 인간의 행동과 욕구가 항상 이론에서 제시하듯이 위계적인 구조로 나누어지지는 않으며, Maslow(매슬로우)의 욕구단계에 따라 순서대로 나타나지도 않는다는 비판이 그것이다(Woolfolk, 1993; 심우엽, 2000; 김형태, 1999). 즉, 어떤 욕구는 다른 많은 유형들의 욕구들 사이에 있거나 동시에 여러 욕구들이 동기화될 수도 있다는 것이다.

그리고 학생의 욕구 위계를 알고 있다면 학생들을 동기화하는 데 많은 도움을 줄 수 있지만, 학교 현장에서 학생의 어떠한 욕구가 결핍되었는지를 정확하게 판별할 수는 없다는 비판이 있다(윤운성, 2001). 또한 결핍욕구 및 성장욕구를 충족시키기 위한 구체적 실천방안이 Maslow(매슬로우)의 이론에는 명확하게 제시되어 있지 않다는 비판을 받기도 한다(나동진, 1999).

참고문헌

김형태 (1999). 교육의 심리학적 이해. 서울: 동문사.
나동진 (1999). 교육심리학. 서울: 학지사.
심우엽 (2000). 교육심리학. 서울: 교육과학사.
윤운성 (2001). 교육의 심리적 이해. 서울: 양서원.
윤정륜 (2002). 학교교육심리학. 서울: 형성출판사.
이옥형, 이종숙, 임선빈 (1992). 교육심리학. 서울: 집문당.
이훈구 역 (1985). 성격심리학. 서울: 법문사.
Maslow, A. H. (1968). *Toward a psychology of being*(2nd ed.). Princeton, NJ: Van Nostrand.
Maslow, A. H. (1970). *Motivation and personality*(2nd ed.). Princeton, NJ: Van Nostrand.
Woolfolk, A. E. (1993). *Educaitonal Psychology.* Allen and Bacon.

chapter

22

Csikszentmihalyi의 플로우 이론

(Csikszentmihalyi's Flow Theory)

1. 이론의 배경 및 맥락

'독서삼매경'이라는 말이 있다. 이 말에서처럼 누구나 글을 읽다가 부지불식간에 그 내용에 빠져 주위의 다른 일을 모두 잊고 시간가는 줄 모르는 경험을 한번쯤 가지고 있을 것이다. 우리는 비슷한 경험을 TV 연속극을 볼 때, 재미있는 오락을 할 때, 바둑이나 장기와 같은 게임을 할 때 등의 일상생활에서 쉽게 경험하곤 한다. 이와 같은 경험처럼 자신의 행위에 깊게 몰입하여 시간의 흐름이나 공간, 더 나아가서 자기 자신도 잊어버리는 심리적 상태를 시카고 대학의 Mihaly Csikszentmihalyi(칙센트미하이)는 '플로우(flow)[1]'라 개념화하고 30여 년에 걸쳐 이와 관련된 연구를 해오고 있다.

우리의 모든 일상이 플로우를 경험할 수 있다면 우리 삶은 어떻게 변화될까? 우리가 하는 일에서부터 공부에 이르기까지 모든 생활은 혁명과 같이 행복의 도가니로 빠져 들 것이다. 하지만, 누구나 인정하듯이 우리는 일상적으로 하는 일에서 스트레스를 받기도 하고, 처음에는 도전적이었지만 해가 지날수록 따분한 일상으로 되어 버리는 생활들을 쉽게 경험할 수 있다. 이러한 스트레스와 불안, 따분함 등은 어디서 오는 것일까?

Csikszentmihalyi(칙센트미하이)는 플로우 이론을 통해 우리 모두가 행복의 도가니로 빠져들 수 있다고 주장한다. 그는 30여년의 연구를 통하여 플로우에 빠져 들기 위하여 '기술(Skill)'과 '도전(Challenge)'이라는 두 차원을 해결방안으로 제안하고 있다. 기술과 도전의 만남이 있는 곳에서 플로우를 경험할 수 있다는 것이다.

---

1) 플로우(Flow) : Csikszentmihalyi(칙센트미하이)가 정의한 개념인 Flow를 본문에서는 '플로우' 혹은 '몰입'으로 표기하였으며, 몰입으로 표기할 때는 영문을 붙여 사용하였다.

2. 이론 개요

(1) Flow의 개념과 모델

'플로우(flow)'란 자신의 행위에 깊게 몰입하여 시간의 흐름이나 공간 더 나가서 자기 자신도 잊어버리는 심리적 상태라고 개념화하고 있다.

Csikszentmihalyi(칙센트미하이)는 자신의 일이나 업무에 적극적인 아마추어 운동가, 체스 고단자, 암벽 등반가, 음악가 등 200여 명을 대상으로 자신의 활동을 어떻게 묘사하는 가에 초점을 맞추어 오랜 기간에 걸쳐 심도 있는 인터뷰를 실시한 결과, 응답자들이 좋아하는 활동을 할 때 자연스럽게 몰두하는 상태에 빠져드는 것을 발견하였다. 그는 이 상태를 최적의 경험(Optimal Experience)을 하는 상태로 간주하고, 플로우(Flow)라고 정의하였다(Csikszentmihalyi, 1975).

플로우 현상을 설명하기 위해 Csikszentmihalyi(칙센트미하이)는 3채널 모델을 제안하였다. Csikszentmihalyi(칙센트미하이, 1975)는 [그림 22-2]와 같이 인간 경험의 특징을 불안(anxiety), 지루함(boredom), 몰입(flow)의 3채널 모형으로 나타내었다. 이 모델에 따르면 인간의 도전과 기능의 정도에 따라 3가지 형태의 경험을 할 수 있다는 것을 나타내고 있다.

최초의 3채널 모델에 따르면, 우리는 일상에서 몰입(flow)을 경험하기 위해서는 하고자하는 과제나 일에 대해 자신의 기능 혹은 기술(Skill)에 대비해 적절한 도전감(challenge)이 조화를 이루게 하는 것이 중요하다는 것이다. <표 22-1>은 이러한 관계를 각 요소별로 비교해서 나타내고 있다. 도전감이 높고 기능이 높은 경우 쉽게 몰입(flow)을 하지만 기능이 높고 도전감이 낮을 경우 쉽게 지루함을 느낀다. 반대로 도전감은 아주 높지만 기능이 없을 때는 불안감을 느낀다는 것이다.

[그림 22-1]
Mihaly Csikszentmihalyi
(University of Chicago
심리학과 교수)

몰입(flow)의 모델은 초기의 3채널 모델에서 4채널,

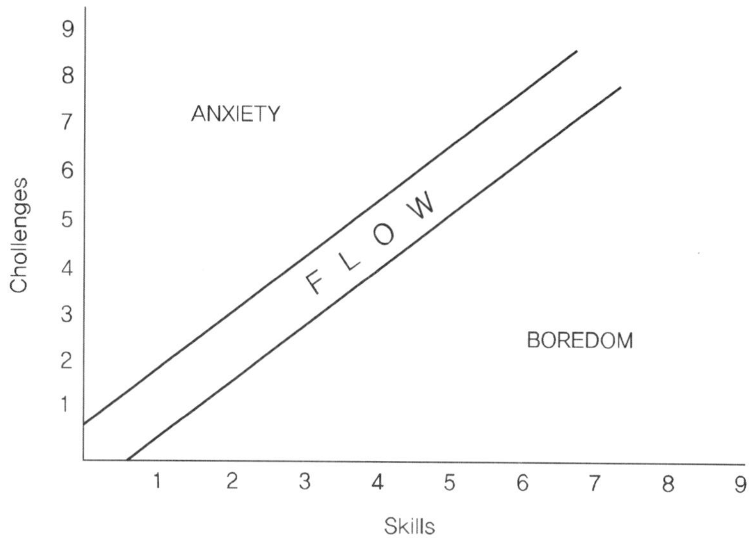

[그림 22-2] 플로우(flow)의 최초 모델(3채널)
(Csikszentmihaly, 1975; Csikszentmihaly & Csikszentmihaly, 1988, p.259)

〈표 22-1〉 몰입(flow)에 영향을 미치는 변인과의 관계

관계	상태	비고
도전 = 기술	몰입(flow)	우리는 과제에 대한 수행 능력인 기술(Skill)이 뛰어나고 과제에 대한 도전감(challenge)도 강할 때 플로우를 경험한다.
기술 〉 도전	지루함	뛰어난 수행 기술이 있더라도 도전감이 없다면 우리는 쉽게 지루함을 느낄 것이다. 예를 들면, 워드프로세스를 아주 잘 다루는 학습자가 워드의 기능을 학습한다면 학습자는 지루함을 느끼게 될 것이다.
도전 〉 기술	불안	과제에 대한 도전감이 뛰어나더라도 과제를 수행할 수 있는 기초적인 능력이 부족하다면 우리는 쉽게 초조감, 불안감을 느낄 것이다. 예를 들면, 자전거를 타고 여행하기와 같은 행사에 열성적으로 참여하고 싶은 사람도 만약 자신이 자전거를 초보적인 수준이어서 잘 못 탄다면 행사 참여를 통해 플로우 경험보다는 많은 불안과 두려움을 가지게 될 것이다.

8채널의 세 가지로 발달되어왔다. 3채널 모델 이후 많은 실증적 연구들이 지속되면서 도전감과 기술이 모두 낮은 부분의 경우에 대한 새로운 사실의 발견으로 [그림 22-3]과 같이 새로운 채널이 추가된 4채널 모델이 나타나게 되었다. LeFevre(리피버, 1988)는 몰입(flow)과 완전히 구분되는 무관심(apathy)을 제안함으로써 보다 적절한 모형이라고 주장하고 있다.

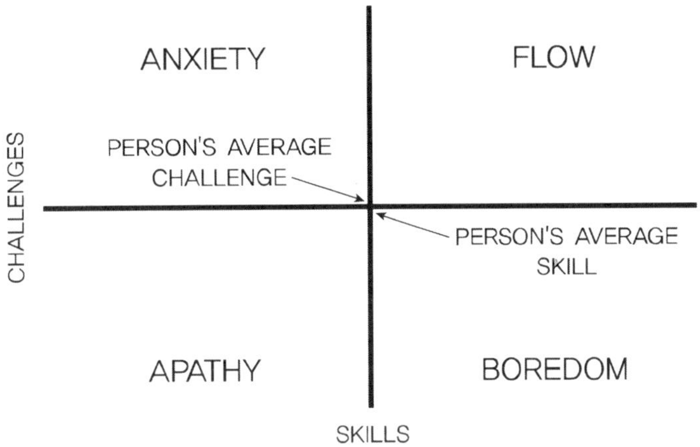

[그림 22-3] 4 채널 몰입(flow) 모델
(Csikszentmihalyi & Csikszentmihalyi, 1988, p.261)

Massimini & Carli(마시미니와 칼리, 1988)와 Csikszentmihalyi(칙센트미하이, 1990)는 도전-기술의 비율을 뿐만 아니라 도전 수준까지 고려하여 8가지(무관심, 걱정, 불안감, 각성, 몰입, 통제, 지루함, 긴장완화)로 확장해서 8채널 모형을 [그림 22-4]와 같이 제안하였다.

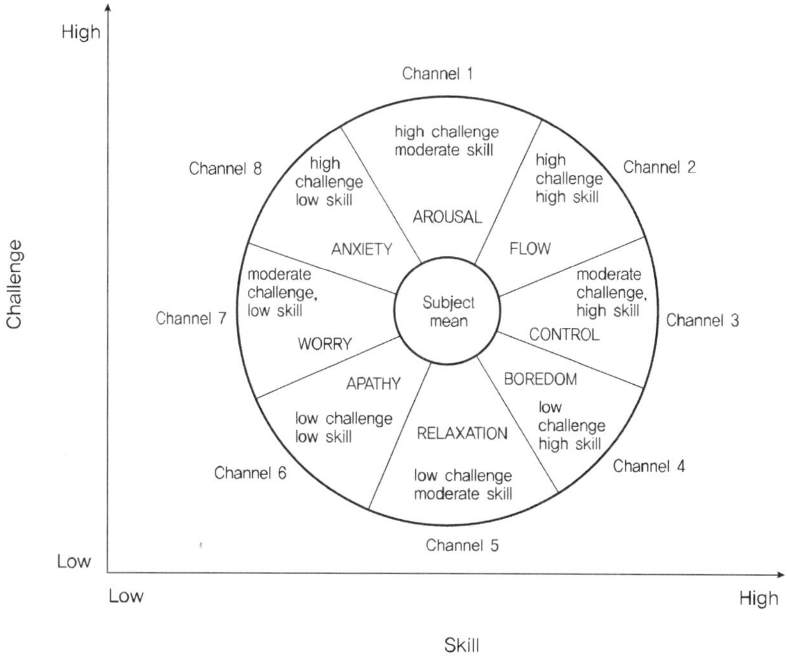

[그림 22-4] 8채널 몰입(flow) 모델
(Massimini & Carli, 1988, p.270)

(2) Flow 연구 방법

몰입과 관련된 연구들을 이야기식 설문조사방법(Narrative-Survey), 활동적 설문방법(Activity-Survey), 경험표집방법(ESM : Experience Sampling Method)의 세 가지가 형태로 구분된다(Novak & Hoffman, 1997).

첫째, 이야기식 설문방법은 관찰 대상자들에게 몰입 경험에 대한 이야기를 하나씩 기술하고 설문지를 사용하여 그 경험을 평가하는 방법으로 몰입을 측정한다. Privette & Bundrick(프리빗과 분드릭, 1987)은 최고의 성과(peak performance), 최고의 경험(peak experience), 몰입(flow), 일반적인 일상(average events), 최악의 경험(misery), 최악의 성과(failure)의 6가지로 구분 짓고, 그 예를 들려준 후 자신의 경험에 대해 각 범주별로 하나씩 이야기를 쓰게 한 후 설문지를 이용하여 평가하였다. 이는 여섯 가지 유형의 차이를 알아보는데 유용하지만 서로 다른 경험이나 사람에게서 몰입정도를 정확히 측정하지 못하는 단점이 있었다.

둘째, 활동적 설문방법은 선택적인 활동에 참가한 반응자들을 대상으로 설문지를 사용하여 그 활동에 대한 평가를 함으로써 몰입을 측정한다. Webster et al.(웹스트 외, 1993)은 이메일 사용자와 컴퓨터 학습자를 대상으로 통제, 주의집중, 호기심, 재미로 조작화하여 몰입경험을 측정하였다. 이는 설문조사만으로 간단히 데이터를 얻을 수 있는 편리함이 있다.

셋째, 경험표집방법은 Csikszentmihalyi(칙센트미하이)가 만든 방법으로 일주일에 56번 정도로 무작위로 응답자를 호출하여 당시의 기술과 도전 정도를 경험표집 양식으로 나타내고 이 점수를 표준화하여 몰입경험을 측정하는 방법이다.

3. 관련 연구

Chen et al.(첸 외, 1999)의 연구 '웹 활동에서 최적 경험(Optimal Experience of Web Activity)'에서는 웹과 관련된 부정적 경험과 긍정적 경험을 찾는 것이 목적이었다. 첸 등은 웹을 다중-활동 매체로 보고 도전-기술의 전통적 몰입 측정으로는 웹에서의 몰입을 측정하기에 적절하지 못하다고 생각했다. 그리고 몰입을 최적의 느낌(best feeling)이나 가장 즐거운 경험(most enjoyable experience)라고 조작적으로 정의하고 웹 환경에서 몰입 발생 관련 웹 활동을 웹상의 토론 그룹을 대상으로 알아보려고 하였다. 결론적으로 몰입경험이라는 것은 웹에서 아주 일반적인 경험이며 사용자들은 53%가 웹 활동하는 동안 긍정적인 도전을 지각하였고 통제(Control)에 대해서는 48%가, 즐거움은 81%가 느낀다고 하였다.

Novak & Hoffman(노박과 호프만, 1997)은 기존의 연구를 토대로 몰입의 개념적 모델을 리즈렐 모형으로 나타내고 웹 활동에서 몰입을 측정하였다. 그들은 몰입의 구성개념을 선행, 결과 변인들로 나누고 여러 차례 모형의 수정과정을 통해 인터넷 이용자들이 사이버 공간의 항해과정에서 경험하는 실증적 몰입 경험 모형을 제시하였다.

국내에서 교육공학과 관련된 영역에서 플로우 관련 연구로 나일주, Willams(윌리암스)와 허균(Rha, Willians & Heo, 2005)은 사이버 대학생들을 대상으로 웹기반교육에서 최적몰입경험과 관련된 몰입요인을 밝혀내고, 일반적 몰입요인(General Flow Factor)의 존재와 중요성을 주장하였다. 또, 장은정(2002)은 e-learning 학습공동체에서 양방향 협력 학습을 활성화하기 위한 학습 전략을 제시하여 그 학습전략과 학습자의 협력 학습에 몰입이 학습결과에 미치는 영향을 분석하였다.

한편 나일주와 허균(2003)은 학습자 몰입 향상을 위한 WBI 설계 시 시사점을 다음과 같이 제시하고 있다.

첫째, 학습자 개인별로 생각하는 중요한 관심을 지속적으로 파악해야 한다.

둘째, 학습내용이 학습자에게 전달될 때 학습자가 주의를 분산시키지 않도록 설계해야 한다.

셋째, 학습 자체가 즐거워 시간가는 줄 모르게 설계되어야 한다.

넷째, 탐색하고 사용하기 편리한 사용자 편의성이 강조되어야 한다.

다섯째, 학습자와의 상호작용을 극대화 할 수 있도록 설계해야 한다.

여섯째, 학습내용이 실질적으로 필요할 수 있는 내용이 되어야 한다.

이와 같이 교육공학분야에서 플로우 이론은 오프라인은 물론 온라인 학습환경에서 학습자의 최적 몰입을 고려한 다양한 교수 상황과 관련하여 많은 흥미로운 연구의 가능성을 열어주고 있다.

참고문헌

나일주, 허균 (2003). 웹 기반 교육에서 최적몰입경험. 컴퓨터교육학회논문지, 6(2), 71 ~79.

장은정 (2002). e-learning 공동체에서 학습전략과 몰입이 학습 결과에 미치는 영향. 교육공학연구, 18(3), pp. 27~54.

Chen, H., Wigand, R. T., & Nilan, M. S. (1999). Optimal experience of Web activites. *Computers in Human Behavior, 15,* pp. 585~608.

Csikszentmihalyi, M. (1975). *Beyond boredom and anxiety.* California: Jossey-Bass.

Csikszentmihalyi, M. (1990). *Flow : the psychology of optimal experience.* New York : Harper and Row.

Csikszentmihalyi, M., & Csikszentmihalyi, I. S. (1988). *Optimal experience: psychological studies of flow in consciousness.* New York: Cambridge University.

LeFevere, J. (1988). Flow and the quality of experience during work and leisure. Csikszentmihalyi, M., & Csikszentmihalyi,I.S. (Eds.)., *Optimal experience: psychological studies of flow in consciousness.* New York: Cambridge University.

Massimini, F., & Carli, M. (1988). The systematic assessment of flow in daily experience. Csikszentmihalyi, M., & Csikszentmihalyi, I. S.(Eds.)., *Optimal experience : psychological studies of flow in consciousness.* New York: Cambridge University.

Novak, T. P., & Hoffman, D. L. (1997). *Measuring the Flow Experience Among Web Users.* Vandervilt University.

Privette, G., & Bundrick, C. M. (1987). Measurement of experience: construct and content validity of the experience questionnaire. *Perceptual and Motor Skill, 65,* pp. 315~332.

Rha, I., Williams, M. D., & Heo, G. (2005). Optimal Flow Experience in Web-Based Instruction. *Asia Pacific Education Review, 6*(1), pp. 50~58.

Webster, J., Trevino, L., & Ryan, L. (1993). The dimensionality and correlates of flow in Human Computer Interactions. *Computer in Human behavior. 9*(4), pp. 411~426.

chapter

23

귀인 이론 (Attributional Theory)

1. 이론의 배경 및 맥락

1950년대, 인간이 환경에 어떻게 적응하는가, 환경에 대해서 어떻게 행동하는가 하는 명제를 가지고 인간행동을 설명하려던 행동주의가 급속히 약화되고 인간의 인지를 중심으로 인간행위를 설명하려는 시도가 이루어지기 시작하였다. 어떤 조건하에서 어떻게 인지의 영향이 나타나고 있는가에 연구의 관심을 두었던 것이다. 인간 행동의 원인은 개인이 지니고 있는 제 특성이나 환경적 요인에 대하여 자신이 어떻게 인지하고 지각하느냐에 따라 달라지게 된다. 이러한 인간의 행동의 원인을 설명하고 예언하려는 이론을 귀인 이론이라고 한다.

귀인 이론은 Fritz Heider(하이더, 1896~1988)로부터 시작되어, John W. Atkinson(애킨슨)의 성취동기 이론에서 사용된 변인들을 가지고 Bernard Weiner(와이너, 1925~)가 발전시켰다. 귀인 이론은 Heider(하이더)의 저서 The Psychology of Interpersonal Relations(1958)에서 시작되었다. 그는 행동으로 나타나는 결과를 다음과 같이 공식화 하였다.

결과 = f(노력 · 능력 · 영향을 주는 환경)

Atkinson(애킨슨)는 높은 성취 욕구를 가진 사람과 낮은 성취욕구를 가진 사람 간의 차이를 언급했다. Atkinson(애킨슨)에 따르면 동기는 과제 변인과 성공을 위해 노력하고 실패를 피하려는 개인의 성향에 대한 함수이다. 그러나 Weiner & Kukla(와이너와 쿠쿨라)는 과제 변인의 결과가 똑같지 않다는 점을 발견했다. 즉 어려운 과제에 대한 성공이 쉬운 과제의 성공보다 더 자부심을 갖게 한다. 뿐만 아니라 성취 동기가 높은 사람은 성취 동기가 낮은 사람보다 자신이 더 많은 것을 할 수 있다고 지각하며, 성취 과제에 더 많은 노력을 기울인다.

Weiner(와이너) 초기연구는 개인의 성패 결과와 뒤이은 행동 사이에 전형적으로 영향을 미치는 네 가지 중요한 원인인 능력, 노력, 과제난이도, 운을 밝히는 일에서 시작되었다. 초기 이론을 발전시켜 그는 인간의 행동은 인지적 귀인의 결과가 동기의 두 요소인 기대와 가치에 영향을 주게 되며, 이 두 요소에 의해 행동의 동기 수준이 결정된다고 했다. 초기에는 주로 실험실에서 연구를 수행하였으나 최근 10년 동안 교실 상황에서 학생들의 능력에 대한 지각에 영향을 미치는 수업목적 구조를 분석해 오고 있으며 부적합한 동기 패턴을 바꾸는 명확한 지침을 제공하고 있다. 또한 성공과 실패에 대한 개인의 귀인에 대한 다른 사람의 반응의 역할과 개인의 행동을 도와주는 역할에 대한 연구도 이루어지고 있다. 뿐만 아니라 귀인 이론은 봉사, 고독, 흡연을 포함하여 성취이외의 다른 영역에까지 적용되고 있다.

[그림 23-1]
Barnard Weiner

2. 이론 개요

귀인(歸因, attribution)이란 '탓으로 돌리는 것'을 말한다. 즉, '어떤 사건이나 결과에 대해 개인이 지각한 원인'으로 사람들이 그들의 행동결과에 대한 '왜?'라는 질문에 대답하는 것(Keller,1973)으로 정의된다. 그러므로 귀인 이론은 '행동 성패의 원인이 무엇인가?'에 대한 대답을 찾는 사람들의 성향(본질)을 연구하고, 더 나아가 그러한 원인을 귀속시키는 성향(본질)과 후속 행동간의 관계를 밝히고자 하는 동기이론이다.

(1) 귀인의 유형

학습자에게 '그러한 학습 결과의 원인은 무엇 때문인가?' 라고 물으면, 학습자는 주로 자신들의 1) 능력(ability), 2) 노력(effort), 3) 과제 난이도(task difficulty), 4) 운(luck)을 이용하여 그 원인을 설명하려 한다(Rotter 1966; Weiner, 1979). 즉, 학습자는 본인이 머리가 좋지 않아 결과가 나쁘다거나, 열심히 노력하여 좋은 결과가 나왔고, 난이도가 너무 높아서 낮은 성적이 나왔고, 운이 좋아서 좋은 성적을 받았다고 원인을 설명하는 것이다. Weiner(와이너)는 이러한 네 가지 귀인의 유형을 원인의 소재(locus of causality), 안정성(stability), 통제가능성(controllability)의 세 가지 차원으로 분류하였다(Weiner, 1979).

〈표 23-1〉 Weiner(와이너)의 귀인 유형(1979)

귀인특성	통제 가능		통제 불가능	
	안정	불안정	안정	불안정
내적	평소노력	일시적 노력	능력	기분
외적			과제곤란도	운

(2) 귀인의 특성

Weiner(와이너)가 확인한 귀인의 특성은 원인 소재(locus of causation), 안정성(stability), 통제성(controllability)이다(Weiner, 1979).

첫째, 원인의 소재(locus of causation)란 행동의 결과 즉, 성공과 실패의 원인을 자신의 내부의 것으로 혹은 외부의 것으로 지각하는 특성이다. 이것은 가장 일반적으로 적용되는 기준으로써 이에 따르면 능력, 노력, 기분 등은 내적 소재의 특성을 가지고 있으며, 과제의 난이도, 운, 타인의 도움 등은 외적소재 특성의 귀인이다.

둘째, 안정성(stability)이란 행동의 결과에 대한 원인을 시간의 경과나 상황의 변화 등에도 비교적 항상성을 유지하는 안정적인 것으로 아니면 시간의 경과나 상황의 변화 등에 따라 변화하는 불안정한 것으로 지각하는 특성이다. 이에 따르면 능력이나 과제난이도는 안정적인 특성의 귀인이고, 노력, 운 등은 불안정한 특성을 가진 귀인이다.

셋째, 통제성(controllability)이란 원인이 자신에 의한 통제가능여부에 대한 특성이다. 노력은 통제 가능한 특성의 귀인이고, 능력, 과제 난이도, 운은 통제 불가능한 특성의 귀인으로 귀결된다.

(3) 귀인유형과 정서와 후속 행동간의 관계

Weiner(와이너)는 학습자가 자신의 행동의 결과를 어떤 유형의 원인에 귀속시키느냐에 따라 경험하게 되는 정서가 달라지고 앞으로의 성취행동에 대한 기대 즉 성취기대 또한 달라진다고 하였다(Weiner, 1979). 그리고 위에 설명된 귀인의 특성들 즉, 원인의 소재, 안정성, 통제성은 학습동기와 밀접한 연관을 가지고 있으며, 그로 인해 귀인은 학습자의 후속행동에 대한 영향력을 가지게 된다고 생각하였다.

귀인유형과 정서와 성취기대

원인의 소재에 따른 귀인유형별 학습자의 특징은 다음과 같다. 능력이나 노력과 같은 내적 귀인을 하는 학습자는 성공에 대해 자존심과 자긍심을 느끼고, 실패에 대해서는 수치심을 경험하게 된다. 이러한 정서적 경험으로 미래 자신의 성취행동에 대한 각기 다른 기대를 가지게 되는데, 내적 귀인으로 인한 긍정적 정서를 경험한 학습자는 미래의 성취결과에 대해서도 성공에 대한 높은 기대를 하고, 특히 노력에 귀인 할 때는 후속학습에 더 많은 노력을 기울이게 될 것이다. 반대로 외적 귀인을 하는 학습자는 성공에 대해서는 감사함을 실패에 대해서는 분노를 느낀다. 외적귀인을 하는 학습자는 성취기대가 낮아지거나 미래의 결과에 대한 별다른 변화를 기대하지 않는다. 그리고 능력부족으로 귀인하는 학습자의 경우 수치심을 느끼게 되어 성취기대가 낮아질 뿐만 아니라 더 심한 경우 학습에 대한 무력감을 경험하게 될 가능성이 높아진다.

통제성에 따른 귀인유형별 학습자의 특성은 다음과 같다. 노력과 같은 통제 가능한 요인으로 자신의 성공을 귀인하는 학습자는 자긍심을 가지게 되고 미래에 대한 성취기대도 높아져 후속 학습에 노력을 더 기울이게 된다. 그리고 비록 실패를 하여 죄책감을 경험하더라도 여전히 노력하려는 마음을 유지한다는 점에서 긍정적인 경험으로 생각되어질 수 있다. 이와는 반대로 능력이나 운 또는 과제난이도와 같은 통제 불가능 요인으로 귀인하는 학습자는 성공을 하더라도 감사함과 다행스러움 정도만을 느끼고, 실패하였을 때는 학습에 대한 무력감을 가지게 되어 성공을 위한 노력을 하지 않으며, 결국은 학습에 대한 동기를 잃게 된다. 그리고 비록 성공을 하더라도 그것을 자신의 능력에 귀인하는 학습자는 더 노력을 하려는 동기화가 되지 않기 때문에 자신의 능력보다 낮은 수준의 성취를 하게 된다.

안정성에 따른 귀인유형별 학습자의 특성은 다음과 같다. 능력이나 과제난이도와 같은 안정적 요인으로 자신의 결과를 귀인하게 되면, 미래의 성취에 대해서도 같은 결과를 기대하는 경향이 높아지게 되고, 반대로 불안정한 요인의 노력이나 운에 귀인하게 되면 특별한 기대를 하지 않거나 또는 전혀 다른 변화를 기대하게 된다. 즉 자신의 실패 원인을 능력 부족이나 과제 난이도에 두면 앞으로의 성취에 대한 성공기대는 낮아지고, 동기화가 되지 않아 노력도 떨어지게 된다.

귀인모형

Weiner(와이너)는 위의 귀인유형과 후속 행동간의 관계를 설명하기 위해 귀인모형(attribution model)을 만들었다(Weiner, 1979). 이 모형은 성패의 경험으로부터 그에 영향을 받아 나타나는 후속 행동까지 보여주는 사건(event)의 진행을 기술하고 있다.

귀인모형에 따르면 학습자는 자신의 행동결과에 대한 성패를 인지한 후, 그 결과에 인과적 귀인을 파악하게 되는데 능력, 노력, 과제난이도, 운과 같은 전형적인 귀인이외에도 타인의 도움이나 일시적인 기분 등에서 귀인을 찾는다. 이와 동시에 학습자는 지각된 원인과는 상관없이 자신의 성패로부터 행복감이나 슬픔과 같은 일반적인 정서를 느끼게 된다. 학습자가 인과적 귀인을 파악할 때 선행적 정보와 인과적 스키마는 원인파악의 정보원 역할을 하게 된다. 여기서 선행적 정보란 자신의 성패에 대한 경험의 축적된 기록과 사회적 규준, 다른 사람의 수행에 대한 정보를 말한다. 그리고 인과적 스키마란 행동과 그 결과에 관련된 원인에 대한 개인의 일반적인 신념을 나타내는 비교적 영구적인 성격의 학습자의 인지구조이다. 예를 들면, 성공은 능력이나 노력에 의해서 만들어진다는 신념, 성공은 노력과 능력 모두에 의해 성취되는 것이라는 신념이 대표적이다. 이처럼 학습자에 의해 파악된 귀인 유형은 그 특성에 따라 특정한 정의적 정서를 경험하게 한다. 뿐만 아니라 학습자의 다음 학습에 대한 성취기대 형성에도 영향을 주면서 이어질 후속행동에 영향을 미친다.

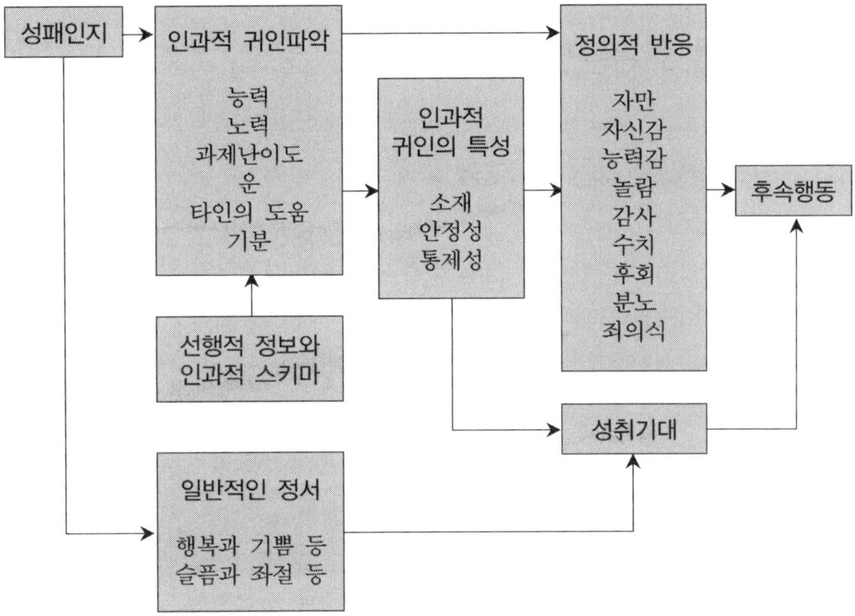

[그림 23-2] 동기의 귀인모형에서 나타나는 주요 사건의 진행(Weiner, 1979)

귀인에 영향을 미치는 그 외 요인

다른 학습자의 실행 결과에 대한 정보(consensus)를 아는 것은 원인 소재 차원과 관련하여 귀인에 영향을 주게 된다. 예를 들어 자신의 반 모든 학생들이 높은 점수를 받았다는 것을 알게 되었을 경우, 그 학생은 자신의 높은 성취를 '과제가 쉬워서'와 같은 외적 요인으로 귀인을 하게 될 것이다. 반대로 자신만이 높은 성취 결과를 보였다면, 그것을 자신의 능력으로 귀인시킬 가능성이 높게 된다.

자신의 지금까지 경험한 성취결과의 일관성(consistency)은 안정성 차원과 관련하여 귀인에 영향을 주는데, 과거와 유사하게 일관성을 보이는 결과는 능력과 같은 안정적 요인으로 귀인을 하고, 그렇지 않은 결과에 대해서는 노력이나 운과 같은 불안정한 요인으로 원인지각을 하게 된다. 이외에도 문화나 성별, 교사의 태도나 행동 등도 귀인에 영향을 미치는 것으로 많은 연구를 통해 밝혀진 바 있다(Chen & Stevenson, 1995; Stipek,1998).

3. 관련 연구

(1) 귀인의 변화를 위한 프로그램 설계

Wang(왕, 1983)은 자기관리 기법 훈련 프로그램을 이용하여 학생들의 귀인 행동을 변화시켰다. 이 프로그램은 학생 스스로가 학습을 통제하고 책임지기, 현실적 목표 세우는 경험하기, 학습시간을 자율적으로 관리하기, 자기 속도로 학습자료 조직하기 등으로 구성되어 있다. 이런 자기관리 기법이 숙달됨에 따라 학생들은 통제가능성과 책임감이 향상되었으며 과제가 주어졌을 때 그것을 성공적으로 끝까지 수행해내는 빈도도 높아졌다.

Deweck(드웩, 1975, 1977)은 연구를 통해 귀인 재훈련 프로그램의 효과를 검증하였다. 그는 연구에서 학습에 대해 무력감을 가지고 있는 학생들에게 학습실패에 대해서 본인들이 책임지도록 가르쳤으며, 실패의 원인을 능력 부족보다는 노력 부족으로 귀인하도록 가르쳤다. 또 다른 학생들에게는 계속적으로 성공만 경험시켜주는 프로그램을 제공했다. 실험결과 귀인 재훈련 프로그램을 받은 학생들은 자신의 학습활동을 증진시켰으나, 성공만 계속 경험시킨 집단은 학습활동이 감소되는 것으로 밝혀졌다. 이것은 전통적으로 강조되어 온 칭찬을 가능한 많이 하라, 성공 경험을 가능한 많이 갖도록 하라는 수업 전략이 항상 옳은 것은 아니라는 점을 증명한다. 즉, 학생들에게 성공경험을 많이 시키되 그 성공이 자신의 노력에 의한 것이라는 믿음을 길러주는 것이 더 중요하다는 점을 시사한다.

(2) 학습된 무력감(learned helplessness)

학습된 무력감은 실패를 내적, 안정적, 통제 불가능한 능력으로 귀인하는 것과 관련 있다. 즉, 아무리 노력해도 성공할 수 없을 것으로 느끼는 동기적, 인지적, 정서적 결손을 나타내는 매우 부정적인 자아개념이다(Seligman, 1975).

학습된 무력감을 지니고 있는 학생은 자신의 노력과 결과 사이에는 아무런 관계가 없다고 인식한다. 이러한 상태는 한번 생성되면 바꾸기가 극도로 어렵다고 여겨져 왔다. 그러나 교육적인 맥락에서 실행된 연구들(Deweck, 1975: Murphy, 1979)은 학습된 무력감이 귀인 이론의 문맥으로 이해되고 다뤄진다면 부분적으로 변화시키는 것이 가능함을 보여주고 있다(Abrason, Seligman & Teasdale, 1978; Dweck & Goete, 1977).

(3) 귀인 이론의 교육적 함의

학교학습과 관련하여 귀인 이론이 교사에게 제시하는 바는 다음과 같다(변영계, 1999).

첫째, 교사는 학습자의 현재 학습행동을 고정된 것으로 생각하지 말고 학습자를 적극적으로 도와주어야 한다.

둘째, 교사의 평가적 피드백은 학생의 계속적인 과제 수행 및 학습 향상을 위한 동기화에 영향을 미칠 수 있다는 가능성을 시사해 주고 있다. 교사는 성취결과에 따른 피드백보다 성취결과의 원인과 관련해서 평가적 피드백을 해주는 것이 바람직하다. 즉, 노력에 의한 성공일 때에 많은 보상을 해 주고, 실패한 학습자에게는 노력하지 않았기 때문이라고 격려함으로써 성취결과를 노력에 귀인하도록 해 주어야 한다.

셋째, 귀인 성향은 학생들이 학교에서 경험하는 학업성취의 성패에 달려 있다는 것을 귀인 이론은 시사하고 있다. 학습에 성공하고 그것이 운이나 과제가 쉬웠기 때문이라고 생각하는 학생에게는 성공의 원인이 운이나 과제의 난이도가 아닌 노력과 능력의 결과라고 원인 귀인을 수정해 주고, 노력하면 다음 학습에 성공할 수 있다고 격려해준다.

넷째, 학습환경이 경쟁적인 구조에서는 학습자가 성취 결과를 능력과 운 같은 통제 불가능한 요인으로 귀인시킴으로써 부정적인 정의적 특성을 갖기 쉽고 미래의 학습을 위한 노력을 지속하지 않게 된다. 그러므로 교사는 경쟁적인 것보다는 개별화 혹은 협동적인 학습 상황에서 학습할 수 있도록 함으로써 학생들이 성취결과를 내적 요인으로 귀인하여 미래의 학습과제를 성공적으로 이끌어 갈 수 있도록 해야 한다.

참고문헌

나동진 (1999). 교육심리학: 인지적 접근. 서울: 학지사.

심우엽 (2000). 교육심리학. 서울: 교육과학사.

여광응 외 (1992). 교사를 위한 교육심리학. 서울: 양서원.

윤운성 (1995). 교육심리학. 서울: 상조사.

변영계 (1999). 교수-학습 이론의 이해. 서울: 학지사.

Abramson, L. Y., Seligman, M. E. P., & Teasdale, J. D. (1978). Learned helplessness in human: Critique and reformulation. *Journal of Abnormal Psychology, 87,* pp. 49～74.

Bandura, A. (1977). Self efficacy: Toward a unifying theory of behavioral change. *Psychological Review, 84,* pp. 191～215.

Chen, C. S., & Stevenson, H. W. (1995). Motivation and mathematics achievement: a comparative study of Asian-American, Caucasian-American, and east Asian high school students. Child Development, 66, 1215-1234.

deCharms, R. (1968). *Personal causation.* New York: Academic Press.

deCharm, R. (1976). *Enhancing motivation change in the classroom.* New York: Irvington.

Deweck, C. S. (1975). The role of expectations and attributions in the alleviation of learned helplessness. *Journal of Personality and Psychology, 31,* pp. 647～695.

Deweck, C, S., & Goetz, T. E. (1977). Attributions and learned helplessness. In J. H. Harvey, W. Icke, & R. F. Kidd(Eds.), *New direction in attribution research*(Vol. 2). Hillsdale, N.J.: Lawrence Erlbaum Associates.

Diener, C. I., & Dweck, C. S. (1980). Analysis of learned helplessness : The processing of success. *Journal of Personality and Social Psychology, 39,* pp. 940～952. Available: www. learning.snu.ac.kr/koredu/koredu/psy-in.htm

Keller, J. M. (1979). Motivation and Instructional design: A theoretical perspectives. *Journal of Instructional Development, 2*(4), pp. 26～34.

Keller, J. M., Goldman, J. A., & Sutterer J. R. (1978). Locus of control in relation to academic attitudes and performance in a personalized system of instruction course. *Journal of Educational Psychology, 79,* pp. 414～421.

Murphy, D. R. (1979). Learning and intensive instruction. *Journal of Economic Education, 11*(Fall), pp. 34～36.

Rotter, J. B. (1966). Generalized expectancies for internal versus external control of reinforcement. *Psychological Monographs, 80*(Whole No. 609).

Seligman, M. E. (1975). *Helplessness.* San Francisco: Freeman.

Stipek, D. (1998). Motivation to learn: From theory to practice(3rd ed.). Allyn & Bacon.

Wang, M. C. (1983). Development and consequences of students' sense of personal control.In J. M. Levine & M. C. Wang(Eds.), Teacher and student perceptions: Implications for learning(pp. 213-247). Hillsdale, NJ: Erlbaum.

Weiner, B. (Ed.)(1974). *Achievement motivation and attribution theory*. Morristown, N.J.: General Learning Press.

Weiner, B. (1979). A theory of motivation for some classroom experience. *Journal of Educational Psychology, 71,* pp. 3～25.

White, R W. (1959). Motivation reconsidered: The concept of competence. *Psychological Review, 66,* 297, 71, pp. 3～25.

chapter

24

인지부조화 이론
(Cognitive Dissonance Theory)

1. 이론의 배경 및 맥락

인지부조화 이론은 사회심리학에서 발전된 이론으로, 내용이 단순하면서도 설명력이 강력하여 Festinger, Petitone, Newcomb, Zimbardo, Brehm, Ehrlich, Cooper, Pallak, Aronson 등 수많은 학자들에 의해 연구 · 발전되었다. 인간의 인지구조는 일관성이 있고 조화로운 상태, 정서적으로 평안하고 유쾌한 상태를 유지하려는 방향으로 작용하려는 경향이 있다. 즉, 인간은 어떤 지각대상에 대해 가지고 있는 신념, 태도, 행동 사이에 일관성이 없다고 느끼게 되면 심리적으로 불안하고 불쾌한 상태가 되기 때문에 이들 간에 일관성 있는 상태로 가기 위해서 노력한다. 1957년 사회 심리학자인 Leon Festinger(페스팅거)에 의해 창시된 인지부조화 이론은 바로 이러한 인간심리의 기본적 속성에 의해 전개된 이론이다.

이 이론의 전제는 인간이 자기의 대상세계에 대한 의미를 일관성 있게 유지하려고 하는 심리적인 기본 속성을 지니고 있다는 것이다. 사회심리학에서는 인간의 이러한 속성에 대해 '일관성 이론(consistency theory)'으로 설명하고 있다. 일관성 이론에는 인지부조화 이론 외에도 균형 이론(balance theory), 일치 이론(congruity theory) 등이 있다.

인지부조화 이론에 의하면, 인간은 내적 조화(internal harmony), 일관성(consistency) 또는 인지적 일치(congruity)를 추구하며, 따라서 자신이 가지고 있는 인지요소들 사이에 일관성이 결여되어 있을 때는 이를 피하고자 하는 경향을 지니고 있다고 본다. 즉, 심리적으로 불안한 부조화의 존재는 사람들로 하여금 부조화를 감소시키고 조화를 이루도록 동기유발을 하게 된다는 것인데, 이는 곧 인지요소들 간의 내적 일관성을 최대화하기 위해 노력한다는 것을 의미한다.

[그림 24-1]
Leon Festinger(1919~)

균형 이론은 인지의 불균형 상태가 긴장을 만들며 균형으로 복귀하려는 힘을 가져온다고 본다. 균형된 상태란 지각된 단위와 경험된 감정이 긴장 없이 공존하는 상태를 가리킨다. 균형 이론은 인지체계가 세 가지 요소, 즉 주체, 객체, 태도의 대상으로 구성되어 있다고 보며, 주체의 입장에서 이들 요소를 어떻게 파악하느냐에 관심이 있다.

일치 이론은 기존의 태도와 새로이 수용되는 정보의 관계에 관심이 있다. 개인은 한 정보원으로부터 그들이 어떤 태도를 갖고 있는 한 대상물에 대한 주장을 수용하는데, 여기서 정보원과 대상물에 대한 우호가 일치하느냐에 따라 일치 내지는 일관된 상태를 결정한다는 것이다. 어느 누군가가 자신이 긍정적으로 생각하는 사물이나 의견을, 그가 좋아하는 다른 사람이 역시 그 대상을 좋아한다면 삼자간의 관계는 평형 내지 일치된(congruent) 상태이다. 즉 두 사람과 대상물 사이의 관계가 일치하지 않게 될 때 태도의 변화가 일어나며, 그러한 태도변화는 불일치 상태가 감소되는 방향으로 일어난다는 것이다.

균형 이론과 일치 이론은 지각자와 외부의 두 요소간의 균형과 불균형 상태에 대해 이야기하면서 인지요소들 간의 관계를 예측하는 데 관심이 있지만, 인지부조화 이론은 관계의 예측보다는 관련된 인지요소 간에 부조화가 생겼을 때 이를 해결하는 방안을 구체적으로 제시하는데 관심이 있다.

2. 이론 개요

(1) 부조화의 정의

개인은 자신, 자신의 과거의 행동, 자신의 신념, 태도 및 환경에 대하여 인지요소(또는 지식)를 가지고 있다. 이 인지요소들 간의 관계는 아무런 관련이 없는 '무관관계'와 무언가 관련이 있는 '유관관계'로 구분되고, 유관관계는 조화관계와 부조화관계로 구분된다. 이때 인지 요소가 서로 유관적이라면 이들 사이에는 반드시 조화나 부조화 상태의 두 가지 유형이 존재한다고 볼 수 있다. 즉, 하나의 인지가 다른 인지에 아무런 의미를 갖지 못할 때는 무관관계(irrelevance)이며, 하나의 인지가 다른 인지들과 논리적으로 상호 일치할 때는 조화관계(consonance)이다.

[그림 24-2]
Leon Festinger

인지요소들이 무관하거나 조화관계에 있을 때에는 태도나 행동의 일관성이 유지되어 크게 갈등을 느끼지 않는다.

그러나 하나의 인지가 다른 인지들과 논리적으로 불일치할 때는 부조화관계(dissonance)가 되는데 이는 "한 인지요소가 다른 인지요소와 조화를 이루지 못할 때 발생하는 심리적 긴장상태"를 말하는 것이다.

인지부조화 이론은 부조화 상태에 놓인 사람이 부조화로 인해 생긴 심리적 긴장을 감소시키거나 제거하려는 압력을 느끼게 되며, 일관성이나 조화를 회복하려고 하는 인지적 노력을 기울이는 데에 착안한 이론이다. 인지부조화가 발생한 경우, 인지적으로 배치되는 행동을 취하기 전에 부조화를 해소하려고 노력하지만, 이미 행동을 취한 후에라도 이를 감소시키고자 노력한다. 즉, 현실세계와 대상자의 동기(인지)가 서로 맞지 않는 경우, 처음에는 현실세계를 그 동기에 맞추도록 행동을 설계하지만, 이것이 외적 또는 내적 이유로 말미암아 불가능하게 되면 현실에 대한 지각을 적당히 변화시킴으로써 부조화를 감소시키게 된다(Berelson & Steiner, 1964).

이 이론은 행동 이전의 부조화 감소 방법으로 인지요소의 변화, 새로운 인지의 추가, 인지의 중요성 정도에 대한 평가 변화가 있으며, 행동 이후에는 행동의 취소, 대안평가의 극화, 어느 것이든 결과는 비슷할 것이라는 신념을 가지는 등의 심리적 변화가 있음을 지적한다(Festinger, 1957).

[그림 24-3]
Festinger의 저서 『A Theory of Cognitive Dissonance』 표지

어떤 사람이 담배를 피우면 암에 걸린다는 믿음을 갖고 있으면서도 담배를 피우고 있다고 가정하자. 이 사람은 부조화 상태를 경험하게 될 것이다. 이 경우 가장 효과적으로 부조화를 감소시키는 방법은 담배를 끊는 것이다. 그렇지만 통상적으로 담배를 끊기는 쉽지가 않다. 다른 방식으로 인지의 조화를 이루려고 한다. 예를 들어 담배를 피우면 암에 걸린다는 과학적 근거를 무시하거나, 담배의 필터가 발암물질을 대부분 걸러 줄 것이라고 스스로를 위안하게 된다.

게다가 많은 다른 사람들이 담배를 피우고 있으므로 흡연이 그렇게 위험하지는 않을 것이라고 생각한다든가 또는 자신은 흡연을 통해 스트레스를 해소하며 흡연 행위가 인생의 커다란 한 즐거움이라고 생각하면서 인생을 재미없이 오래 살기보다 짧고 굵게 살겠다는 생각을 하기도 한다. 나아가 흡연을 뭔가 멋지고 낭만적인 것으로 여기면서 두려움에 대해 초연한 듯한 태도를 보일 수도 있다. 그 외에도 운동을 통해 흡연의 피해를 완화시킬 수 있다고 믿는 등의 방법으로 부조화를 해소하려고 한다.

위와 같이 흡연을 정당화하는 것은 결코 합리적인 행동이라고 하기 어렵다. 그럼에도 불구하고 많은 사람들이 이러한 비합리적인 행동을 하고 있는 것이 사실이다. Aronson(아론슨)은 이에 대해 사람은 옳게 되려는 동기가 있는 것이 아니라, 자신이 옳다고 믿으려는 동기를 가지고 있는 존재라고 본다(Aronson, 1994). 즉, 인지적 부조화 이론의 관점에서는 사람을 합리적인 존재로 본다기 보다는 자신을 합리화하려는 존재로 본다고 할 수 있다.

(2) 부조화 발생 상황

이론적 불일치, 문화적 규범과의 불일치, 특정 의견과 일반적인 의견의 불일치, 과거 경험과의 불일치 등은 부조화를 발생시킨다(Festinger, 1957). 구체적으로 보면, 중대하고 어려운 의사결정을 한 후, 자신의 태도나 신념과 불일치하는 행동을 했을 때, 모순되는 정보에 노출된 후에 중요한 신념이 확인되지 않을 때 부조화가 발생하게 된다. Aronson(아론슨)은 부조화 발생 상황들의 공통점으로 자아개념을 제시하였다. 즉, 자아개념이 도전받을 때 부조화가 발생한다는 것이다(Aronson, 1994). 그는 자아개념이 도전받는 상황을 첫째, 알면서 어리석은 행동을 하는 것, 둘째, 타인에게 상처나 해를 입히는 행동을 하는 것으로 분류하였다.

(3) 부조화의 크기

부조화의 크기는 인지요소의 가치나 중요성에 비례하여 증가하며, 또한 제거시키고자 하는 압력과 정적인 관계에 있다. 즉, 같은 상황에서도 사람에 따라 부조화의 크기는 달라진다. 홍대식(1983)은 부조화의 강도를 공식화하였는데, 이 공식에서 부조화 관계에 있는 인지요소들의 중요성이 클수록, 수가 많을수록 부조화의 강도는 커진다.

> **부조화 강도**
> **= (중요성×부조화적 인지요소들의 수) ÷ (중요성×조화적 인지요소들의 수)**

(4) 부조화의 효과

부조화 효과는 사람들이 자신의 행위에 대해 개인적 책임감을 느낄 때, 그리고 자신의 행위가 심각한 부적 결과를 초래할 수 있을 때 가장 크게 나타난다. 즉, 피해가 크면 클수록, 행위에 대한 우리의 책임감이 크면 클수록 부조화는 더욱 커진다. 그리고 부조화가 더욱 커질수록 태도 변화는 더 크게 일어난다(Aronson, 1994).

(5) 부조화 감소 방법

인지부조화 이론의 부조화발생상황별 부조화 감소방법을 구체적으로 예시하지 못하고 있기 때문에 학자에 따라서 여러 가지 부조화 감소방법이 제시되고 있으나 거의 모든 방법이 부조화 인지요소(dissonant cognitions)의 수와 중요성을 감소시키거나, 조화인지요소(consonant cognitions)의 수와 중요성을 증가시키는 방법에 기초하고 있다. Brehm & Cohen(브레흠과 코헨, 1962)은 인지부조화 감소방법으로 ① 태도변화, ② 의견변화, ③ 조화정보(consonant information)의 탐색과 회상(recall), ④ 부조화정보(dissonant information)의 회피, ⑤ 지각적 왜곡(perceptual distortion), ⑥ 행동변화 등의 6가지를 제시하고 있다.

즉, 인지부조화를 경험한 사람들은 이것을 감소시키기 위해서 선택된 대안을 보다 호의적으로, 거절된 대안은 보다 비호의적으로 평가하는 등의 태도변화를 보인다는 것이다. 또한 선택된 대안에 유리한 정보는 적극적으로 탐색하지만, 불리한 정보는 회피하는 등의 노력을 경주하게 된다는 것이다. 이러한 부조화 감소 방안들은 세 가지 범주로 구분해 볼 수 있다. 첫째, 행동적 인지 요소의 변화로써, 자신의 행동에 대한 지식이 자신의 신념과 부조화할 때 자신의 행동을 변화시키는 것이다. 둘째, 환경적 인지 요소의 변화로써, 물리적 또는 심리적 환경 요인과 부조화할 때 그 요인을 변화시키는 것이다. 셋째, 새로운 인지 요소의 추가로서, 인지 요소들을 변화시키기 어려울 때 부조화 인지 요소보다 비중이 큰 새로운 인지 요소를 추가하는 것이다.

(6) 추가적 논의들

이 밖에 인지부조화 이론과 관련된 몇 가지 추가적인 논의들을 살펴보자.

첫째, 인지의 불일치는 논리적인 불일치가 아니라 심리적인 불일치를 의미한다. 예를 들어 내가 담배를 피운다는 사실과 흡연이 암 발생률을 높인다는 사실은 다만 사실의 진술로서 논리적으로는 서로 불일치할 것이 없으며, 심리적으로만 부조화를 이루게 된다.

둘째, 사람들은 항상 인지의 조화를 추구하고 있지는 않다. 만일 사람들이 갖고 있는 신념과 행동이 늘 일치한다면 인지는 조화로울 것이다. 그러나 거의 모든 사람들의 경우 그렇지 않다. 이 경우의 인지부조화는 어떻게 해결되는가? 대부분의 사람들은 자신이 상충되는 여러 가지 태도를 갖고 있다는 사실을 인식하지 못한다. 왜냐하면 인간의 행동은 때로 무의식적이고 비사고적이기 때문이다. 또한 신념이나 태도들은 수직적, 수평적으로 상호 연결되어 있는데, 두 가지 태도가 불일치한다고 해서 한 가지 태도를 바꾸면 이와 연관된 다른 태도나 신념들과의 관계에서 또 다른 부조화가 생길 수 있다. 따라서 사람들은 두 가지 태도간의 부조화를 인식하면서도 그대로 유지하고 살아간다(이광자 외, 2002). 이와 같이 부조화가 항상 태도나 행동의 변화를 수반하지는 않으므로 다른 변인들과의 관계에 주목할 필요가 있다.

셋째, 부조화 상태를 그대로 유지하는 경우도 많다면 어떤 경우의 부조화를 회피하고자 하는가? 이에 대해서는 여러 가지 주장들이 있었다. Brehm & Cohen (브레흠과 코헨, 1962)은 조화되지 않는 인지들 중 하나의 행동으로 관여되었을 때에만 강력한 동기적 속성을 지닌다고 하여 행동과 관여된 부조화에 초점을 맞추었다. Wicklund & Brehm(위클런드와 브레흠, 1976)은 부조화를 경험한 사람의 개인적인 책임감을 통해 부조화 요소들이 함께 나타나는 경우에 주목하였으며, Linder (린더, 1967)는 선택의 자유가 많은 상황일수록 부조화효과가 상승하고, 선택의 자유가 적은 상황일수록 부조화효과는 저하된다고 하여 부조화 회피 행동 발생의 정도는 선택의 자유가 어느 정도냐에 달려 있다고 보았다. Aronson(아론슨, 1994)은 부조화를 오직 긍정적인 자아개념을 위반했을 경우로만 제한하여 자아개념이 심각하게 영향을 받을 때 부조화 회피 행동이 나타난다고 하였다. Aronson(아론슨)의 주장은 Wicklund & Brehm(위클런드와 브레흠)의 주장과 일치한다. 즉 책임성이 지각되지 않는다면 개인의 행동에 대한 인지와 그 결과와는 심리적으로 연계되지 않으며, 결과적으로 부조화를 발생시키지 않는다는 것이다.

넷째, 인지적 부조화 이론은 인간 행동의 상당한 부분이 합리적이 아니라는 사실을 암시하고 있다. 인지적 부조화를 회피하기 위해서 정보처리과정에서 편파성이 개입된다거나(선택적 노출, 인지적 왜곡 등), 자아방어적 행동을 조장하는 등의 모습이 나타나기 때문이다.

(7) 인지부조화 이론에 대한 비판

사회심리학에서 출발한 인지부조화 이론은 그 영향력이 컸는데, 그것은 이론의 명료성 때문이라기보다도 다양한 상황에서 검증된 수많은 가설을 발생시켰다는 사실에서 비롯된다. 그러나 이러한 영향력에 대한 긍정적인 평가만 있었던 것은 아니다.

첫째, 인지부조화 이론은 정교함이 부족하다는 지적을 받고 있다. 예를 들어 무엇이 인지 요소를 구성하는가, 어떻게 사람은 하나의 요소가 다른 요소에 연결되는지 여부를 결정하는가, 어떤 해결방법이 변화에 대해 최소 저항을 가지는가의 문제는 명시되지 않고 있다.

둘째, 인지부조화 이론은 이론의 핵심 개념들이 개념적으로 불명료하다는 비판을 받고 있다. 이는 인지나 심리적 불일치 같은 측정하기 어려운 내면적인 사항의 가정에 너무 많이 의존하고 있기 때문이다. 따라서 정확한 수량적 측정이나 해소 방법에 대한 실증적 검증이 현실적으로 거의 불가능하다는 제한점도 가지고 있다.

셋째, 인지부조화 이론은 감정효과의 기제를 설명하기에는 제한적이다. 주로 신념과 행동이 어떻게 태도를 변화시킬 것인가에 초점이 맞추어져 있기 때문이다.

넷째, 인지부조화 이론은 이미 행한 행동으로 인해 태도가 어떻게 변화하는가에 대해 중점적으로 연구하고 있다. 따라서 태도에 따라 동일한 정보를 어떻게 차별적으로 처리하느냐에 대해서는 설명하지 못하고 있다.

3. 관련 연구

인지부조화 이론은 의사결정 중 또는 행동의 원인 귀속 등을 명료히 하여야 할 필요가 있는 분야에 주로 적용되고 있다. 다음은 몇몇 분야들에 이 이론이 적용되는 예이다.

(1) 마케팅 분야

소비자가 상품을 구매할 때에는 상품을 구입해야 할지 말지 결정해야 하며, 또한 여러 제품들을 대상으로 어떤 것을 구매할지 결정해야 한다. 이때 구매 결정이 매우 중요한 것일 경우, 선택하지 않은 대안의 상대적으로 좋은 측면을 포기하거나 선택하는 대안의 좋지 않은 점을 받아들여야만 하는 경우, 대안들이 그 특징에 있어서는 매우 차이가 나지만 갖고 싶은 정도에 있어서는 유사할 경우에 부조화가 더 많이 발생한다(홍성태, 1993). 특히 구매 결정 이후에 구입한 제품에 대한 불평을 듣거나 다른 제품에 대한 평가가 자신이 구입한 제품의 평가보다 낫다면 소비자는 구매 후 부조화를 경험하게 된다. 이를 감소시키기 위해서는, 첫째 행동의 취소, 둘째 선택한 대안의 좋은 점을 강조하거나 선택하지 않은 대안의 좋은 점을 일부러 간과,

셋째 어느 대안을 선택하거나 그 결과는 비슷하다고 생각하는 등의 방법을 취하게 된다. 그러나 소비자의 관여가 높은 제품을 구입한 후에는(즉, 구매에 많은 자원을 투입하였거나 시간이나 노력을 많이 투입하여 구매행동을 취소하기 어려운 경우), 선택한 제품을 실제보다 더 좋다고 평가하고, 선택하지 않은 제품은 실제보다 더 나쁘다고 평가하여 자신의 구매를 정당화하고 부조화를 감소시킨다. 그 결과 제품과 상표에 대한 신념을 갖게 되고 이어서 일련의 태도가 형성되게 된다.

Mittelstaedt(미텔스태드, 1969)는 어떤 특정 상표를 사기로 한 사람은 더 좋아하는 상표를 고를 수도 있는 상황에 처하더라도 자기가 이미 선택한 상표에 대한 선호도를 계속 유지한다는 것을 발견하였다. 이러한 점은 마케팅에서 이용되고 있다. 일단 어떤 제품을 구입한 소비자는 계속해서 그 제품을 선호하므로 우선 그 제품을 처음으로 사용하게 하는 것이 중요하다. 이를 위해 흔히 사용되는 방법이 가격 할인이나 덤 등을 통해 소비자를 특정 제품에 유인하는 것이다. 그런데 이때 주의할 점은 최소한의 유인수준을 넘어서지 않는 것이다. 최소한의 유인 수준을 넘어서게 되면 비록 소비자가 그 상품을 구매했더라도 구매의 정당화가 가능하므로 (가격이 너무 싸서, 또는 덤이 마음에 들어서 등의 이유로 이 상품을 구매하였다는) 인지적 부조화가 별로 일어나지 않게 되며, 이에 따른 결과로서 그 제품의 계속적 선호는 기대할 수 없게 된다. 오히려 유인의 규모가 작을수록 소비자의 부조화는 오히려 크며 따라서 보다 큰 태도 변화를 가져오게 된다. 왜냐하면 작은 유인은 소비자로 하여금 사전에 아무런 정당화 없이 구매행동에 직면토록 하기 때문이다. 이렇듯, 인지부조화의 크기를 조정함으로써 선택된 구매행동으로 유도할 수 있다는 설명은 인지부조화 이론의 틀 속에서 가능한 것이다.

(2) 조직행동 분야

일반적으로 조직구성원이 인지부조화를 느끼게 되면 그들은 심리적 갈등과 압박을 경험하게 되어 업무에 지장을 초래하며 따라서 업무에 대한 의욕도 떨어져서 인지부조화를 경험할수록 조직몰입도는 낮아진다. 상대적 박탈감 같은 것은 이것에 대한 좋은 예이다. 상대적 박탈감이란 마땅히 받아야만 하는 인지와 현실

인지 사이의 부조화로 인해 생기는 심리적 긴장으로서, 개인은 이를 해소하기 위해 자기 자신의 투입을 줄이거나 혹은 산출을 높이도록 노력하거나, 준거집단의 투입과 산출에 대한 인지를 왜곡시키거나, 미래에는 자신의 정당한 기대치가 실현될 것이라고 확신하거나 혹은 이직으로 그 상황을 이탈함으로써 인지적 균형을 회복하려 한다. 가장 극단적인 형태는 상부에 대한 반항이나 집단행동이다. 부정적인 태도는 정당한 기대치와 현실간의 격차가 도저히 줄어들 것 같지 않다는 장해인지가 있고, 이러한 장해에 대해서 조직이 책임을 져야 한다고 느낄 때 일어나게 된다(Morrison, 1971).

(3) 벌과 보상 분야

이 이론은 처벌하겠다는 위협의 강도가 높아질수록 바라는 행동을 유발시키거나 잘못된 행동을 금지하는 데는 효과적일 수 있으나 사람들의 태도를 변화시키는 데는 효과적이지 않다고 주장한다. 그 이유는 위협의 크기가 매우 큰 경우, 특정 행동을 하는 이유는 그 위협 때문이었다고 하는 정당화가 가능하기 때문에 태도 변화가 유발되지 않는 다는 것이다. 보상의 경우에도 이와 유사한 현상이 일어난다. 예를 들어 어떤 사람에게 자신이 평소에 믿는 바와 반대되는 입장을 주장하도록 하고 이에 대해 보상을 주기로 하였을 경우, 매우 많은 보수를 받았다면 그 보수가 지신이 상반된 주장을 한 것에 대한 정당화로 작용하여 인지부조화를 느끼지 않으며, 따라서 자신의 입장을 변화시키는 경우는 거의 없다. 그렇지만 매우 작은 보수를 받은 경우에는 보수만으로는 정당화가 가능하지 않으며, 이에 따라 인지부조화를 해결하기 위해서는 원래 자신의 입장을 변화시켜 보수를 받고 주장한 입장과 타협하게 된다.

참고문헌

윤진, 최상진 역 (1994). 사회심리학: 사회적 동물. 서울: 탐구당.

이광자, 엄신자, 전신현 (2002). 현대사회심리학. 서울: 아세아문화사.

홍대식(1983). 사회심리학. 서울: 박영사.

홍성태(1993). 소비자심리학의 이해. 서울: 나남출판.

Aronson, E. (1994). The social animal. NewYork: Freeman.

Berelson, B., & Steiner G. A. (1964). *Human behavior: An inventory of scientific findings.* New York: Harcourt, Brace & World.

Brehm, J. W., & Cohen, A. R. (1962). *Explorations in cognitive dissonance.* New York: Wiley.

Festinger, L. (1957). *A Theory of Cognitive Dissonance.* Stanford, California: Stanford University Press.

Linder, D. E., Cooper, J., & Jones, E. E. (1967). Decision freedom as a determi-nant of the role of incentive magnitude in attitude change. *Journal of Personality and Social Psychology, 6,* 245-254.

Mittelstaedt, E. (1969). Synoptische Ozeanographie in der Nordsee. Ber. Dt. wiss. Kommiss. Meeresforsch. N.F. 20, 1-20.

Morrison, D. (1971). Some notes toward theory on relative deprivation, social movements, and social change. *American Behavioral Scientist, 14*(5), 675-690.

Wicklund, R. A., & Brehm, J. W. (1976). *Perspectives on cognitive dissonance.* Hillsdale, NJ: Erlbaum.

Photo Resource

[그림 1-1] http://www.ucl.ac.uk/isko2004/sysweb/7aGnoli/
[그림 1-2] http://www.lums.lancs.ac.uk/profiles/149/
[그림 2-1] http://www.ifsr.org/newsletters/nl33/new_officers.html
[그림 2-2] http://www.indiana.edu/~edfolks/persons/reigelut.jpg
[그림 2-3] http://blog.naver.com/jeichee1.do?Redirect=Log&logNo=60008262038
[그림 3-1] http://en.wikipedia.org/wiki/Image:Poincare_jh.jpg
[그림 3-2] http://www.cs.berkeley.edu/~zadeh/
[그림 3-3] http://www-history.mcs.st-andrews.ac.uk/PictDisplay/Mandelbrot.html
[그림 3-4] http://paoc.mit.edu/paoc/people/person.asp?position=Emeritus&who=lorenz
[그림 3-6] http://100.naver.com/100.nhn?docid=13618
http://en.wikipedia.org/wiki/Fractal
[그림 3-7] http://order.ph.utexas.edu/Prigogine.htm
[그림 3-8] http://www-history.mcs.st-andrews.ac.uk/PictDisplay/Keynes.html
[그림 4-1] http://www.mcluhan.utoronto.ca/mcluhanprojekt/biographieindex2.htm
[그림 4-2] http://prophetmadman.blogspot.com/2005/10/quotable-mcluhan-at-play.html
[그림 4-3] http://www.answers.com/topic/the-medium-is-the-massage
[그림 4-4] http://www.amazon.com/gp/product/8114675357/sr=8-26/qid=1142313977/ref=sr_1_26/002-1618413-5373646?%5Fencoding=UTF8
[그림 4-6] http://www.amazon.com/gp/product/0802060412/qid=1142314137/sr=1-1/ref=sr_1_1/002-1618413-5373646?s=books&v=glance&n=283155
[그림 4-7] http://robertodimolfetta.spaziofree.net/Autori/Merton.htm
[그림 4-8] http://www.robotwisdom.com/jorn/wolfe.html
[그림 5-1] http://www.aesthetics-online.org/memorials/carter.html
[그림 5-2] http://uit.no/getfile.php?PageId=3324&FileId=156
[그림 7-1] http://www.infoamerica.org/teoria/lasswell1.htm
[그림 7-3] http://www.infoamerica.org/teoria/shannon1.htm
[그림 7-4] http://www.infoamerica.org/teoria/weaver1.htm

[그림 7-5] http://www.infoamerica.org/teoria/weaver1.htm
[그림 7-7] http://www.infoamerica.org/teoria/shannon1.htm
[그림 7-8] http://www.infoamerica.org/teoria/schramm1.htm
[그림 7-10] http://www.infoamerica.org/teoria/rogers1.htm
[그림 7-11] http://www.infoamerica.org/teoria/kincaid1.htm
[그림 8-1] www.coe.ohio-state.edu/rjacobs/
[그림 8-2] http://www.ed.psu.edu/wfed/faculty/WJR.asp
[그림 8-3] http://home.ewha.ac.kr/~et/03/frame.htm
[그림 8-4] http://www.hsa-lps.com/Our_Principals.htm
[그림 8-5] http://www.ispi.org/
[그림 8-6] http://www.ispi.org/services/whatshptmodel.pdf
[그림 9-4] http://www.indiana.edu/~edfolks/persons/reigelut.jpg
[그림 9-5] Merrill, M. D from http://www.ittheory.com/merrill.gif
[그림 9-6] Merrill, M. D (1983). Component Display Theory. In C. Reigeluth (ed.), Instructional Design Theories and Models. Hillsdale, NJ: Erlbaum Associates. p.286.
[그림 9-8] http://id2.usu.edu/MDavidMerrill/index.htm
[그림 9-9] http://tip.psychology.org/cdt.gif
[그림 10-1] http://homepage.eircom.net/%257Edei/ICDERA/Board/D__Keegan/d__keegan.htm
[그림 10-2] http://tojde.anadolu.edu.tr/tojde1/charles_news.htm
[그림 10-3] http://www.uoc.edu/web/eng/art/uoc/moore/moore.html
[그림 10-4] http://www.fernuni-hagen.de/ZIFF/petersbi.htm
[그림 10-5] http://www.umuc.edu/ide/seminar/bios/holmbe-b.html
[그림 10-6] http://icloud.com/profile.htm
[그림 10-7] http://iwind.com
[그림 11-1] http://www.univie.ac.at/constructivism/EvG/g/evg1996vienna1b.jpg
[그림 11-2] http://www.indiana.edu/~ist/faculty/duffy.html
[그림 11-3] http://www2.gsu.edu/~wwwitr/features/leaders/jonassen.html
[그림 11-5] http://www.piaget.org/biography/bio2a.gif
[그림 11-6] http://www.piaget.org/biography/bio5a.gif
[그림 11-7] http://www.piaget.org/biography/bio6a.jpg
[그림 11-8] http://www.piaget.org/biography/signature.gif
[그림 11-9] http://evolution.massey.ac.nz/assign2/PM/vygotsky.jpg
[그림 11-10] http://www.cogs.indiana.edu/people/homepages/cunningham.html
[그림 11-11] http://icloud.com/photogallery.htm
[그림 12-1] http://www.education.unlv.edu/Educational_Leadership/faculty/hall.html
[그림 12-3] http://www.unlv.edu/Colleges/Education/Educational_Leadership/faculty/hall.htm
[그림 12-4] http://www.coachingschoolresults.com/images/Hord_Shirley.jpg
[그림 13-1] http://www.elsevier.com/framework_products/images/11/622811.gif
[그림 13-2] http://images-eu.amazon.com/images/P/1572303069.02.00TTZZZZ.jpg
[그림 13-3] http://www.uncg.edu/iss/schunk-d.jpg
[그림 14-1] http://www.infed.org/images/dewey2.jpg

[그림 14-2] http://www.infed.org/images/people/kolb.jpg
[그림 14-3] http://www.infed.org/images/explrn.gif
[그림 14-4] http://www.surrey.ac.uk/politics/profiles/jarvis.jpg
[그림 14-5] http://www.infed.org/images/illustrations/jarvis.gif
[그림 15-1] http://education.byu.edu/news/2005_features/bransford.html
[그림 15-2] http://peabody.vanderbilt.edu/projects/funded/jasper/Jasperhome.html
[그림 15-3] http://peabody.vanderbilt.edu/projects/funded/jasper/preview/jtcc.html
[그림 16-1] Sigmund Freud. from http://www.freudfile.org/freud.jpg
[그림 16-2] http://www.freud.org.uk/inpics51-99.htm
[그림 16-3] http://www.freud.org.uk/freiberg.jpg
[그림 16-5] http://vccslitonline.cc.va.us/OedipustheWreck/images/sphinx.jpg
[그림 16-6] http://www.cla.purdue.edu/academic/engl/theory/assets/images/freudpsyche.gif
[그림 16-7] http://allpsych.com/images/iceberg.gif
[그림 17-1] Hergenhahn, 2001, p113.
[그림 17-2] Hergenhahn, 2001, p115.
[그림 19-1] www.benessere.com/psicologia/images/j_piaget.gif
[그림 19-3] www.netschoolbook.gr/epimorfosi/theories.html
[그림 19-5] Eggen & Kauchak, 1992
[그림 20-3] http://www.psy.cmu.edu/psy/faculty/hsimon/hsimon.html
[그림 20-4] http://diva.library.cmu.edu/Newell/
[그림 20-5] http://www.ucop.edu/pres/atkbio.html
[그림 20-6] http://www.cogs.indiana.edu/shiffrin/
[그림 21-1] http://www.webster.deu/~woolflm/maslow.jpg
[그림 21-2] http:vivrealacampagne.hautetfort.com/images/medium_maslow_pyramide_besoins.3.2.jpg
[그림 22-1] http://mmp.planetary.org/scien/csikm/csikm70.htm
[그림 23-1] http://www.meaning.ca/conference/bernard_weiner.htm
[그림 24-1] http://www.infoamerica.org/teoria/festinger2.htm
[그림 24-2] http://www.biblicalstudies.org.uk/prophets.php

찾아보기

주 제

| 가 |

| 아 |

| 자 |

| 차 |

| 카 |

| 타 |

| 파 |

| 하 |

| 기타 |

인명

▣ 저자소개

☞ 나일주

서울대학교 교육학과를 졸업하고 미국 인디애나대학교 교수체제공학과에서 박사학위를 취득하였다. 서울대학교 조교수, 부교수를 거쳐 현재는 정교수로 재직하고 있다. 그의 주 관심은 웹기반 학습, E-Learning 등으로 일컬어지는 새로운 학습방법의 효율화에 있다. 최근에는 인간의 시각지능에 관한 이론적 탐구에 관심을 가지고 인간의 시각지능을 학습에 활용하기 위한 연구를 진행하고 있다. 한국교육공학회 회장, 한국기업교육학회 회장을 역임하였고 현재는 한국교육학회 학술대회 위원장, 서울대학교 교육행정연수원장으로 활동하고 있다. 저서로는 교육공학의 이해(공저), 기업교육론(공편), 산업교육의 이론과 실제(편), 최신교수설계 이론(공저), CAI 개발과 활용(공저), 현대교육의 이해 등이 있으며 교육공학 관련 논문 수십 편이 있다.

<개정판>교육공학 관련 이론

2007년 1월 30일 초 판 1쇄 발행
2010년 4월 10일 개정판 1쇄 발행
2020년 2월 10일 개정판 2쇄 발행

저 자 : 나 일 주
발행인 : 한 정 주
발행처 : 교육과학사

저자와의 협의하에 인지생략

경기도 파주시 광인사길 71
전화(031)955-6956~8 / 팩스(031)955-6037
Home-page : www.kyoyookbook.co.kr
등록 : 1970년 5월 18일 제2-73호

낙장·파본은 교환해 드립니다.
Printed in Korea.

정가 15,000 원
ISBN 978-89-254-0373-1